Jost · Ökonomische Organisationstheorie

Peter-J. Jost

Ökonomische Organisationstheorie

Eine Einführung in die Grundlagen

Professor Dr. Peter-J. Jost lehrt Organisationstheorie an der Wissenschaftlichen Hochschule für Unternehmensführung (WHU) in Koblenz.

Die Deutsche Bibliothek - CIP-Einheitsaufnahme
Ein Titeldatensatz für diese Publikation ist bei der Deutschen Bibliothek erhältlich.

Alle Rechte vorbehalten

Der Gabler Verlag ist ein Unternehmen der Bertelsmann Fachinformation GmbH.

© Betriebswirtschaftlicher Verlag Dr. Th. Gabler GmbH, Wiesbaden 2000
Lektorat: Ralf Wettlaufer / Renate Schilling

Das Werk einschließlich aller seiner Teile ist urheberrechtlich geschützt. Jede Verwertung außerhalb der engen Grenzen des Urheberrechtsgesetzes ist ohne Zustimmung des Verlages unzulässig und strafbar. Das gilt insbesondere für Vervielfältigungen, Übersetzungen, Mikroverfilmungen und die Einspeicherung und Verarbeitung in elektronischen Systemen.

http://www.gabler.de

Höchste inhaltliche und technische Qualität unserer Produkte ist unser Ziel. Bei der Produktion und Verbreitung unserer Bücher wollen wir die Umwelt schonen. Dieses Werk ist deshalb auf säurefreiem und chlorfrei gebleichtem Papier gedruckt. Die Einschweißfolie besteht aus Polyäthylen und damit aus organischen Grundstoffen, die weder bei der Herstellung noch bei der Verbrennung Schadstoffe freisetzen.

Die Wiedergabe von Gebrauchsnamen, Handelsnamen, Warenbezeichnungen usw. in diesem Werk berechtigt auch ohne besondere Kennzeichnung nicht zu der Annahme, daß solche Namen im Sinne der Warenzeichen- und Markenschutz-Gesetzgebung als frei zu betrachten wären und daher von jedermann benutzt werden dürften.

Druck und Buchbinder: Lengericher Handelsdruckerei, Lengerich/Westf.

ISBN-13: 978-3-409-11592-6   e-ISBN-13: 978-3-322-84437-8
DOI: 10.1007/ 978-3-322-84437-8

Für Paul Jonas

Inhaltsverzeichnis

	Inhaltsverzeichnis	V
	Verzeichnis der Fallbeispiele	VII
	Vorwort	1
I	**Ökonomische Organisationen**	**9**
1	**Der Organisationsbegriff**	**11**
	1.1 Grundlegende Begriffsdefinitionen	12
	1.2 Ansichten der Organisation	16
	1.2.1 Die Organisation als soziales Interaktionssystem	17
	1.2.2 Die Organisation als Nexus von Verträgen	20
	1.2.3 Die Organisation als Ort ökonomischer Aktivitäten	23
	1.2.4 Die Organisation als effiziente Einheit	26
	1.3 Zusammenfassung	31
	1.4 Literaturhinweise	32
2	**Grundprinzipien ökonomischer Organisationen**	**35**
	2.1 Arbeitsteilung, Tausch und die Wertschöpfung einer Organisation	36
	2.1.1 Wertschöpfung und die Vorteile des Tauschs	38
	2.1.2 Kooperation und Spezialisierung	42
	2.2 Determinanten der Wertschöpfung	46
	2.2.1 Die Umwelt einer Organisation	47
	2.2.2 Der Wertschöpfungsprozeß einer Organisation	52
	2.3 Zusammenfassung	55
	2.4 Literaturhinweise	56
II	**Die Effizienz ökonomischer Organisationen**	**59**
3	**Pareto-Effizienz und das Wertmaximierungsprinzip**	**61**
	3.1 Das Effizienz-Konzept	62
	3.1.1 Der Stakeholder-Ansatz	62
	3.1.2 Das Konzept der Pareto-Effizienz	72

    3.1.3 Effiziente Organisationen   75

3.2 Effiziente Organisationen und die Maximierung der Wertschöpfung   84
    3.2.1 Das Wertmaximierungsprinzip   84
    3.2.2 Die Maximierung der Wertschöpfung im Wertschöpfungsprozeß   86

3.3 Anhang: Die Logik des Wertmaximierungsprinzips   91

3.4 Zusammenfassung   93

3.5 Literaturhinweise   94

4 Die Konkretisierung des Wertmaximierungsprinzips   97

4.1 Organisatorische Ziele   98
    4.1.1 Offizielle Ziele   99
    4.1.2 Strategische Ziele   101
    4.1.3 Operative Ziele   103

4.2 Zielbildung und Konfliktmanagement   104
    4.2.1 Zielbildung und die Beteiligung der Stakeholder   105
    4.2.2 Das Management unterschiedlicher Interessen   109

4.3 Zusammenfassung   113

4.4 Literaturhinweise   114

III Die ökonomische Analyse von Organisationen   117

5 Die Grundelemente der ökonomischen Analyse   119

5.1 Die Grundbausteine ökonomischer Organisationen   120
    5.1.1 Der erste Baustein: Das Individuum   121
    5.1.2 Der zweite Baustein: Die Transaktion   128

5.2 Die Organisation als System von Entscheidungen   137
    5.2.1 Individuelles Entscheidungsverhalten   138
    5.2.2 Strategisches Entscheidungsverhalten   151
    5.2.3 Organisatorisches Entscheidungsverhalten   157
    5.2.4 Opportunismus als zentraler Ansatz der ökonomischen Analyse   165

5.3 Zusammenfassung   168

5.4 Literaturhinweise   169

6 Die Gestaltung ökonomischer Organisationen   173

6.1 Das Organisationsproblem   175

6.1.1 Koordination und Motivation	177
6.1.2 Instrumente der Koordination und Motivation	180
6.1.3 Wechselwirkungen zwischen Koordinations- und Motivationsinstrumenten	184
6.2 Ein allgemeiner Rahmen zur Analyse der Organisationsgestaltung	189
6.3 Zusammenfassung	197
6.4 Literaturhinweise	199
Endnoten	**201**
Literaturverzeichnis	**207**
Index	**217**

Verzeichnis der Fallbeispiele

Organisatorische Einheiten und ihre hierarchische Gliederung bei der Royal Dutch Shell	14
Lernprozesse mit tödlichem Ausgang	30
Playboy und die Gründung einer Organisation zur Befriedigung von Bedürfnissen	36
Tom Sawyer, Huckleberry Finn und die Vorteile des Tauschs	41
Adam Smith und die Fabrikation von Stecknadeln	42
Arbeitsteilung bei der Entwicklung und Umsetzung des Apollo Raumfahrtprogramms	44
McDonald's und der Einfluß der Unternehmensumwelt	47
Accumulata und der besondere Kundenservice	65
Brent Spar, Shell und der Einfluß von Greenpeace	67
Die Sicherstellung der ärztlichen Versorgung in Deutschland	77
IBM und die Abhängigkeit der Effizienz von der Umwelt	82
American Tobacco und die filterlosen Zigaretten	90
Das Mission Statement der WHU und die unternehmenspolitischen Grundsätze der Bayer AG	99
Der Shareholder-Value-Ansatz und die Berücksichtigung der Interessen anderer Stakeholder	106
Japanische Unternehmen und die Berücksichtigung der Interessen verschiedener Stakeholder	107
Schachspieler und die Grenzen ihrer Rationalität	126
Transaktionsspezifische Investitionen in der japanischen und US-amerikanischen Automobilindustrie	130
Lincoln Electric und das strategische Verhalten einer Schreibkraft	152

Arp Instruments und die Unstimmigkeiten bei der
Entscheidungsfindung 163

Steuervermeidung und der Wettlauf zwischen Hase und Igel 166

Vorwort

Das Erkenntnisobjekt der Betriebswirtschaftslehre kann ... umschrieben werden als Summe aller wirtschaftlichen Entscheidungen, die im Rahmen eines Betriebes erfolgen. (Wöhe, 1996)

Microeconomic theory concerns the behavior of individual economic actors and the aggregation of their actions in different institutional frameworks. (Kreps, 1990)

Der Anwendungsbereich des mikroökonomischen Ansatzes hat sich in den letzten drei Jahrzehnten auf eine Vielzahl von Lebensbereichen außerhalb der Wirtschaft ausgedehnt. Nicht mehr allein das Funktionieren von Preisbildungsprozessen in Marktwirtschaften steht im Vordergrund des Forschungsinteresses sondern die Erklärung der unterschiedlichsten sozialen Phänomene: So findet man beispielsweise Abhandlungen zur Ökonomik von Liebe und Furcht, zu existentiellen Problemen wie dem Selbstmord, zur Erziehung von Kindern oder zum Besuch der Kirche ebenso wie zu so alltäglichen Dingen wie dem Schlafen oder dem Zähneputzen. Nimmt man das Zitat von Kreps, dann scheinen die Bereiche, auf die das Kalkül der Ökonomie angewendet werden kann, erstaunlich groß: Wann immer mehrere Individuen miteinander interagieren, kann die mikroökonomische Theorie zu Erklärung des individuellen und kollektiven Verhaltens herangezogen werden.

Das Zitat von Wöhe macht deutlich, daß die Untersuchung von Unternehmungen ein unmittelbares Anwendungsgebiet des mikroökonomischen Ansatzes ist: Die individuellen ökonomischen Akteure sind in diesem Fall die jeweiligen Entscheidungsträger innerhalb der Unternehmung. Der institutionelle Rahmen der Entscheidungssituation wird durch die jeweils relevanten Einflußgrößen bestimmt, die auf die Entscheidungssituation einwirken, also z.B. gesamtwirtschaftliche, technologische oder kulturelle Einflüsse. So besitzt beispielsweise ein Kapitalanleger im allgemeinen begrenzte finanzielle Ressourcen, die er möglichst gewinnbringend investieren möchte. Eine Unternehmung wird daher nur dann den Kapitalanleger als Eigenkapitalgeber gewinnen können, wenn er entsprechend am Erfolg der Unternehmung, etwa durch Dividendenausschüttungen, beteiligt wird. Ein Manager, der ein bestimmtes Fachwissen erworben hat, möchte seine Fähigkeiten dort einsetzen, wo sie für seine berufliche Entwicklung möglichst nützlich sind. Die Unternehmung, die diesen Manager als Mitarbeiter behalten möchte, muß daher versuchen, ihn etwa durch Weiterbildungsmaßnahmen oder eine entsprechende Karriereplanung an sich zu binden. Oder der Leiter einer Produktionsabteilung muß einen wichtigen Kundenauftrag kurzfristig in die Produktion einplanen. Dabei steht er vor dem Problem, den neuen Auftrag so mit der bereits bestehenden Produktionsplanung abzustimmen, daß keiner der Aufträge verspätet fertiggestellt wird und trotzdem keine zu großen Produktionsumstellungen notwendig werden.

Die Beispiele ließen sich beliebig fortführen. Sie legen nahe, die mikroökonomische Theorie für die Bearbeitung betriebswirtschaftlicher Fragestellungen fruchtbar zu machen. Innerhalb der Betriebswirtschaft hat vor allem Gutenberg in den 50er Jahren mit seinen Beiträgen zur Produktionstheorie und zur Absatztheorie sehr wesentlich zu einer ökonomischen Fundierung des Faches beigetragen. Ausgehend von der damaligen neoklassischen Markttheorie machte er deutlich, wie sich unternehmerische Entscheidungen an den jeweiligen marktlichen Rahmenbedingungen orientieren müssen. Unternehmensinterne Probleme wie beispielsweise Finanzierung-, Organisations- oder Personalprobleme konnte Gutenberg zu seiner Zeit jedoch nicht ökonomisch behandeln. Einerseits war die neoklassische Markttheorie, die das "Innenleben" einer Unternehmung als Black Box betrachtet, hierzu völlig ungeeignet, andererseits fehlte für solche betriebswirtschaftlichen Fragestellungen eine entsprechende ökonomische Theorie.

Erst mit den Instrumenten und Methoden, die im Zusammenhang mit der oben angesprochenen Ausdehnung des Anwendungsbereichs des ökonomischen Ansatzes entwickelt wurden, ist es möglich, solche Fragestellungen einer ökonomischen Analyse zugänglich zu machen. Von entscheidender Bedeutung für die Anwendungsmöglichkeiten dieser "neuen" ökonomischen Theorie in der Betriebswirtschaft sind vor allem zwei gundlegende Weiterentwicklungen:

- Erstens geht der ökonomische Ansatz zur Erklärung menschlichen Handelns von einem realistischeren Verhaltensmodell aus als die Neoklassik: Die individuellen Bedürfnisse eines Menschen können umfassend berücksichtigt werden, so daß nicht nur Konsumgüter sondern auch weniger Greifbares wie Macht oder

Status handlungsbestimmend sind. Zudem wird bei der Bedürfnisbefriedigung unterstellt, daß die Möglichkeiten und Fähigkeiten eines Individuums bei der Abwägung der ihm zur Verfügung stehenden Alternativen beschränkt sind. Er wird daher in der Regel unvollständig über seine relevanten Handlungsalternativen und deren Konsequenzen informiert sein, und bei der Bewertung der Handlungsalternativen und der anschließenden Optimierung sind ihm kognitive Grenzen gesetzt.

- Zweitens erlaubt der ökonomische Ansatz die Berücksichtigung des sozialen Kontexts, in dem die Person agiert, so daß seine Beziehungen zu anderen Parteien sowie die insitutionellen Rahmenbedingungen der Handlungssituation bei der Erklärung seines Handelns miteinbezogen werden können.

Ein Vorteil des ökonomischen Ansatzes für die Untersuchung von Organisationen besteht in einer expliziten Spezifikation der wesentlichen Elemente des jeweiligen betriebswirtschaftlichen Problems: Zunächst müssen die in der betrachteten Situation relevanten Entscheidungsträger bestimmt werden. Die jeweiligen Interessen dieser Parteien müssen identifiziert werden, ebenso wie der Zeithorizont, für den sie ihre Entscheidungen treffen. Weiterhin ist zu ermitteln, welche Handlungsmöglichkeiten dem Einzelnen zur Verfügung stehen und inwieweit sein Verhalten durch die ihm zugewiesenen Entscheidungsbefugnisse oder die Bereitstellung von Ressourcen eingegrenzt wird. Die Abfolge der einzelnen Entscheidungszeitpunkte müssen bestimmt werden sowie der Einfluß, den das Verhalten der anderen Parteien für die Erfüllung der eigenen Zielsetzungen hat. Schließlich müssen die Mechanismen identifiziert werden, die die individuellen Konsequenzen aus dem Handeln aller Entscheidungsträger ableiten.

Während solche Fragen auch für andere wissenschaftliche Disziplinen wie die Organisationspsychologie oder die Organisationssoziologie für die Untersuchung von Organisationen von Bedeutung sind, müssen diese Fragen bei einer ökonomischen Analyse von Organisationen explizit beantwortet werden. Sie bilden die Basis des ökonomischen Ansatzes und das Entscheidungsverhalten eines Individuums kann nur unter Bezugnahme auf diese Elemente untersucht werden. Somit besteht ein eindeutiger Bezug zwischen den Annahmen an die Ausprägung der einzelnen Elemente und den Schlußfolgerungen, die wir aus der ökonomischen Analyse ziehen können.

Ein weiterer Vorteil des ökonomischen Ansatzes bei der Untersuchung betriebswirtschaftlicher Probleme besteht darüber hinaus in seinem konsequenten Marktbezug. Diese unternehmensübergreifende Perspektive ist für ein Verständnis der Unternehmung unerläßlich: So ist die aktive Gestaltung der Unternehmensumwelt durch wettbewerbspolitische oder gesellschaftspolitische Maßnahmen ebenso wie die geignete Gestaltung zwischenbetrieblicher Kooperation in Form von Joint Ventures oder virtuellen Unternehmungen von wettbewerbsentscheidender Bedeutung. Zudem sind viele unternehmensinterne Gestaltungsprobleme auch auf der Ebene des Marktes existent, so daß eine Übertragung marktlicher Lösungen in die Unternehmung grundsätzlich auch unternehmensinterne Gestaltungslösungen darstellen.

In der neueren wirtschaftswissenschaftlichen Literatur gibt es eine Reihe von Arbeiten, die die mikroökonomische Theorie auf betriebswirtschaftliche Probleme anwenden. In der Regel betrachten diese Autoren dabei bestimmte Fragestellungen, beispielsweise im Bereich Strategie, Organisation, Personal, Finanzierung oder Rechnungswesen. Grundlegend für eine umfassende ökonomische Theorie der Unternehmung ist dabei sicherlich das 1992 erschienene Buch von Milgrom und Roberts. In ihrer Einleitung heißt es: "Although some current economics books include words like 'organization' or 'the firm' in their titles, this is the first textbook to deal systematically with firms and organizations as they really are and to acknowledge and analyze them in their complexity. Similarly, many management books are concerned with 'organizations', but this is the first to adopt a thorough-going economic point of view to use the powerful insights of rigorous, relevant economic theory to derive the underlying principles that are at work." Milgrom und Roberts werden diesen Ansprüchen umfassend gerecht und ihr Buch kann als Meilenstein für die ökonomische Analyse von Organisationen betrachtet werden.

Das vorliegende Buch knüpft an diese Forschungstradition an. Es wendet den ökonomischen Ansatz auf grundlegende betriebswirtschaftliche Fragestellungen an. Darüber hinaus stellt es einen Bezug zu anderen nicht-ökonomischen Forschungsrichtungen her, da hier die Unterschiede oft kleiner sind, als man vermuten könnte.

Eine umfassende ökonomische Analyse der Unternehmung ist allerdings nur im Rahmen eines größeren Forschungsprogramms möglich. Grundlage eines solches Vorhabens muß eine Einführung in den ökonomischen Ansatz zur Analyse von Organisationen sein. Dies soll die vorliegende Arbeit leisten. Dabei beschränkt sich dieses Buch notwendigerweise auf eine Darstellung der Grundlagen einer ökonomischen Organisationstheorie. Die Anwendung des hier vorgestellten Instrumentariums auf betriebswirtschaftliche Probleme würden den Rahmen eines einzelnen Buches bei weitem sprengen. Daher wird im letzten Kapitel lediglich ein Ausblick auf die Fragestellungen gegeben, die von mir dann in anderen Lehrbüchern eingehend behandelt werden.

Das Buch ist in drei Teile gegliedert: In Teil I definieren wir zunächst den Begriff der ökonomischen Organisation und leiten die aus dieser Definition resultierenden Merkmale von Organisationen ab. In Kapitel 2 stellen wir die Grundprinzipien jeder ökonomischen Organisation vor. Wir führen den Begriff der Wertschöpfung einer Organisation ein und betrachten die Faktoren, die einen entscheidenden Einfluß auf den Umfang der Wertschöpfung haben.

In Teil II des Buches diskutieren wir dann die Effizienz ökonomischer Organisationen. Ausgangspunkt unserer Betrachtungen ist das Prinzip der Pareto-Effizienz, das wir nutzen, um die Wertschöpfung einer Organisation zu beurteilen. Aus dem Wertmaximierungsprinzip leiten wir dann in Kapitel 4 konkretere Kriterien für das organisatorische Handeln ab. Dabei gehen wir auch auf den Zielbildungsprozeß innerhalb einer Organisation und das Management divergierender Interessen ein.

Eine Einführung in die ökonomische Analyse von Organisationen ist dann Gegenstand von Teil III dieses Buches. In Kapitel 5 werden hierfür zunächst die Grundelemente der Analyse dargestellt. Die Gestaltung von Organisationen und die damit verbundenen Grundprobleme jeder Organisation stellen wir dann in Kapitel 6 vor. Wir erarbeiten einen allgemeinen Rahmen für eine ökonomische Analyse der Organisationsgestaltung und geben einen Ausblick auf die Anwendungsbereiche, die der ökonomische Ansatz bei der Analyse betriebswirtschaftlicher Fragestellungen hat.

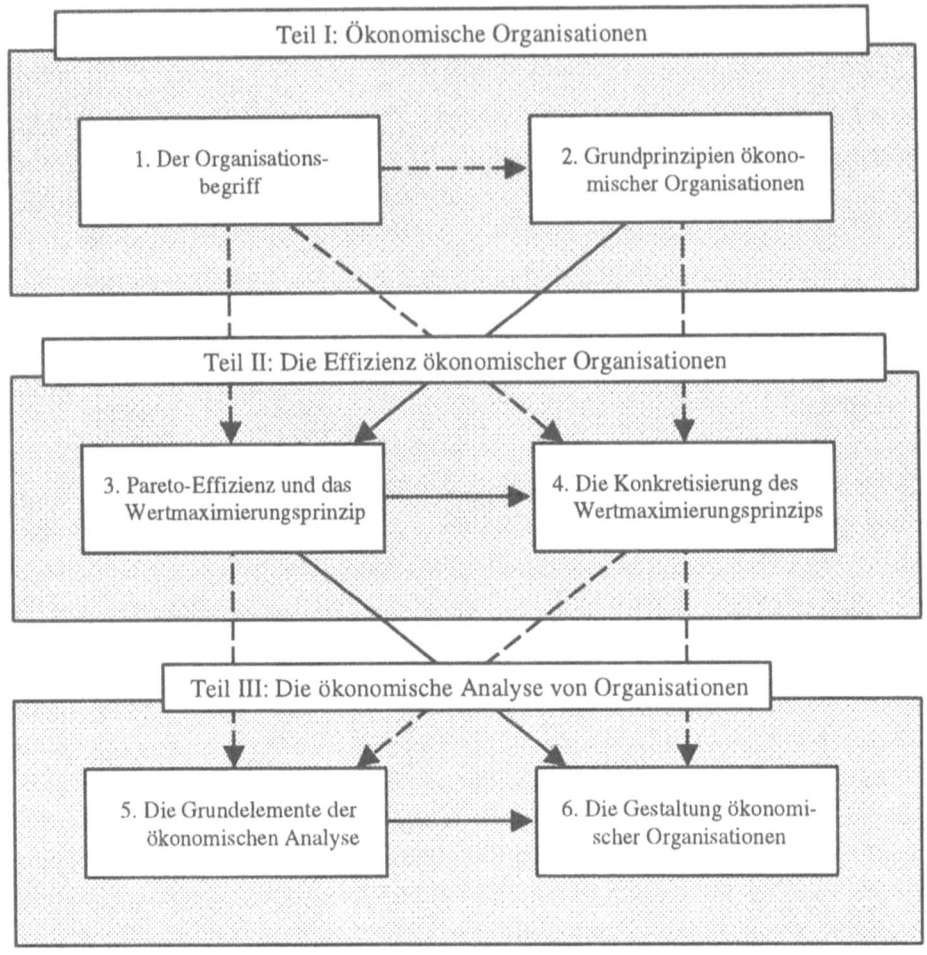

Abbildung: Die Struktur des Buches und die wesentlichen Verbindungen zwischen den Kapiteln (durchgezogene Pfeile zwischen den Kapiteln deuten an, daß ein Kapitel vom anderen abhängt, gestrichelte Pfeile zwischen den Kapiteln deuten an, daß ein Kapitel lediglich auf die entwickelten Ideen in dem anderen zurückgreift)

Dieses Buch und die Konzeption eines Forschungsprogramms, das die mikroökonomische Theorie systematisch für die Betriebswirtschaft fruchtbar macht, entspringt meiner Lehrtätigkeit an der Wissenschaftlichen Hochschule für Unternehmensführung in Vallendar. Seit 1995 bin ich dort Inhaber des Lehrstuhls für Organisationstheorie. Meine Lehrveranstaltungen sind entsprechend meiner Ausbildung mikroökonomisch ausgerichtet und decken sich mit dem in Kapitel 6 skizzierten Vorgehen bei der Analyse ökonomischer Organisation. Ich hoffe, daß die bei meinen Vorlesungstätigkeiten gewonnenen Erfahrungen diesem Lehrbuch und dem gesamten Forschungsprogramm zugute gekommen sind. Während der Entstehung des Buches habe ich vor allem durch die Diskussionen mit meiner Frau, Dr. Christiane Jost, zahlreiche wertvolle Anregungen erhalten. Viele Verbesserungen des ursprünglichen Manuskripts gehen auf sie zurück. Ebenso danken möchte ich meinem Kollegen Prof. Dr. W. Neus sowie meinen Mitarbeitern Dipl.-Volkswirt T. Höreth und Dipl.-Volkswirt J. Kumbartzki für weitere Verbesserungsvorschläge und die kritische Durchsicht des Textes. Dank gebührt auch Frau K. Senftleben, die die Zeichnungen anfertigte und mit Sorgfalt die hoffentlich letzten Tippfehler im Text fand. Alle verbleibenden Fehler fallen natürlich in meine Verantwortung.

Vallendar, September 1999   Peter-J. Jost

Auch wenn das Prinzip der Arbeitsteilung bei der Zubereitung des Mittagessens im allgemeinen keine Anwendung findet, dient die Interaktion am Mittagstisch der Bedürfnisbefriedigung der einzelnen Essensteilnehmer.

Teil I
Ökonomische Organisationen

1
Der Organisationsbegriff

2
Grundprinzipien ökonomischer Organisationen

1
Der Organisationsbegriff

The development of organizations is the principal mechanism by which, in a highly differentiated society, it is possible to "get things done", to achieve goals beyond the reach of the individual. (Parsons, 1960)

Die meisten Bücher über Organisationen beginnen ihre Einleitung mit der Beobachtung, daß Organisationen allgegenwärtig sind. Auch in diesem Buch folgen wir dieser Tradition: Jeder von uns ist notwendigerweise Mitglied von verschiedenen Organisationen, ob im Arbeitsleben, in der Freizeit oder in der Gesellschaft. Zudem hat jeder von uns täglich mit einer Vielzahl von Organisationen zu tun, ob als Kunde, als Patient oder als Antragsteller bei einer Behörde. Organisationen beeinflussen so unser tägliches Leben. Sie bestimmen, welche Produkte wir kaufen können, ob unser Unwohlsein richtig diagnostiziert wird oder ob und wieviel Wohngeld wir erhalten.

Warum entstehen Organisationen? Warum sind sie von so unterschiedlicher Ausprägung? Wie funktionieren Organisationen und wie sollten sie funktionieren? Was motiviert den Einzelnen, an einer bestimmten Organisation teilzunehmen? Wie wird sichergestellt, daß der Einzelne im Interesse der Organisation handelt? Um diese und weitere Fragen zu beantworten, muß man Organisationen systematisch untersuchen. Hierzu ist es hilfreich, sich von der Einzelfallbetrachtung zu lösen und Gemeinsamkeiten von Organisationen zu analysieren. Das ist Gegenstand dieses ersten Kapitels. Wir gehen dabei folgendermaßen vor:

In Abschnitt 1.1 definieren wir zunächst, was wir in diesem Buch unter einer ökonomischen Organisation verstehen. Da wir unseren Organisationsbegriff sehr weit fassen, stellen wir dar, welche Organisationsformen nach unserer Definition überhaupt Gegenstand der Betrachtung sind. In Abschnitt 1.2 leiten wir dann die aus dieser Definition resultierenden Merkmale von Organisationen ab. Wir stellen hierzu vier verschiedene Ansichten einer ökonomischen Organisation vor, die jeweils ein anderes spezifisches Charakteristikum von ökonomischen Organisationen betonen.

1.1 Grundlegende Begriffsdefinitionen

Bevor wir eine Antwort auf die oben aufgeworfenen Fragen geben können, müssen wir zuerst festlegen, was wir unter einer Organisation verstehen wollen. Die Definition wollen wir so wählen, daß wir das ganze Fragenspektrum bearbeiten können. Hier bietet sich der in der angelsächsischen Literatur gebräuchliche institutionelle Organisationsbegriff an, der sehr umfassend ist. Danach ist eine **ökonomische Organisation** ein Gebilde, in dem verschiedene Personen miteinander interagieren, um individuelle und kollektive ökonomische Ziele zu erreichen.

Diese Definition erweitert den instrumentellen Organisationsbegriff, bei dem die Organisation als System von Regeln definiert wird: Nicht nur die dort im Vordergrund stehende organisatorische Strukturierung sondern auch die Bildung, Implementation und Veränderungen dieser Strukturen können aufgrund des institutionellen Organisationsbegriffs Gegenstand der Analyse sein. Für ein umfassendes Verständnis von Organisationen ist dies zwingend. So stellt Perrow (1986, S.157f) fest, "for institutional analysis, the injunction is to analyze the whole organization. To see it as a whole is to do justice to its 'organic' character. Specific processes are, of course, analyzed in detail, but it is the nesting of these processes into the whole that gives them meaning."

Als kollektive Handlungseinheit ist eine ökonomische Organisation dabei mehr als nur eine Ansammlung von Personen: In einer Organisation sind vielmehr die Beziehungen zwischen den Personen interdependent, das Handeln einer dieser Personen beeinflußt also das Ergebnis des Handelns anderer Personen, die in die Organisation involviert sind. Kennen die Betroffenen diesen Sachverhalt, werden sie ihn bei ihrem Handeln berücksichtigen.

Im folgenden bezeichnen wir die an einer ökonomischen Organisation beteiligten Personen als **Organisationsteilnehmer**. Organisationsteilnehmer können ihrerseits wiederum Organisationen oder einzelne Individuen sein. Die Teilnehmer der Organisationsform Unternehmung sind so beispielsweise ihre Arbeitnehmer, Lieferanten, Kapitalgeber oder Kunden.

Die Ziele, die die Organisationsteilnehmer verfolgen, sind im Sinne unserer Definition stets ökonomischer Natur. Dabei folgen wir Robbins (1962, S.16) und verstehen unter Ökonomie die Wissenschaft "which studies human behavior as the relationship between ends and scarce means that have alternative uses". Ein ökonomisches Ziel eines Organisationsteilnehmers besteht demnach in der Befriedigung eines Bedürfnisses mit Mitteln, die beschränkt sind und die auch für die Befriedigung anderer Bedürfnisse eingesetzt werden könnten. Dies ermöglicht es uns, die Bedürfnisbefriedigung eines Organisationsteilnehmers – und somit auch ökonomische Organisationen – an der jeweiligen Zielerreichung für den einzelnen Teilnehmer zu beurteilen. Ökonomische Ziele können dabei sehr vielfältig sein. Hirshleifer (1985, S.53) stellt so in Anlehnung an das Zitat von Robbins fest: "After all, the ends that men and women seek include not just bread and butter but also reputation, advantage, sex, status, eternal salvation, the meaning of live, and a good night's sleep". Nach unserer Definition interagieren die Teilnehmer miteinander, um ihre eigenen Ziele zu erreichen. Das kollektive Ziel jeder ökonomischen Organisation ist es daher, individuelle Bedürfnisse ihrer Organisationsteilnehmer zu befriedigen.

Entsprechend unserer Definition sind eine Vielzahl verschiedener Organisationsformen ökonomische Organisationen: So sind zunächst einmal alle Unternehmungen und andere wirtschaftlichen Zusammenschlüsse ökonomische Organisationen, unabhängig davon, ob sie Profitmaximierung oder andere materielle Ziele verfolgen: Die einzelnen Organisationsteilnehmer interagieren miteinander, um ein gewisses Produkt oder eine Dienstleistung anzubieten. Ziel der Organisationsteilnehmer ist es, ihre jeweiligen Interessen durch ihre Mitwirkung an der Organisation zu befriedigen.

Unsere Definition schließt aber auch gemeinnützige Einrichtungen ein, denn sie verfolgen ebenfalls ökonomische Ziele. Das "Rote Kreuz" beispielsweise hat sich vorgenommen, eine bestmögliche medizinische Notfallversorgung der Bevölkerung sicherzustellen. Karitative Organisationen, wie die Caritas, wollen die soziale Wohlfahrt steigern oder, wie im Fall von Amnesty International, die Situation einer bestimmten Gruppe von Menschen verbessern.

Neben solchen formalen (formgebundenen) Organisationen wie der Unternehmung, deren wesentliches Element ihr unabhängiger juristischer Status ist, können wir aber auch informelle (formungebundene) Organisationen wie z.B. Märkte, als ökonomische Organisationen betrachten: Auf Märkten findet ein Leistungsaustausch zwischen (potentiellen) Käufern und (potentiellen) Verkäufern statt. Ziel dieser Marktteilnehmer ist es, ihre Bedürfnisse möglichst umfassend durch Tauschaktivitäten zu befriedigen.

Diese Vielzahl an ökonomischen Organisationen läßt sich nach Milgrom und Roberts (1992, S.19f) hierarchisch in übergeordnete und untergeordnete Organisationen gliedern. Übergeordnete Organisationen setzen sich aus untergeordneten zusammen, die so ihre Basis bilden.

Demnach ist die größte ökonomische Organisation das gesamte ökonomische System, die Weltwirtschaft. Alle Wirtschaftssubjekte interagieren hier miteinander mit dem Ziel, ihren Nutzen zu steigern. Das gesamte ökonomische System kann wiederum als ein Netzwerk verschiedener Märkte auf der nächsttieferen Ebene verstanden werden. Die Marktteilnehmer sind dabei im wesentlichen Unternehmungen, private Haushalte und staatliche Akteure. Sie bilden die Organisationen auf der nachfolgenden Ebene. Zudem lassen sich auf dieser Ebene auch andere Organisationen einordnen wie etwa Gewerkschaften, Schulen oder Umweltverbände.

Auch auf der Ebene der formalen Organisationen können wir eine Organisation als ein Netzwerk hierarchisch nachgeordneten Organisationen verstehen. So besteht beispielsweise der Mineralölkonzern Royal Dutch Shell neben der Konzernzentrale in London und Den Haag auch aus den einzelnen nationalen Betriebsgesellschaften rund um den Globus, also z.B. der Deutschen Shell AG, der Shell U.K. ltd. oder der Shell France. Die einer formalen Organisation nachgeordneten Organisationen und Individuen bezeichnen wir im folgenden als **organisatorische Einheiten**. Der einzelne Mitarbeiter der Royal Dutch Shell ist demnach die kleinste organisatorische Einheit dieser ökonomischen Organisation, die größte organisatorische Einheit ist die Organisation, also die Royal Dutch Shell selbst.

Organisatorische Einheiten
und ihre hierarchische Gliederung bei der Royal Dutch Shell _____

Zur Illustration der Gliederung ökonomischer Organisationen in hierarchisch übergeordnete bzw. untergeordnete Organisationen betrachten wir das international tätige Mineralölunternehmen Royal Dutch Shell:

Herr Müller arbeitet als Produktionsmitarbeiter in der Raffinerie in Godorf. Seine Hauptaufgabe ist die Kontrolle der Temperatur bei der Destillation von Rohöl. Neben der Überwachung des Monitors ist er auch für das Begehen der Anlage zuständig. Er stellt die kleinste hier betrachtete organisatorische Einheit des Unternehmens dar.

Herr Müller arbeitet zusammen mit drei anderen Kollegen in einer **Schicht***, der nächstgrößeren organisatorischen Einheit. Die Schicht ist für die Einhaltung von Sicherheitsstandards und der Qualitätsanforderungen bei der Destillation zuständig, ebenso wie für das rechtzeitige Beobachten und Melden von Störfällen.*

Die Schicht gehört neben zwei weiteren Schichten zur **Produktionsabteilung***. Diese ist für die Destillation von Rohöl an einer bestimmten Destillationsanlage zuständig. Jede Schicht der Produktionsabteilung hat dieselben Aufgaben durchzuführen, sie arbeiten lediglich zeitlich versetzt.*

Die Produktionsabteilung ist dem **Produktionsbereich** *zugeordnet. Dieser umfaßt neben weiteren Abteilungen für die Destillation von Rohöl auch Abteilungen für die Raffination der Destillate: Hier werden alle Produkte, die bei der Destillation anfallen, für die weitere Verwendung nachbehandelt.*

Dem Produktionsbereich ist die **Raffinerie** *als übergeordnete organisatorische Einheit zugeordnet. Zudem gehören zur Raffinerie die Abteilungen für die Instandhaltung der Anlagen, den Transport der einzelnen Grundstoffe und Produkte sowie die gesamte Administration.*

Die Raffinerie bildet zusammen mit allen anderen Raffinerien des Unternehmens die organisatorische Einheit **Manufacturing, Supply and Distribution***. In dieser Einheit erfolgt länderübergreifend die Koordination der einzelnen Aufgaben in den Raffinerien, beispielsweise der Verteilung des Rohöls je nach nach Zusammensetzung oder Herkunftsland.*

Die Einheit Manufacturing, Supply and Distribution ist der organisatorischen Einheit **Oil Products** *zugeordnet. Oil Products ist für alle Aufgaben zuständig, die unternehmensweit mit der Verarbeitung von Rohol zusammenhängen wie z.B. für Forschungs- und Entwicklungskooperationen mit anderen Unternehmen oder für den Erwerb und die Schließung von Raffinerien.*

Die Einheit Oil Products bildet schließlich zusammen mit anderen organisatorischen Einheiten auf dieser Ebene das **Gesamtunternehmen***. Hierzu gehören Ein-*

heiten für das Tankstellengeschäft, für Schmierstoffe, für das Finanzwesen und für das Personalwesen.

Quelle: Royal Dutch Shell, Stand 1998

In diesem Buch steht die Unternehmung als Organisationsform im Mittelpunkt der Betrachtung. Unsere umfassende Definition einer ökonomischen Organisation ermöglicht es uns aber, auch andere unternehmensübergreifende Formen der Organisation zu untersuchen. Dies ist für ein Verständnis der Organisationsform Unternehmung selbst aber unerläßlich: Für die Unternehmung gewinnt die Gestaltung ihrer Umwelt neben der der innerbetrieblichen Organisationsgestaltung immer mehr an Bedeutung. Maßnahmen zur Umweltgestaltung können aber ohne ein unternehmensübergreifendes Verständnis nicht sinnvoll getroffen werden. Zudem finden sich viele unternehmensinterne Gestaltungsprobleme analog auch auf Märkten. Marktliche Lösungen solcher Probleme sind daher grundsätzlich auch für Unternehmungen von Bedeutung. Und schließlich verschwimmen die Grenzen von Unternehmungen zusehends durch die sich ändernden Wettbewerbsbedingungen. Sie erfordern eine zunehmende Spezialisierung der Unternehmungen und damit einen verstärkten Fremdbezug anderer Leistungen am Markt oder mit Hilfe von Kooperationen mit anderen Organisationen. Neben der unternehmensinternen Organisationsgestaltung wird daher auch die unternehmensübergreifende Perspektive Gegenstand unserer Untersuchungen sein.

1.2 Ansichten der Organisation

Nachdem wir geklärt haben, was wir unter einer ökonomischen Organisation verstehen, werden wir uns nun mit den unterschiedlichen Charakteristika dieser Organisationen befassen.

Unsere Definition einer ökonomischen Organisation erlaubt es uns, Organisationen aus verschiedenen Perspektiven zu betrachten – statt von ökonomischen Organisationen sprechen wir im folgenden einfach von Organisationen. Wir unterscheiden im folgenden die folgenden Ansichten einer Organisation:

- Die Organisation als soziales Interaktionssystem
- Die Organisation als Nexus von Verträgen
- Die Organisation als Ort ökonomischer Aktivitäten
- Die Organisation als effiziente Einheit

Jede dieser Perspektiven hebt ein anderes spezifisches Charakteristikum von Organisationen hervor, das bei ihrer Gestaltung von Bedeutung ist.

1.2.1 Die Organisation als soziales Interaktionssystem

Betrachtet man die Organisation als soziales Interaktionssystem, so stehen die Organisationsteilnehmer und ihre interpersonellen Tauschbeziehungen im Vordergrund des Interesses.[1] Diese Perspektive weist somit auf zwei Grundbausteine hin, die die Grundlage jeder Organisation bilden: Die einzelnen Individuen, die Teilnehmer der Organisation sind, sowie die Transaktionen zwischen diesen Individuen:

- Das einzelne Individuum mit seinen Interessen, Bedürfnissen und seinem Verhalten ist das grundlegende Analyseobjekt für das Verstehen von Organisationen. Nicht die Organisation, sondern die Individuen, die an der Organisation beteiligt sind, handeln und entscheiden. Ihr Verhalten bestimmt den Erfolg der Organisation. Die einzelnen Teilnehmer einer Organisation sind als letztendliche Entscheidungsträger die Elemente des Systems "Organisation". Sie stellen die kleinste zu betrachtende Analyseeinheit dar.
- Die Transaktionen zwischen den Organisationsteilnehmern bilden die Verbindungen zwischen den Elementen des Systems "Organisation". Grundsätzlich ist nach Simmel (1900, S.34) "jede Wechselwirkung ... als ein Tausch zu betrachten: jede Unterhaltung, jede Liebe (auch wo sie mit andersartigen Gefühlen erwidert wird), jedes Spiel, jedes Sichanblicken." In ökonomischen Organisationen steht dabei natürlich der Austausch von Gütern oder Leistungen im Vordergrund der interpersonellen Beziehungen.[2] Neben ökonomischen Transaktionen sind auch soziale Transaktionen, die zur Begründung, Aufrechterhaltung und Veränderung der Organisation notwendig sind, von Bedeutung. Entscheidend ist, daß die Organisationsteilnehmer miteinander interagieren, ihre Beziehungen also interdependent sind. Damit ist insbesondere das Ergebnis des Handelns eines Organisationsteilnehmers nicht nur von seinem eigenen Handeln, sondern

auch von den Aktivitäten der anderen Beteiligten in der Beziehung abhängig. Aufgrund dieser Interdependenzen wird das Organisationsergebnis vom Handeln aller Organisationsteilnehmer bestimmt.

Indem wir das einzelne Individuum und seine Transaktionen mit anderen Organisationsteilnehmern aus Ausgangspunkt unserer Analysen wählen, betrachten wir das Verhalten einer Organisation nicht wie das einer Einzelperson, sondern sehen ihr Verhalten vielmehr als Ergebnis des Zusammenspiels der Organisationsteilnehmer mit ihren jeweiligen Zielen und Bedürfnissen. In der ökonomischen Literatur wird dieses Vorgehen als **methodologischer Individualismus** bezeichnet.[3] Danach werden Organisationen aus der Perspektive des einzelnen Individuums untersucht. Seine Transaktionen mit anderen Organisationsteilnehmern stehen im Zentrum der Analysen. Unsere Aussagen über Organisationen werden so mit Hilfe von Aussagen über die beiden Grundbausteine gemacht. Die Organisation ist also nicht gegeben oder steht am Ausgangspunkt der Analyse, sondern sie wird als ableitbares Konstrukt angesehen.

Die organisatorische Rolle ist das Bindeglied zwischen den beiden Bausteinen der Organisation. Die **organisatorische Rolle** eines Teilnehmers wird durch die Gesamtheit der Erwartungen aller anderen Organisationsteilnehmer bezüglich seines aufgabenbezogenen Handelns innerhalb der Organisation definiert. Sie umfaßt beispielsweise die Handlungen, die er in bestimmten Situationen ergreifen sollte, das Verhalten, das seine Kollegen von ihm erwarten, oder die Regeln und Verfahren, nach denen er langfristige Entscheidungen treffen sollte. Ihre Konkretisierung findet sie in einer Unternehmung z.B. durch die Stellenbeschreibung: Die Festlegung des Tätigkeitsspektrums und der Entscheidungskompetenzen gehört hier beispielsweise ebenso dazu wie Verfahrensrichtlinien für die Bearbeitung von Vorgängen und die Festlegung der Beschwerdewege. Die Stellenbeschreibung kann dabei sowohl in Schriftstücken niedergelegt sein als auch durch andere Organisationsteilnehmer, etwa den Vorgesetzten, im Arbeitsvollzug kommuniziert werden. Die Zuweisung der organisatorischen Rolle dient der Erfüllung der Ziele der Organisation.

Von der organisatorischen Rolle eines Organisationsteilnehmers, die auch als formelle Rolle bezeichnet werden kann, ist seine informelle Rolle zu unterscheiden. Sie ist durch die Gesamtheit der Erwartungen der anderen Organisationsteilnehmer bezüglich seines nicht aufgabenbezogenen Verhaltens innerhalb der Organisation festgelegt. Die informelle Rolle bildet sich im Zusammenhang mit der Erfüllung von Bedürfnissen und Interessen, die nicht primär mit den Zielen der Organisation in Verbindung stehen. Eine informelle Rolle kann im Widerspruch zu den Zielen der Organisation stehen, etwa wenn in einer Unternehmung ein Mitarbeiter den Großteil seiner Arbeitszeit mit der Organisation eines innerbetrieblichen Toto-Wettbüros verbringt. Kein Widerspruch liegt hingegen vor, wenn sich durch verbesserte soziale Kontakte das Arbeitsklima und damit die Aufgabendurchführung verbessern.

Der Inhalt und die Ausgestaltung von formellen und informellen Rollen sind wichtige Bestandteile sozialer Interaktionssysteme. Erst durch die Zuweisung einer Rolle wird das einzelne Individuum zu einem Teilnehmer der Organisation. Aus ökonomischer Perspektive werden wir uns in den weiteren Ausführungen allerdings auf die Gestaltung der organisatorischen Rolle eines Organisationsteilnehmers konzentrieren.

Ein weiterer wesentlicher Aspekt, der aus der Betrachtung der Organisation als sozialem System resultiert, ist die Erkenntnis, daß wir eine ökonomische Organisation als offenes System verstehen müssen. Daher können wir eine Organisation nicht losgelöst von ihrer Einbettung in ihre Umwelt betrachten. Vielmehr sind ihre Interaktionen mit ihrer Umwelt in die Untersuchungen einzubeziehen. Ein Produktionsunternehmen tritt mit seiner Umwelt in Beziehung, wenn es beispielsweise Vorprodukte fremdbezieht oder die hergestellten Produkte veräußert. Der Markt für Automobile steht z.B. mit dem Arbeitsmarkt in Verbindung und hängt von der Festsetzung der Mineralölsteuer ab.

Nach der hierarchischen Gliederung ökonomischer Organisationen sind alle Organisationen unterhalb der höchsten Ebene offene Systeme: Als Teil eines Netzwerks bilden sie zusammen mit anderen Organisationen übergeordnete Organisationen. Somit ist aber jede dieser Organisationen Bestandteil einer übergeordneten Organisation und steht mit anderen Organisationen, die ihre Umwelt bilden, in einem Austausch. Lediglich das gesamte ökonomische System als größte ökonomische Organisation hat in diesem Sinne keine Umwelt.

Die Einbettung einer Organisation in ihre Umwelt bedingt, daß die Abhängigkeit der Organisation von ihrer Umwelt in der Vordergrund der Betrachtung rückt. Ohne die Interaktion mit ihrer Umwelt kann eine Organisation – mit Ausnahme des gesamten ökonomischen Systems – nicht existieren. Sie muß sich folglich kontinuierlich an die sich ändernden Umweltbedingungen anpassen und ihre internen sozialen Beziehungen ebenso wie ihre Beziehungen zu ihrer Umwelt adäquat gestalten. Diese Veränderungen müssen aber nicht notwendigerweise reaktiv sein. Vielmehr kann eine Organisation unter Umständen auch aktiv auf ihre Umwelt einwirken und somit Umweltveränderungen auslösen, die für die Organisation vorteilhaft sind.

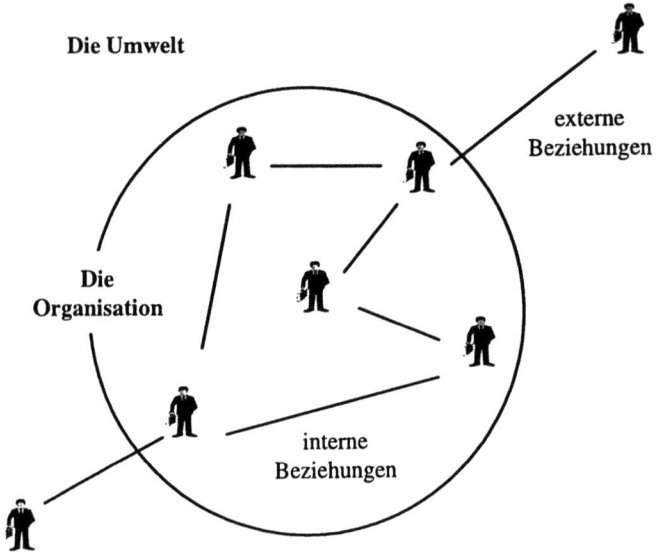

Abbildung 1.1: Die Organisation als soziales Interaktionssystem

1.2.2 Die Organisation als Nexus von Verträgen

Betrachtet man die Organisation als Nexus von Verträgen, so bezieht man sich auf die vertragliche Gestaltung der Interaktionen zwischen den Organisationsteilnehmern: Um mehr Sicherheit über das Verhalten der Organisationsteilnehmer im Hinblick auf die von der Organisation angestrebten Ziele zu schaffen, werden die jeweiligen Beziehungen zwischen den einzelnen Organisationsteilnehmern festgelegt. Diese Festlegung der Beziehungen erfolgt durch beidseitige Vereinbarungen, die auch als Verträge interpretiert werden können. Verträge können dabei sowohl in expliziter als auch in impliziter Form abgeschlossen werden:

- Ein **expliziter Vertrag** ist eine gerichtlich durchsetzbare Vereinbarung zwischen den beteiligten Parteien bzw. Vertragspartnern. Ein Beispiel hierfür ist ein Liefervertrag, in dem die Leistungen eines Vertragspartners und die Gegenleistung der anderen Partei für einen bestimmten Zeitraum festgelegt werden. Für den Fall, daß sich eine der Parteien nicht an die Vertragsbedingungen hält, kann die andere Partei gerichtlich auf Vertragserfüllung klagen und so die vereinbarte Leistung erzwingen.
- Im Unterschied dazu ist ein **impliziter Vertrag** eine Vereinbarung ohne rechtlichen Status. Damit ein solcher Vertrag dennoch Verhaltenssicherheit in der Beziehung schafft, muß er auf einem impliziten Einverständnis der Parteien beruhen. Dieses Einverständnis kann z.B. kulturell verankert sein, so daß das implizit vereinbarte Verhalten als selbstverständlich erachtet wird. Gegenstand impliziter Verträge können beispielsweise die Loyalität zwischen Vorgesetztem und Mitarbeiter oder das Einverständnis über Tischmanieren bei Geschäftsessen sein.

Der Abschluß expliziter Verträge bringt zunächst einmal zum Ausdruck, daß die Organisationsteilnehmer freiwillig der Organisation beigetreten sind. Die Teilnahme an der Organisation ist somit durch gegenseitige Anerkennung der Vertragsbedingungen zustande gekommen. Insbesondere wird eine Person somit nur dann Teilnehmer einer Organisation werden, wenn dies ihren eigenen individuellen Interessen dient. Bei impliziten Verträgen muß hingegen die Organisationsteilnahme nicht notwendigerweise freiwillig sein, beispielsweise wird man in eine Gesellschaft mit ihrer Kultur hinein geboren.

Darüber hinaus konkretisiert ein expliziter Vertrag die Teilnahme der Person in der Organisation: Durch die Festlegung der Beziehungen zu anderen Organisationsteilnehmern spezifiziert er den Beitrag, den der Einzelne zur Erreichung der Organisationsziele leisten soll. Der vertragliche Charakter der Interaktionen der Organisationsteilnehmer steht somit im unmittelbaren Zusammenhang mit den einzelnen organisatorischen Rollen. Er spezifiziert die Erwartungen, die von den jeweils anderen Organisationsteilnehmern an das aufgabenbezogene Handeln eines Teilnehmers innerhalb der Organisation gestellt werden, also seine organisatorische Rolle. Sie wird im wesentlichen durch explizite Verträge festgelegt. Ferner werden explizite Verträge häufig durch implizite Verträge ergänzt, die dadurch ebenfalls zur Spezifikation der organisatorischen Rolle beitragen.

In diesem Sinne legitimiert ein expliziter Vertrag die Durchsetzung einer organisatorischen Rolle. Ein wesentliches Kennzeichen der organisatorischen Rolle ist ihre Sanktionierbarkeit: Die Einhaltung der Erwartungen wird von Organisationsteilnehmern überprüft. Stimmt das tatsächliche Verhalten dabei nicht mit den Erwartungen überein, kann dieser Verstoß sanktioniert werden. Bei expliziten Vereinbarungen geschieht dies durch außenstehende Dritte, wie beispielsweise durch Gerichte. Handelt ein Mitarbeiter nicht konform mit den organisatorischen Regeln in einer Unternehmung, wird ihn sein Vorgesetzter darauf aufmerksam machen und je nach Schwere des Vergehens tadeln, abmahnen oder ihm sogar kündigen.

Betrachtet man die Interaktionen der Organisationsteilnehmer aus vertraglicher Perspektive, dann können wir die Organisation auch als Netzwerk von expliziten Vertragsbeziehungen bezeichnen. Eine Organisation hat grundsätzlich zwei Möglichkeiten, wie sie ein solches Netzwerk aufbauen kann:

- Entweder besteht für jede Beziehung zwischen zwei Personen innerhalb der Organisation ein bilateraler Vertrag. Dies ist beispielsweise bei der Organisationsform Markt der Fall, bei der ein Kauf- oder Liefervertrag zwischen einem Anbieter und einem Nachfrager die Beziehung zwischen den beiden Parteien regelt.
- Oder es besteht für jeden Organisationsteilnehmer ein Vertrag mit der Organisation. Das setzt voraus, daß die Organisation eine rechtsfähige natürliche oder juristische Person ist. So ist beispielsweise ein Turnverein eine juristische Person, die durch den Vorstand gegenüber Dritten rechtlich vertreten wird. Die Mitglieder des Turnvereins haben ihre formalen Beziehungen untereinander durch Beitrittserklärungen und Anerkennung der Vereinsstatuten sowie die Wahl des Vorstands festgelegt.

Im zweiten Fall kann eine Organisation die Anzahl der bilateralen Verträge, die zwischen den Organisationsteilnehmern notwendig sind, entscheidend reduzieren. Ohne den Status einer eigenständigen Rechtspersönlichkeit müßte bei einer Unternehmung beispielsweise jeder Mitarbeiter mit jedem anderen Mitarbeiter einen Vertrag abschließen, ebenso mit jedem Lieferanten, jedem Kunden und allen anderen Organisationsteilnehmern. Als eigenständige Rechtspersönlichkeit kann hier die Unternehmung Kosten für die Schließung solcher bilateralen Verträge einsparen. In diesem Fall ist nämlich die Unternehmung diejenige Partei, die mit allen Organisationsteilnehmern Verträge abschließen kann. Bei n Organisationsteilnehmern könnte so die Anzahl der wechselseitigen, bilateralen Verträge von $\frac{n(n-1)}{2}$ auf n bilaterale Verträge jedes Teilnehmers mit der Organisation reduziert werden. Bei $n = 100$ Personen müssen so $4950 - 100 = 4850$ Verträge weniger abgeschlossen werden.

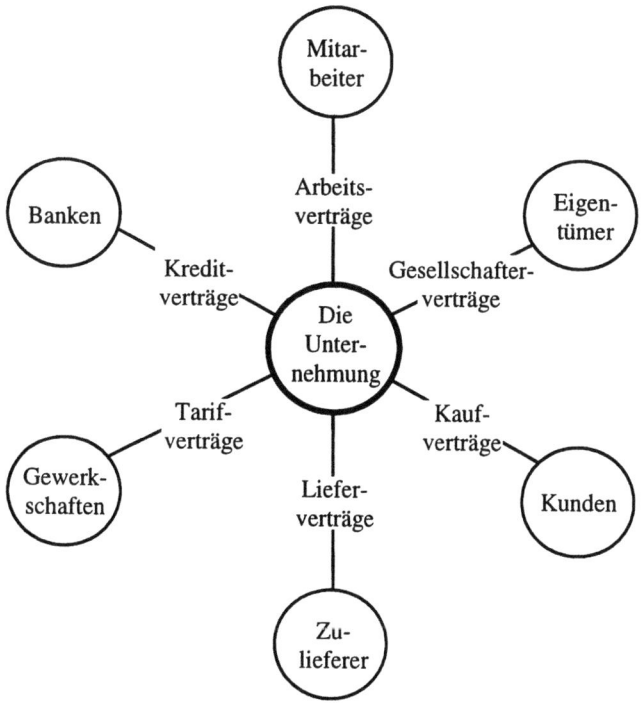

Abbildung 1.2: Die Unternehmung als Nexus von Verträgen

1.2.3 Die Organisation als Ort ökonomischer Aktivitäten

Betrachtet man die Organisation als Ort ökonomischer Aktivitäten, so unterstreicht man die Funktion von Organisationen: Als Gebilde, das auf die Erreichung ökonomischer Ziele ausgerichtet ist, führt jede Organisation entsprechende ökonomische

Aktivitäten durch. **Das Ergebnis ist die Bereitstellung von Gütern oder Dienstleistungen**, beispielsweise die Produktion eines Kleinwagens durch einen Automobilhersteller oder die Beratung in Rechtsfragen durch eine Anwaltskanzlei. Diese Bereitstellung erfolgt durch die Zusammenarbeit der Organisationsteilnehmer. Die Gestaltung der Zusammenarbeit zwischen den einzelnen Organisationsteilnehmern legt ihre ökonomischen Aktivitäten fest.

Durch die Bereitstellung von Gütern und Dienstleistungen kann die Organisation als **ökonomischer Akteur** verstanden werden. Der Begriff des ökonomischen Akteurs umfaßt neben ökonomischen Organisationen, wie Unternehmungen und Haushalten, auch einzelne Individuen, die ökonomischen Aktivitäten nachgehen: Die Herstellung von Kopfschmerztabletten bei einem Pharmaunternehmen, das tägliche Brötchenbacken der Bäckerei um die Ecke, die Bereitstellung von Lehrkapazitäten an einer Universität oder die Bedienung einer computergestützten Produktionsmaschine sind Beispiele für ökonomische Aktivitäten.

Organisationen gestalten ihre ökonomischen Aktivitäten in einer jeweils spezifischen Art und Weise. Die Herstellung von Kopfschmerztabletten bei einem Pharmaunternehmen erfolgt z.B. in einem hoch automatisierten Produktionsprozeß. Die Tätigkeiten des einzelnen Produktionsmitarbeiters sind dabei detailliert in einer Aufgabenbeschreibung niedergelegt. Die Bereitstellung von Lehrkapazitäten an einer Universität erfolgt im Hinblick auf ein festgelegtes Curriculum. Im Unterschied zum Produktionsmitarbeiter sind dabei die Veranstaltungen des einzelnen Lehrbeauftragten zwar an diesem Lehrkonzept auszurichten, bei der inhaltlichen Ausgestaltung seiner Veranstaltungen hat dieser jedoch weitgehende Freiheiten.

Die Art und Weise, wie eine Organisation ihre ökonomischen Aktivitäten gestaltet, wird als **Architektur der Organisation** bezeichnet. Die Architektur einer Organisation umfaßt dabei eine Reihe von Elementen: Neben dem Organisationsvertrag als konstitutionellem Rahmen einer Organisation sind dies beispielsweise die Zuweisung von Verantwortungsbereichen und Entscheidungsrechten an die einzelnen Organisationsteilnehmer, die Gestaltung von Kommunikationsstrukturen innerhalb der Organisation sowie mit ihrer Umwelt, die Aufteilung der ökonomischen Aktivitäten auf die einzelnen Teilnehmer, die Abwicklung von Innovationsprozessen, Beurteilungs- und Kontrollsysteme für die einzelnen Tätigkeiten der Organisationsteilnehmer, die Methoden der Entlohnung und der Arbeitsplatzgestaltung, der Aufbau einer Organisationskultur und vieles mehr.

Die Gesamtheit der Elemente, die die Architektur einer Organisation ausmachen, können wir grundsätzlich in zwei Klassen einteilen:

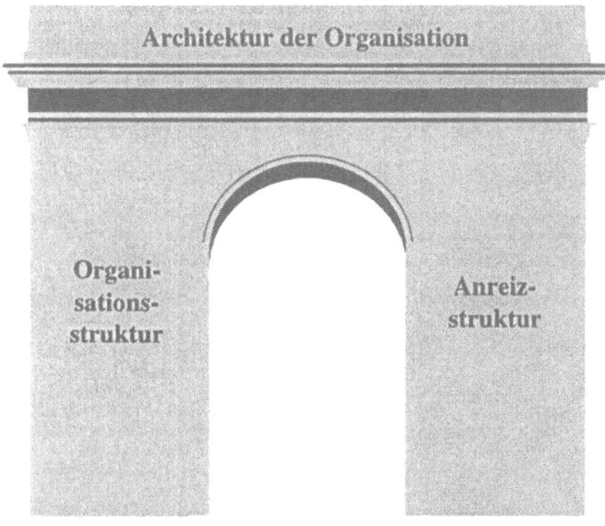

Abbildung 1.3: Die Architektur der Organisation

- Elemente der **Organisationsstruktur** zielen darauf ab, die Interaktionen zwischen den einzelnen Organisationsteilnehmern festzulegen. Entsprechend den beiden Grundbausteinen einer Organisation geht es dabei aber nicht nur um die organisatorische Rolle, die jedem einzelne Organisationsteilnehmer zugewiesen wird, sondern auch darum, deren Aktivitäten aufeinander abzustimmen. Die Organisationsstruktur bestimmt also einerseits das jeweilige Tätigkeitsspektrum und die zugehörigen Entscheidungskompetenzen des einzelnen Organisationsteilnehmers, andererseits werden durch die Festlegung der Beziehungen zwischen den Organisationsteilnehmern auch Organisationsprozesse definiert. Hierzu gehören Verfahrensrichtlinien für die Ausführung operativer Tätigkeiten ebenso wie Vorgaben für Entscheidungs-, Innovations- oder Kommunikationsprozesse.

- Elemente der **Anreizstruktur** zielen hingegen darauf ab, ein konformes Verhalten des einzelnen Organisationsteilnehmers mit seiner organisatorischen Rolle sicherzustellen. Auch sie werden in expliziten oder impliziten Verträgen festgelegt. Im Vordergrund der Betrachtung steht dabei das einzelne Individuum mit seinen individuellen Bedürfnissen und Interessen. Da ein Individuum an einer Organisation teilnimmt, um seine eigenen Ziele zu erreichen, ist es möglich, daß es dabei nicht die Zielerreichung der Organisation fördert. Es kann zu Divergenzen zwischen seinen eigenen Zielen und den übergeordneten Zielen der Organisation kommen. Die Anreizstruktur bestimmt hier, inwieweit die Organisation einen Interessenausgleich herbeiführen kann. Hierzu gehören neben den Methoden der materiellen und immateriellen Entlohnung z.B. auch Kontroll- und Beurteilungssysteme, die die Aufgabenerfüllung der Organisationsteilnehmer messen und evaluieren sowie Führungssysteme, die die direkte Beziehung zwischen einem Vorgesetztem und seinen Mitarbeitern betreffen.

Zwischen Organisations- und Anreizstruktur gibt es Wechselwirkungen. So hat im allgemeinen die Organisationsstruktur unmittelbare Auswirkungen auf die Divergenzen zwischen den Interessen des einzelnen Organisationsteilnehmers und denen der Organisation, wie das folgende Beispiel zeigt: Die Festlegung eines kleinen Tätigkeitsspektrums mit wenig Entscheidungskompetenzen kann der Entfaltung des Einzelnen am Arbeitsplatz entgegenstehen. Möchte eine Unternehmung das Potential dieses Mitarbeiters nun voll ausschöpfen, kann sie ihm ein größeres Tätigkeitsspektrum mit mehr Entscheidungskompetenzen zuweisen. Dann hat die Gestaltung der Anreizstruktur auch Auswirkungen auf die Organisationsstruktur.

1.2.4 Die Organisation als effiziente Einheit

Betrachtet man die Organisation als effiziente Einheit, dann geht man davon aus, daß die Durchführung ihrer ökonomischen Aktivitäten auf eine möglichst umfassende Erfüllung der individuellen und kollektiven Ziele der Organisationsteilnehmer ausgerichtet ist. Da die Zielerreichung vom Handeln aller Personen der Organisation abhängt und dieses Handeln interdependent ist, ergeben sich durch diese Sichtweise zwei Anforderungen an die Architektur einer effizienten Organisation: Einerseits müssen die Interaktionen zwischen den einzelnen Organisationsteilnehmern auf die gemeinsame Erreichung der Ziele der Organisation abgestimmt sein, d.h. die Organisationsstruktur muß geeignet gewählt sein. Andererseits muß das Verhalten der Organisationsteilnehmer im Einklang mit ihren organisatorischen Rollen stehen, d.h. das Anreizsystem muß geeignet gewählt sein.

Darüber hinaus bedingt eine effiziente Organisation die Wahl einer geeigneten Organisationsstrategie. Als **Organisationsstrategie** wollen wir dabei die Antworten auf die folgenden drei Hauptfragen jedes Wirtschaftens bezeichnen:

- Welche Güter sollen produziert bzw. welche Dienstleistungen sollen bereitgestellt werden?
- Wie sollen die Güter produziert bzw. die Dienstleistungen bereitgestellt werden?
- Für wen sollen die Güter produziert bzw. die Dienstleistungen bereitgestellt werden?

Diese Fragen stellen sich jeder Organisation. Zu ihrer Beantwortung kann sie zwei grundsätzlich verschiedene Wege einschlagen: Entweder werden diese Fragen durch eine zentrale Instanz beantwortet oder die Beantwortung wird den einzelnen Organisationsteilnehmern überlassen. So kann beispielsweise ein ökonomisches System auf einer zentralen Planung oder einem freien Markt mit dezentralen Einzelentscheidungen aufbauen. Bei einer zentral geplanten Volkswirtschaft entscheiden ausgewählte Mitglieder des Staates darüber, welche Produkte wie produziert werden und wer welches dieser Produkte erhält. In einer freien Marktwirtschaft werden diese Entscheidungen den einzelnen privaten und öffentlichen Haushalten sowie den Unternehmungen überlassen. Auch in einer Unternehmung können die Grundfragen des Wirtschaftens zentral und dezentral beantwortet werden. So kann beispielsweise ein Alleininhaber zentral über Produktmix, Produktion und Distribution entscheiden. Oder er delegiert einzelne Entscheidungsbefugnisse an nachgeordnete Mitarbeiter.

Welche der ihr zur Verfügung stehenden alternativen Organisationsstrategien und möglichen Organisationsarchitekturen soll eine Organisation nun wählen, um effizient zu sein? Da wir davon ausgegangen sind, daß eine Organisation ökonomische Ziele verfolgt, können wir auf dieses Kriterium bei der Suche nach der effizienten Gestaltung einer Organisation zurückgreifen: Indem wir Strategie und Architektur einer Organisation anhand der Erfüllung ihrer ökonomischen Ziele beurteilen, können verschiedene Alternativen miteinander verglichen werden. Je umfassender demnach eine Organisation ihre gesetzten Ziele erreicht, desto geeigneter sind ihre Strategie und Architektur.

Da die Organisation ein offenes System ist, müssen wir zur Beurteilung ihrer Effizienz aber zunächst einmal die Grenze zwischen der Organisation und ihrer Umwelt ziehen und dann deren Wechselwirkungen untersuchen. Diese zwei Schritte wollen wir im folgenden gehen:

Für die Grenzziehung zwischen einer Organisation und ihrer Umwelt greifen wir auf die zu Anfang des Kapitels eingeführte Gliederung ökonomischer Organisation in über- und untergeordnete Organisationen zurück: Die **Grenzen einer Organisation** definieren wir durch die kleinste Organisation, die weitgehend autonom über ihre Organisationsstrategie und -architektur entscheiden kann. Bei einer Unternehmung entscheidet so im allgemeinen die oberste Führungsebene über strategische Fragen und die Architektur der Organisation. Lieferanten, Wettbewerber oder staatliche Stellen haben hier keinen oder nur einen geringen Einfluß auf die Gestaltung. Letztere können zwar mit Hilfe ihrer gesetzgeberischen Kompetenzen die Organisationsstruktur der Unternehmung beeinflussen. Dies ist beispielsweise im deutschen Umwelthaftungsrecht durch die Schaffung eines Betriebsbeauftragten geschehen. Auch die zwingende treuhänderische Verwaltung des Deckungsstocks von Lebensversicherungsunternehmen ist hierfür ein Beispiel. Der Einfluß dieser Organisationsteilnehmer auf die konkrete Ausgestaltung der Organisation ist allerdings vernachlässigbar.

Für die Festlegung der Organisationsziele und für die Gestaltung ihrer Architektur ist diese Definition der Grenze zwischen Organisation und Umwelt wesentlich: Als autonomes System liegt die Gestaltung der Organisation in der Hand derjenigen Organisationsteilnehmer, die unmittelbaren Einfluß darauf ausüben können. Zudem wird durch diese Grenzziehung die Gesamtmenge der Organisationsteilnehmer in zwei Gruppen geteilt: Die externen Organisationsteilnehmer, die zur Umwelt der Organisation gehören sowie die internen Organisationsteilnehmer, die zur autonomen Einheit gehören. Bei einer Unternehmung gehören beispielsweise die Lieferanten, die staatliche Stellen oder die Kunden zu den externen Organisationsteilnehmern, das Topmanagement und die Arbeitnehmer hingegen zu den internen Organisationsteilnehmern. Interne Organisationsteilnehmer werden im folgenden auch als **Organisationsmitglieder** bezeichnet.

Die Betrachtung einer autonomen Organisation als effiziente Einheit impliziert auch, daß nicht jede formale Organisation Gegenstand der nachfolgenden Untersuchungen ist. So sind beispielsweise Unternehmungen, die innerhalb eines größeren Konzerns rechtlich unabhängig sind, nicht notwenigerweise auch wirtschaftlich von der Konzernleitung unabhängig und somit autonom. Im Beispiel der Royal Dutch Shell hat so die Konzernleitung grundsätzlich die Möglichkeit, in die Belange der Deutschen Shell AG einzugreifen. Nach unserem Kriterium ist die Deutsche Shell AG somit keine autonome Organisation.

Nachdem wir die Grenzen der Organisation definiert haben, wenden wir uns nun den Wechselwirkungen zwischen der so definierten Organisation und ihrer Umwelt zu. So müssen wir beispielsweise für eine Unternehmung die Wechselwirkungen zwischen ihr und ihren Konkurrenten oder Lieferanten untersuchen. In Anlehnung an die in der Arbeit "The Origin of Species" von Darwin entwickelte biologische Evolutionstheorie gehen wir im folgenden von einem **ökonomischen Darwinismus** aus: Durch den Wettbewerb auf Märkten stehen Unternehmungen unter ständigem Marktdruck. Eine Unternehmung, in der in diesem Umfeld Entscheidungen getroffen werden, die aus Kosten-Nutzen-Gesichtspunkten nicht effizient sind, wird so entweder zu einer Revision der Entscheidungen gezwungen oder überlebt den Marktwettbewerb aufgrund der Übernahme durch andere Unternehmungen oder durch die Gründung effizienter Konkurrenten nicht. Nur Unternehmungen, in denen effiziente Entscheidungen getroffen werden, halten langfristig nach dem Prinzip des "survival of the fittest" dem Marktdruck stand. Dies gilt auch für organisatorische Entscheidungen.

Im Unterschied zum biologischen Selektionsprozeß, bei dem Anpassungen durch Mutationen oder exogene Ereignisse zufällig erfolgen, haben Organisationen auf den marktlichen Selektionsprozeß zusätzlich einen wesentlichen Einfluß. Sie können sich zielgerichtet verändern. Es gibt in der Praxis verschiedene Methoden, die Anpassung der Organisation an ihre Umweltbedingungen zu verbessern. Ein Beispiel hierfür ist das sogenannte Benchmarking: Durch den regelmäßigen systematischen Vergleich mit anderen Organisationen können Elemente der Organisationsarchitektur, die bei einer anderen Organisation vorteilhafter sind, identifiziert werden, um sie dann auf die eigene Organisation zu übertragen. Benchmarking kann daher zu einer stetigen Imitation der jeweils besseren Organisationen und langfristig zu einer Bildung effizienter Einheiten führen.

Lernprozesse mit tödlichem Ausgang

Der folgende Dialog zeigt, wie der einzelne Organisationsteilnehmer zu einer effizienteren Organisation beitragen kann.

A. Merkl: Warum ich als Beamter des Verfassungsschutzes geschossen habe? Weil ich einen Revolver hatte.
Frage: Im Ernst – was hat Sie zu diesem Schuß bewogen?
A. Merkl: Ich habe es satt, mit unserem gesammelten Wissen herumzulaufen, das wir über gewisse Gruppen, die wir observieren, besitzen, ohne handeln zu dürfen. Wir sind vorbereitet und leistungsfähig – darauf wollte ich mit meinem Schuß aufmerksam machen.
Frage: Vielleicht hatten Sie doch noch einen anderen Grund?
A. Merkl: Ich wollte zeigen, daß ein Attentäter an den Herrn Minister trotz Absperrung herankommen könnte, daß wir, wenn wir auf der Gegenseite führen dürften, dies jedenfalls fertigbrächten. Daß ich hierbei den Herrn Minister in die Backe traf, bedaure ich (und es hat mich meine Beamtenstellung gekostet). Ich hatte lediglich auf die Wand hinter dem Minister gezielt, und die Kugel sollte in einem halben Meter Abstand vor seinem Gesicht entlangpfeifen.

Quelle: Kluge (1974, S.21f)

Der ökonomische Darwinismus impliziert, daß nur diejenigen Unternehmungen den marktlichen Selektionsprozeß bestehen, die eine effiziente Architektur besitzen. Unsere Argumentation zeigt aber auch, daß eine effiziente Architektur für das Überleben einer Organisation eine notwendige aber keine hinreichende Bedingung ist: Der Erfolg einer Organisation ist ganz wesentlich von ihrer Zielsetzung abhängig. Eine Unternehmung, die heute noch Computer-Lochkarten herstellt, wird auch bei einer effizienten Organisation der Herstellung am Markt nicht überleben. Ohne die entsprechenden Antworten auf die Hauptfragen jedes Wirtschaftens, die vorgeben, welche Produkte oder Dienstleistungen wie und für wen überhaupt produziert werden sollen, wird hier das Potential, das durch eine geeignete Organisation generiert werden kann, nicht vollständig ausgeschöpft. Ist die Zielsetzung erfolgversprechend, so hat die Architektur der Organisation erhebliche Auswirkungen auf das Bestehen der Organisation am Markt. Organisationsstrategie und -architektur müssen somit nicht nur aufeinander abgestimmt sein sondern auch beide effizient gestaltet werden.

Da es sich bei der Organisation um ein offenes System handelt, kann die Effizienz einer Organisation nur in Abhängigkeit der jeweils bestehenden Umweltbedingungen beurteilt werden. Eine Organisation, die bezüglich den heute geltenden Rahmenbedingungen effizient ist, kann morgen bei geänderten Rahmenbedingungen ineffizient sein. Eine Organisation muß daher stets neu prüfen, ob ihre Strategie und ihre Architektur noch effizient sind.

1.3 Zusammenfassung

Ökonomische Organisationen verstehen wir als Gebilde, in denen verschiedene Personen miteinander interagieren, um individuelle und kollektive ökonomische Ziele zu erreichen. Dieser Organisationsbegriff ist sehr umfassend: Einerseits steht bei der Analyse einer Organisation nicht nur deren organisatorische Strukturierung sondern auch die Bildung, Implementation und Veränderungen dieser Strukturen im Mittelpunkt. Andererseits können eine Vielzahl verschiedener Organisationsformen Gegenstand der Analyse sein – neben Unternehmungen sind hier insbesondere auch zwischenbetriebliche Kooperationen oder Märkte ökonomische Organisationen.

Beide Aspekte sind für ein Verständnis der Organisationsform Unternehmung unerläßlich: Nicht nur die innerbetrieblichen Organisationsgestaltung sondern auch die Gestaltung ihrer Umwelt wird für die Unternehmen in der Praxis immer bedeutsamer. Hinzu kommt, daß sich die Unternehmensgrenzen aufgrund der verschärften Wettbewerbsbedingungen zusehens auflösen und ein verstärkter Fremdbezug von Leistungen am Markt stattfindet. Und schließlich können aus einem unternehmensübergreifendes Verständnis anderer Organisationsformen Lösungsansätze für viele unternehmensinterne Gestaltungsprobleme gefunden werden.

Die Breite unseres Organisationsbegriffs haben wir anhand von vier Perspektiven, die jeweils ein anderes spezifisches Charakteristikum einer ökonomischen Organisation hervorheben, ausgeführt:

Die Organisation als soziales Interaktionssystem betont die zwei Grundbausteine, die die Grundlage jeder Organisation bilden, nämlich das einzelne Individuum als Organisationsteilnehmer und die Transaktionen zwischen den Organisationsteilnehmern. Damit betrachten wir entsprechend dem methodologischen Individualismus eine Organisation als ein Konstrukt, das sich aus diesen beiden Grundbausteinen ableiten läßt. Die organisatorische Rolle eines Organisationsteilnehmers bildet das Bindeglied zwischen den beiden Bausteinen der Organisation, indem sie die Gesamtheit der Erwartungen aller anderen Organisationsteilnehmer bezüglich seines aufgabenbezogenen Handelns innerhalb der Organisation definiert.

Die organisatorische Rolle wird spezifiziert durch eine Vereinbarung, die entweder in expliziter oder impliziter Form zwischen den Teilnehmern abgeschlossen wird. Diese vertragliche Gestaltung der Beziehungen wird durch die Betrachtung der Organisation als Nexus von Verträgen hervorgehoben.

Die Organisation als Ort ökonomischer Aktivitäten unterstreicht, daß die Art der Zusammenarbeit zwischen den Organisationsteilnehmern entscheidend ist für die Erreichung des Organisationsziels. Die Gestaltung der Zusammenarbeit zwischen den einzelnen Organisationsteilnehmern ist dabei durch die Architektur der Organisation festgelegt, die ihrerseits aus zwei Elementen besteht: Die Organisationsstruktur legt die Interaktionen zwischen den einzelnen Organisationsteilnehmern fest, die Anreizstruktur zielen darauf ab, ein konformes Verhalten des einzelnen Organisationsteilnehmers mit seiner organisatorischen Rolle sicherzustellen.

Die Organisation als effiziente Einheit stellt schließlich darauf ab, daß eine Organisation, die am Markt agiert, langfristig nur dann überleben kann, wenn sie ihre organisatorischen Ziele umfassend erreicht. Neben der geeigneten Gestaltung der Organisationsarchitektur kommt dabei der geeigneten Wahl einer Organisationsstrategie, die die Ziele der Organisation bestimmt, eine entscheidende Bedeutung zu.

1.4 Literaturhinweise

Der institutionelle Organisationsbegriff und seine verschiedenen Verwendungen in der angelsächsischen Literatur werden von Scott (1987) diskutiert. Er stellt auch die damit verbundenen Implikationen für die Analyse von Organisation heraus.

LITERATURHINWEISE

In der deutschsprachigen Literatur wird der institutionelle Charakter von Organisation in der Organisationssoziologie z.B. von Mayntz (1963) und Vanberg (1982) vertreten, während in der deutschen Betriebswirtschaftslehre jahrzehntelang das instrumentelle Verständnis von Organisationen im Vordergrund des Interesses stand. Hier sind vor allem Nordsieck (1934), Gutenberg (1951), Kosiol (1962) und Grochla (1972) zu nennen.

Die verschiedenen Perspektiven, aus denen wir eine ökonomische Organisation betrachten – andere Ansichten von Organisationen werden von Mintzberg (1979) oder Morgan (1986) diskutiert – sind unterschiedlichen wissenschaftlichen Theorien entliehen:

So geht die Betrachtung der Organisation als ein soziales Interaktionssystem auf den systemtheoretischen Ansatz der Organisationstheorie zurück, siehe grundlegend hierzu Parsons (1951) sowie Katz und Kahn (1966) oder Luhmann (1984). Für die Unterscheidung einer Organisation als offenes bzw. geschlossenes System siehe z.B. Thompson (1967).

Der Organisation als Nexus von Verträgen liegt der vertragstheoretische Ansatz der Organisationstheorie zugrunde. In der ökonomischen Literatur geht dieser Ansatz auf Cheung (1969) und Alchian und Demsetz (1972) zurückgeht. Während bei diesen Autoren vornehmlich die intraorganisatorischen Beziehungen im Vordergrund stehen, verallgemeinert die Arbeiten von Jensen und Meckling (1976), Fama (1980), Fama und Jensen (1983) diesen Ansatz auch auf interorganisatorische Interaktionen. In der soziologischen Literatur wird der Begriff des sozialen Vertrages von Homans (1950; 1958) und Blau (1964) eingeführt.

Die Bedeutung der Organisations- und Anreizstruktur als Pfeiler der Organisationsarchitektur geht auf Barnard (1938) zurück, der die Koordination und Motivation als grundlegende Probleme der Organisationsgestaltung identifiziert.

Der ökonomische Darwinismus im Zusammenhang mit der Effizienz von Organisationen wurde zuerst von Alchian (1950), Penrose (1952) und Friedman (1953) in die ökonomische Literatur eingeführt. Siehe hierzu auch Sjöström und Weitzman (1996), die in einem evolutionären spieltheoretischen Modellrahmen nachweisen, daß Wettbewerbskräfte auf die Effizienz von Organisationen einen ausgesprochen starken Einfluß haben. Beispiele aus der Wirtschaftsgeschichte finden sich z.B. in Chandler (1956). Der ökonomische Darwinismus in der Automobilindustrie wird eindrucksvoll in der Studie von Womack, Jones und Roos (1991) nachgewiesen, in der die Überlegenheit japanischer Produktionsmethoden belegt und deren Übernahme von internationalen Automobilherstellern aufgezeigt werden. Die Bedeutung von Unternehmensübernahmen im Zusammenhang mit der Bildung effizienter Einheiten wird in Schleifer und Vishny (1988) dargestellt.

2
Grundprinzipien ökonomischer Organisationen

The greatest improvement in the productive powers of labour, and the greater part of the skill, dexterity, and judgement with which it is any where directed, or applied, seem to have been the effects of the division of labour. (Smith, 1776)

Warum gibt es Märkte, Unternehmungen, soziale Wohlfahrtsvereine oder Turnvereine? Warum bilden sich überhaupt ökonomische Organisationen? Im folgenden wollen wir die Frage nach der Entstehung ökonomischer Organisationen in zwei Schritten beantworten: Zunächst werden wir zeigen, worin der spezifische Nutzen von Organisationen für die einzelnen Organisationsteilnehmer liegt. Wir untersuchen dann, wie eine Organisation diesen spezifischen Nutzen bereitstellt.

In Abschnitt 2.1 stellen wir die beiden Grundprinzipien jeder ökonomischen Organisation vor: Wir zeigen, daß die Prinzipien der Arbeitsteilung und des Tauschs eine Spezialisierung und Kooperation der Organisationsteilnehmer bewirken, so daß sie gemeinsam mehr Werte schaffen können, als jede Einzelperson alleine schaffen kann.

In Abschnitt 2.2 betrachten wir dann die Faktoren, die einen entscheidenden Einfluß auf den Umfang der Wertschöpfung einer Organisation haben. Neben der Organisationsstrategie und -architektur gehen wir hier vor allem auf die Umwelt einer Organisation ein. Anhand des Wertschöpfungsprozesses einer Organisation illustrieren wir, wie die Organisation in der Interaktion mit ihrer Umwelt ihre Werte schafft.

2.1 Arbeitsteilung, Tausch und die Wertschöpfung einer Organisation

Entsprechend unserer Definition einer ökonomischen Organisation interagieren die Organisationsteilnehmer miteinander, um individuelle und kollektive ökonomische Ziele zu verfolgen. In diesem Sinne ist eine Organisation ein Instrument, mit dem Individuen ihre eigenen und gemeinsame Ziele erreichen wollen. Personen, die bei sich oder anderen ein Sicherheitsbedürfnis beobachten, gründen eine Organisation, die entsprechende Dienstleistungen oder Produkte anbietet, beispielsweise eine Versicherung, einen Wach- und Schließdienst oder eine Bank. Personen, die bei sich oder anderen das Bedürfnis nach Unterhaltung wahrnehmen, kommen diesem Bedürfnis durch die Gründung einer Organisation wie einem Buchclub, einem Erlebnispark oder einem privaten Fernsehsender nach.

*Playboy und die Gründung
einer Organisation zur Befriedigung von Bedürfnissen* _____

Nach dem Zweiten Weltkrieg gab es in Amerika eine Reihe erfolgreicher Magazine für Männer. Viele davon zielten auf den "Outdoor-Abenteurer-Typ" ab und veröffentlichten Artikel, die sich mit Jagd, Fischen, Schießen, etc. beschäftigten. Hugh Hefner hingegen war von der Idee fasziniert, ein eigenes Magazin herauszugeben, das sich eher urbaneren Themen widmen sollte:

> *I'm an indoor guy and incurable romantic, so I decided to put together a men's magazine devoted to the subjects I was more interested in – the contemporary equivalent of wine, women and song, though not necessarily in that order. Esquire had changed its editorial emphasis, eliminating most of the lighter material – the girls, cartoons and humour. So the field was wide open for the sort of magazine I had in mind.*

Im Oktober 1953 wurde die erste Ausgabe des Playboy Magazins gedruckt. Hefner war zunächst so unsicher über den Erfolg des Magazins und finanziell derart angespannt, daß er sich im letzten Augenblick entschloß, zwar "Volume 1, Number 1" auf den Titel zu drucken, jedoch nicht das Datum. Wäre die erste Ausgabe nicht ausverkauft worden, hätte man das Blatt so einen zweiten Monat an den Zeitschriftenständen verkaufen können. Das Magazin war mit einem Verkaufspreis von 50

Cents, im Vergleich zu Preisen von 25 – 30 Cents anderer Magazine, in einem absoluten Hochpreissegment, zudem hatte der Playboy in den ersten Ausgaben keine Werbung, so daß er sich allein aus dem Verkaufspreis heraus tragen mußte. Hefner war sich keineswegs sicher über die öffentliche Reaktion auf sein Magazin. Ebenso unklar war, wie das Gesetz auf eine U.S.-weit vertriebene Zeitschrift reagieren würde, die ganzseitige Abbildungen nackter Frauen enthielt, obgleich der Playboy nicht die erste Zeitschrift war, die solche Bilder publizierte.
Mit 53.991 verkauften Exemplaren war bereits die ersten Ausgabe des Playboy ein beispielloser Erfolg. Dabei spielte sicherlich auch eine bis dahin unveröffentlichte Nacktaufnahme von Marilyn Monroe, einer damals aufstrebenden jungen Schauspielerin, eine entscheidende Rolle.

Quelle: Brady (1975, S.52)

Organisationen entstehen zur Befriedigung von Bedürfnissen und schaffen dadurch Werte. Neue Unternehmungen werden gegründet, wenn neue Bedürfnisse entstehen oder wenn neue Technologien entdeckt werden, die bestehende Bedürfnisse befriedigen oder neue Bedürfnisse wecken. Dies wird von Schumpeter (1912, S.100) als "wirtschaftliche Entwicklung" bezeichnet und umfaßt beispielsweise die Herstellung eines neuen Gutes, die Einführung einer neuen Produktionsmethode, die Erschließung eines neuen Absatzmarktes oder die Eroberung einer neuen Bezugsquelle von Rohstoffen und Halbfabrikaten.

LEGO mit der Idee zusammensteckbarer Spielbausteine ist ein Beispiel dafür, wie durch die Entwicklung neuer Verfahren bestehende Bedürfnisse befriedigt werden können. Auch die Gründung der Siemens AG aufgrund der Erfindung des Elektromotors von Werner von Siemens und der damals einsetzenden Technologisierung oder die Entstehung der Computerindustrie aufgrund der Notwendigkeit, immer größere Datenmengen zu verwalten, sind hierfür Beispiele.

Andererseits können aber auch Unternehmungen und Produkte vom Markt verschwinden, wenn sich die Bedürfnisse der Konsumenten geändert haben oder wenn Unternehmungen an veralteten Technologien festhalten. Die sportliche Betätigung mit Hulahup-Reifen in den 50er Jahren oder das Tragen von Überschuhen zur Schonung der eigentlichen Straßenschuhe ist etwa veränderten Bedürfnissen der Konsumenten gewichen ebenso wie andere Produkte durch technologische Neuerungen abgelöst wurden. So spielt heute die Herstellung von Schreibmaschinen für die Triumph-Adler AG mit nur noch 2% Umsatzanteil eine untergeordnete Rolle, ebenso wie die Dual AG, die bis in die 70er Jahre Marktführer bei Plattenspielern war, heute vom Markt verschwunden ist.

2.1.1 Wertschöpfung und die Vorteile des Tauschs

Warum setzen Unternehmen wie IBM oder Microsoft ihre Produkte auf dem Computermarkt ab, während es anderen Unternehmen wie Triumph-Adler oder Dual mit Schreibmaschinen und Plattenspielern nicht mehr gelingt? Allein die Herstellung eines Produktes oder die Bereitstellung einer Dienstleistung realisiert offensichtlich noch keine Werte. Wie bereits bei der Diskussion der Effizienz einer Organisation angesprochen, muß die Organisationsstrategie auf die Bedürfnisse der Konsumenten geeignet abgestimmt sein. Ist dies der Fall, muß die Organisation zusätzlich erreichen, daß der Konsument auch tatsächlich das Angebot der Organisation wahrnimmt. Nur dann kann die Organisation die geschaffenen Werte erzielen.

Im folgenden wollen wir aufzeigen, unter welchen Bedingungen es einer Organisation gelingt, die von ihr geschaffenen Werte zu realisieren. Hierzu definieren wir zunächst einmal die **realisierte Wertschöpfung** einer Organisation als Differenz zwischen dem Nutzen für die Nachfrager aus einem Gut, das von der Organisation bereitgestellt wird, und den damit verbundenen Kosten der Organisation.

Betrachten wir beispielsweise ein Automobilunternehmen. Zur Herleitung der realisierten Wertschöpfung des Automobilunternehmens berücksichtigen wir zunächst lediglich die von der Organisation für die Kaufinteressenten geschaffenen Werte: Angenommen, das Mittelklassemodell dieses Automobilunternehmens hat für einen potentiellen Käufer einen in Geld umgerechneten Nutzen von DM 20.000. Diese Zahlungsbereitschaft ist einerseits von der Leistung, der Beanspruchbarkeit, dem Design und anderen Eigenschaften des Wagens abhängig, berücksichtigt aber andererseits auch die Kosten für die Nutzung des Wagens wie beispielsweise die Reparaturkosten, die Kraftfahrzeugsteuer oder die Prämien für eine Kraftfahrzeugversicherung. Insbesondere sind in diesem Nutzen auch die alternativen Konsummöglichkeiten berücksichtigt. Angenommen, die Gesamtkosten für die Bereitstellung des Wagens liegen bei DM 15.000. In diesen Gesamtkosten seien alle anteiligen

Beiträge enthalten, die die einzelnen Organisationsteilnehmer für die Herstellung und den Absatz des Wagens leisten, also z.B. die Kosten des Arbeitseinsatzes der Mitarbeiter oder die Kosten für Rohmaterialien oder Vorprodukte der Lieferanten. Dann ergibt sich durch den Verkauf des Wagens eine realisierte Wertschöpfung von DM 5.000 als Differenz zwischen Käufernutzen und Gesamtkosten des Automobilunternehmens.

Wenn nun der Marktpreis dieses Autos bei DM 17.000 liegt, dann schafft der Kauf des Mittelklassewagens für den Käufer offensichtlich einen Wert von DM 3.000: Er steigert durch den Kauf des Wagens seinen Gesamtnutzen, da der Nutzen in Geldeinheiten, den der Besitz des Wagens für ihn hat, den Kaufpreis übersteigt. Diese positive Nutzendifferenz durch den Kauf des Wagens gibt den zusätzlichen Wert des Autos für den Käufer an. Er wird in der Literatur auch als **Konsumentenrente** bezeichnet.

Der Kauf des Mittelklassewagens schafft aber nicht nur für den Käufer sondern auch für das Automobilunternehmen einen Wert. Bei Gesamtkosten von DM 15.000 erwirtschaftet das Automobilunternehmen beim Verkauf eines Exemplars seines Mittelklassemodells zu dem Marktpreis von DM 17.000 offensichtlich einen Gewinn von DM 2.000. Diese Differenz zwischen Marktpreis und Gesamtkosten bezeichnen wir als **Organisationsrente**. Sie ist der zusätzliche Wert, den der Verkauf eines Mittelklassewagens für das Automobilunternehmen hat.[1]

Die realisierte Wertschöpfung des Automobilherunternehmens durch die Herstellung eines Mittelklassewagens ergibt sich nun auch als Gesamtsumme der zusätzlich geschaffenen Werte, also als Summe der Konsumenten- und Organisationsrente. In unserem Beispiel beträgt die Wertschöpfung also DM 5.000. Allgemein läßt sich die Wertschöpfung einer Organisation wie folgt darstellen:

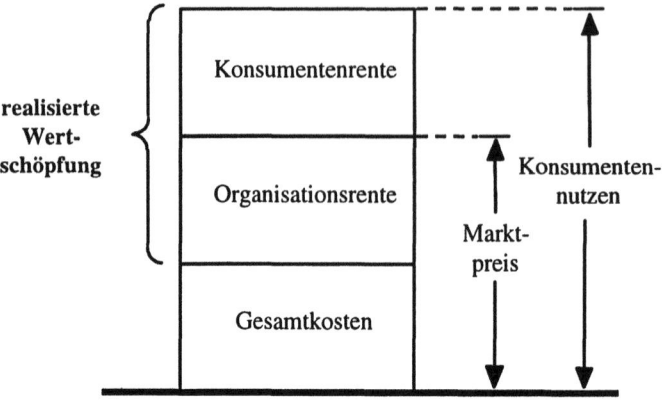

Abbildung 2.1: Die Komponenten der Wertschöpfung

Offensichtlich gilt für einen einzelnen Konsumenten folgender Zusammenhang:

realisierte Wertschöpfung = Konsumentennutzen − Gesamtkosten
= (Konsumentennutzen − Marktpreis) +
(Marktpreis − Gesamtkosten)
= Konsumentenrente + Organisationsrente

Die realisierte Wertschöpfung ergibt sich somit als Summe der Differenzen zwischen dem jeweiligen Nutzen der Parteien aus dem Automobilhandel und ihren jeweiligen damit verbundenen Kosten. Dabei geht der Marktpreis bei dem Konsumenten als Kostenfaktor ein, wohingegen er für das Automobilunternehmen Nutzen bedeutet. Da der Preis, auf den sich die beiden Parteien einigen, lediglich einen Transfer von einer Partei zur anderen darstellt, ist die Verteilung der Renten auf die beiden Parteien unerheblich für die Höhe der realisierten Wertschöpfung, solange die Renten nichtnegativ sind.

*Tom Sawyer, Huckleberry Finn
und die Vorteile des Tauschs*

Daß die Wertschöpfung in einer Tauschwirtschaft analog zur Wertschöpfung in einer Geldwirtschaft definiert werden kann, zeigt der folgende Dialog zwischen Tom Sawyer und Huck Finn:

"Say – what's that?"
"Nothing but a tick."
"Where'd you get him?"
"Out in the woods."
"What'll you take for him?"
"I don't know. I don't want to sell him."
"All right. It's a mighty small tick, anyway."
"Oh, anybody can run a tick down that don't belong to him. I'm satisfied with it. It's good enough for me."
"Sho, there's ticks a-plenty. I could have a thousand of 'em if I wanted to."
"Well, why don't you? Becuz you know mighty well you can't. This is a pretty early tick, I reckon. It's the first one I've seen this year."
"Say, Huck – I'll give you my tooth for him."
"Le's see it."
Tom got out a bit of paper and carefully unrolled it. Huckleberry viewed it wistfully. The temptation was very strong. At last he said:
"Is it genuwyne?"
Tom lifted his lip and showed the vacancy.
"Well, all right," said Huckleberry, "it's a trade."
Tom enclosed the tick in the percussion-cap box that had lately been the pinch bug's prison, and the boys separated, each feeling wealthier than before.

Wertschöpfung entsteht in diesem Beispiel aufgrund des Tauschs zwischen Tom Sawyers Holzbock und Huckleberry Finns Zahn. Der Umfang der Wertschöpfung entspricht der Summe der Vorteile, die die beiden aus dem Tausch gezogen haben. Daß überhaupt ein Tausch zwischen den beiden zustande kommt, liegt an dem Umstand, daß eine der Parteien der vereinbarten Gegenleistung einen höheren Wert zumißt als der eigenen Leistung und sich die andere Partei durch den Tausch nicht schlechter stellt: Für Tom und Huck ist der Tausch zu ihrem beiderseitigen Vorteil.

Quelle: Twain (1944, S.54f)

2.1.2 Kooperation und Spezialisierung

Die obigen Ausführungen machen deutlich, daß ohne Tausch keine Wertschöpfung realisiert werden kann. Andererseits kommt ein Tausch nur dann zustande, wenn mindestens eine der Tauschparteien dadurch besser und keine schlechter gestellt wird. Diese Vorteile des Tauschs waren bei Tom Sawyer und Huckleberry Finn einfach auf unterschiedliche Präferenzen der beiden bezüglich Toms Zahn und Hucks Holzbock zurückzuführen. In unserem obigen Automobilbeispiel entstand hingegen der Vorteil des Tauschs aus dem Umstand, daß die Gesamtkosten des Automobilunternehmens niedriger waren als der Nutzen des Käufers.

Implizit haben wir dabei vorausgesetzt, daß das Automobilunternehmen den Mittelklassewagen billiger produzieren kann als der Käufer. Wäre dies nicht gegeben, dann würde kein Kauf stattfinden. Die Bildung einer Organisation setzt also voraus, daß diese Werte schafft, die der Einzelne allein nicht schaffen kann. Eine Organisation hat also gegenüber dem Einzelnen einen komparativen Vorteil in der Produktion von Gütern bzw. der Bereitstellung von Dienstleistungen. Im folgenden wollen wir darlegen, worin dieser komparative Vorteil einer Organisation liegt:

Adam Smith und die Fabrikation von Stecknadeln

*In seinem grundlegenden Werk zum Wohlstand der Nationen illustriert Adam Smith am Beispiel der Stecknadelfabrikation anschaulich, daß der komparative Vorteil einer Organisation gegenüber dem Einzelnen in der **Arbeitsteilung** liegt: Die zur Herstellung einer Stecknadel notwendigen Tätigkeiten werden auf verschiedene Personen in einer Organisation übertragen, deren Zusammenarbeit dann zur Herstellung eines gemeinsamen Produkts führt:*

> *One man draws out the wire, another straights it, a third cuts it, a fourth points it, a fifth grinds it at the top for receiving the head; to make the head requires two or three distinct operations; to put it on is a peculiar business, to whiten the pins is another; it is even a trade by itself to put them into the paper; and the important business of making a pin is, in this manner, divided into about eighteen distinct operations, which, in some manufactories, are all performed by distinct hands, though in others the same man will sometimes perform two or three of them. I have seen a small manufactory of*

this kind where ten men only were employed, and where some of them consequently performed two or three distinct operations. But though they were very poor, and therefore but indifferently accommodated with the necessary machinery, they could, when they exerted themselves, make among them about twelve pounds of pins a day. There are in a pound upwards of four thousand pins of a middling size. Those ten persons, therefore, could make among them upwards of forty-eight thousand pins in a day. Each person, therefore, making a tenth part of forty-eight thousand pins, might be considered as making four thousand eight hundred pins in a day. But if they all wrought separately and independently, and without any of them having been educated to this peculiar business, they certainly could not each of them have made twenty, perhaps not one pin in a day; that is, certainly, not the two hundred and fortieth, perhaps not the four thousand eight hundredth part of what they are at present capable of performing, in consequence of a proper division and combination of their different operations.

Quelle: Smith (1776, S.8f)

Worin liegen die Vorteile der Arbeitsteilung in einer Organisation? Mehrere Gründe können hier angeführt werden:

Erstens sind manche Tätigkeiten so anspruchsvoll und komplex, daß keine Einzelperson all diese Arbeiten ausführen könnte, ohne an ihre kognitiven und physischen Grenzen zu stoßen. Betrachten wir die Herstellung eines Autos: Selbst wenn jemand alle für die Herstellung notwendigen Fähigkeiten besäße, würde er für den Eigenbau des Wagens viele Monate benötigen. In der Regel wird jedoch der Einzelne nicht alle hierfür notwendigen Kenntnisse mitbringen. Das Wissen und die Fertigkeiten des Einzelnen setzen hier der Ausführung komplexer Tätigkeiten Grenzen.

Zweitens erfordern viele Tätigkeiten besonders ausgeprägte Fähigkeiten der Ausführenden. Menschen haben unterschiedliche Begabungen. Bei arbeitsteiliger Produktion können sie ihren Stärken entsprechend für die einzelnen Teilarbeiten eingesetzt werden. Durch einen optimalen Einsatz der Organisationsteilnehmer kann die Organisation mehr Werte pro Teilnehmer schaffen als jeder Organisationsteilnehmer allein.

Drittens können durch Arbeitsteilung die Ziele der Organisation mit geringerem Aufwand erreicht werden. Kostenreduktionen können dabei verschiedene Ursachen haben: Wenn beispielsweise jeder Mitarbeiter eines Schuhunternehmens einen Schuh von Anfang bis Ende herstellt, benötigt er alle hierzu erforderlichen Maschinen und Werkzeuge. Führt hingegen jeder Mitarbeiter nur eine spezifische Tätigkeit bei der Schuhproduktion aus, können entsprechend Maschinen und Werkzeuge eingespart werden. Dies kann unter Umständen auch die Anschaffung von Spezialmaschinen und den Einsatz neuer Technologien ermöglichen. Weiterhin können Löhne eingespart werden, wenn qualifizierte Mitarbeiter nur für entsprechend qualifizierte Tätigkeiten eingesetzt werden und die Mitarbeiter der Qualifikation entsprechend entlohnt werden. Führt ein qualifizierter Mitarbeiter hingegen auch Arbeiten durch, die keine Qualifikation erfordern, werden seine Fähigkeiten nicht voll ausgeschöpft und diese Tätigkeiten werden zu hoch entlohnt. Dies würde zu einer Verschwendung der Ressourcen der Organisation führen.

Ein vierter wichtiger Vorteil der Arbeitsteilung ist das Auftreten von Lerneffekten: Je häufiger jemand eine spezifischen Tätigkeit durchführt, desto besser werden im allgemeinen seine Fertigkeiten bei deren Ausführung. So wird ein Mitarbeiter, der im Marketing beschäftigt ist, im Laufe der Zeit immer besser wissen, wie er die notwendigen Informationen über den Geschmack der Nachfrager beschaffen kann oder wie er präzisere Prognosen über den möglichen Absatz erstellen kann. Aufgrund seiner Erfahrungen kann er so die Durchführung seiner spezifischen Tätigkeit kontinuierlich verbessern. Arbeitsteilung führt zur Steigerung der Fähigkeiten, eine ganz bestimmte Tätigkeit auszuführen. Die damit einhergehenden Kostenvorteile ermöglichen es nun der Organisation, ihre Ziele besser zu erreichen.

Arbeitsteilung bei der Entwicklung und
Umsetzung des Apollo Raumfahrtprogramms

Das amerikanische Selbstbewußtsein wurde am 4. Oktober 1957 zutiefst erschüttert: Die Sowjetunion schoß den ersten von Menschen gefertigten Erdsatelliten Sputnik 1 ins All. Vor dem Hintergrund des Kalten Krieges war es damit für die USA unausweichlich, in das sogenannte "Space Race" einzusteigen und es zu gewinnen. Amerika wollte der Welt zeigen, wozu es fähig ist, und Präsident Kennedy erklärte die Landung eines Amerikaners auf dem Mond zum nationalen Ziel.
Als der Präsident sein Ziel dem Kongress vorstellte, existierte das Raumfahrzeug nur als theoretisches Konzept mit dem vorläufigen Namen Apollo. Unter dem Druck

seiner Aussage wurde innerhalb der NASA schnell deutlich, daß übermäßige Anstrengungen notwendig waren, um die ausgedehnten und bislang nie dagewesenen Einrichtungen zum Start solcher Missionen zu konzipieren, zu bauen und auszustatten. Tatsächlich war die Zeit so drängend, daß für mehrere Monate die Planung, Entwürfe und sogar erste Konstruktionen von Raketenabschußrampen erfolgten, ohne daß man entscheidende Fragen wie die Größe der Rampenfahrzeuge oder die Anzahl und Frequenz von Raketenstarts geklärt hatte.

Die Verwirklichung des Projekts erforderte die Zusammenarbeit von Spezialisten aus vielen Disziplinen wie Mikroelektronik, Ingenieurwissenschaften, Telemetrie, Physik und Computertechnologie. Das Projekt war nur über strikte Arbeitsteilung und enge Kooperation verschiedener Organisationen erreichbar. So erklärte James Webb, der damalige NASA-Administrator zum fünfjährigen Jubiläum des Starts der Apollo Rakete:

The success achieved here resulted not only from teamwork between individuals, not only from effective interfaces between men and machines, but also because Dr. Kurt Debus and his associates in NASA, in the Air Force and other government agencies, in industry and in universities have created a team of organizations which is a much more difficult undertaking than to create a team of individuals.

Die Amerikaner erreichten ihr Ziel: Mit der Apollo 11 Mission brachten sie am 20. Juli 1969 den ersten Menschen auf den Mond.

Quelle: Benson und Faherty (1978)

Arbeitsteilung und Tausch sind die beiden Grundprinzipien jeder ökonomischen Organisation. Sie bewirken eine Spezialisierung und Kooperation: Personen können mehr produzieren, wenn sie miteinander kooperieren. Kooperation ist vorteilhaft, weil sie eine Spezialisierung des Einzelnen ermöglicht. Damit können Kostenreduktionen und Leistungssteigerungen einhergehen. In diesem Fall kann die Wertschöpfung einer ökonomischen Organisation größer sein als die Summe der Werte, die jede Einzelperson alleine schaffen kann.

Die Prinzipien der Arbeitsteilung und des Tauschs gelten dabei nicht nur für formale Organisationen sondern auch für Märkte: Marktteilnehmer spezialisieren sich auf die Produktion solcher Güter, bei denen sie komparative Vorteile haben. Durch Tausch realisieren sie Werte. Dadurch können sie Produkte und Dienstleistungen nachfragen, die sie benötigen, bei deren Produktion sie selbst aber komparative Nachteile hätten.[2] Spezialisierung und Kooperation durch Arbeitsteilung und Tausch dienen dem ökonomischen Fortschritt und damit der Steigerung des Lebensstandards. Eine Gesellschaft autark wirtschaftender Individuen hätte stets einen geringeren Lebensstandard als eine arbeitsteilige Gesellschaft.

2.2 Determinanten der Wertschöpfung

Von welchen Faktoren hängt nun die Wertschöpfung einer Organisation ab? Die beiden Grundprinzipien jeder ökonomischen Organisation zeigen, daß die Organisationsarchitektur ein entscheidender Faktor ist. Die Art und Weise, wie die zur Herstellung eines Produktes notwendigen Tätigkeiten auf verschiedene Personen in einer Organisation aufgeteilt werden und wie deren Zusammenarbeit dann zur Herstellung des gemeinsamen Produkts führt, wird durch die Organisations- und Anreizstruktur bestimmt. Wie eine Organisation ihre Architektur hier wählt, ist somit eine wichtige Determinante dafür, welche Werte sie für ihre Organisationsteilnehmer schafft.

Neben der Organisationsarchitektur bestimmt aber auch die Organisationsstrategie die Werte, die eine Organisation schafft. Inwieweit nun die Organisationsstrategie für die Wertschöpfung von Bedeutung ist, zeigt sich unmittelbar an unserem Beispiel des Automobilunternehmens. Die realisierte Wertschöpfung war als Differenz zwischen dem Konsumentennutzen und den Gesamtkosten zur Bereitstellung des Autos definiert. Da der Konsumentennutzen beispielsweise davon abhängig ist, welches Design und welche Ausstattung der Wagen hat, ist der Einfluß der Organisationsstrategie auf die Wertschöpfung offensichtlich.

Zwischen Organisationsstrategie und -architektur bestehen enge Wechselwirkungen. Die Organisationsarchitektur kann einerseits als die Implementierung der Organisationsstrategie verstanden werden: Damit die Organisationsstrategie auch tatsächlich von den Organisationsteilnehmern umgesetzt wird, müssen diese entsprechend informiert und koordiniert werden. Darüber hinaus müssen den Organisationsteilnehmern geeignete Anreize gesetzt werden, wenn es zu Divergenzen zwischen den individuellen Interessen und der Organisationsstrategie kommt. Andererseits kann die Organisationsstrategie aber auch durch die Organisationsarchitektur beeinflußt sein: So kann sich beispielsweise eine Unternehmung für die Herstellung eines bestimmten Produkts entscheiden, weil ihre Mitarbeiter aufgrund ihrer Spezialisierung besondere Fähigkeiten erworben haben.

2.2.1 Die Umwelt einer Organisation

Die Strategie und Architektur einer Organisation werden entscheidend von ihrer Umwelt beeinflußt. Dieser Zusammenhang zeigt sich unmittelbar bei der Betrachtung der Organisation als offenes Interaktionssystem. Damit hat aber auch die Umwelt einer Organisation einen wesentlichen Einfluß auf deren Wertschöpfung. Das folgende Beispiel illustriert diesen Zusammenhang:

McDonald's und der Einfluß der Unternehmensumwelt

Die Fastfoodkette McDonald's war in den letzten Jahrzehnten rapiden Umweltveränderungen ausgesetzt: Die Konsumenten wurden gesundheitsbewußter – sie aßen weniger Rindfleisch und achteten verstärkt auf fettarme Speisen. Die Konkurrenz nahm zu – Chili's und Olive Garden boten in den USA Fastfood im gehobenen Qualitätssegment an, während Rally's, Taco Bell und Wendy's schnelle und günstige Mahlzeiten offerierten. Zudem geriet McDonald's wegen seiner umweltschädlichen Wegwerfverpackungen unter öffentlichen Druck.

McDonald's mußte sich seiner Umwelt anpassen, indem es ein Kernstück seiner bisher so erfolgreichen Strategie modifizierte: Das Unternehmen reduzierte die hochgradige Standardisierung seiner Produkte und Zubereitungsverfahren ebenso wie es die standardisierte innenarchitektonische Gestaltung seiner Restaurants aufgab. Man experimentierte mit über 200 neuen Speisen, von Gegrilltem über Pizza zu Lobster. Den einzelnen Restaurants wurde gestattet, lokale Gerichte anzubieten, wie beispielsweise Krabbensandwiches an der Küste von Maryland. Außerdem durften die Restaurants ihre Innenausstattung an ihre jeweiligen Standorte anpassen. So wurde beispielsweise ein großes Piano im McDonald's Restaurant an der Wallstreet aufgestellt.

Die Umsetzung der neuen Strategie erforderte organisatorische Veränderungen: Einerseits mußten neue Strukturen aufgebaut werden, die flexibler auf die wechselnden Kundenbedürfnisse und auf neue Konkurrenzunternehmen reagieren konnten, an-

dererseits mußte McDonald's aber auch seine Standards hinsichtlich Qualität und Sauberkeit durch zusätzliche Kontrollen sicherstellen.

Quelle: Jones (1995, S.222f)

Grundsätzlich könnten wir die Organisationsumwelt sehr weit definieren und darunter alles außerhalb der Grenzen der Organisation verstehen. Für die Untersuchung des Einflusses der Umwelt auf die Organisation ist jedoch eine engere Definition sinnvoll:

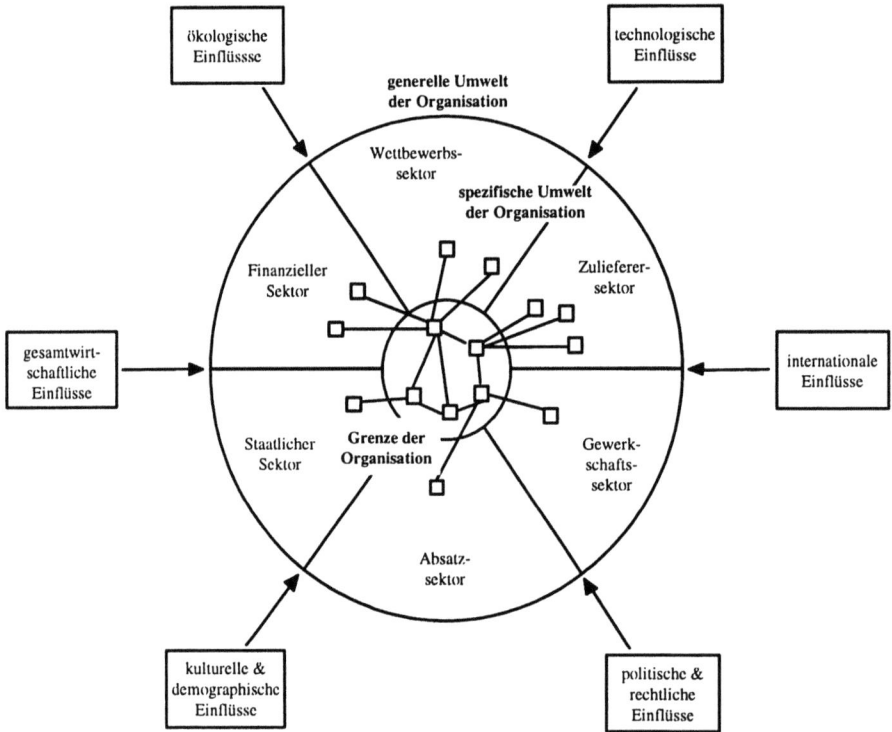

Abbildung 2.2: Die spezifische und generelle Umwelt einer Unternehmung

Die **spezifische Umwelt einer Organisation** ist bestimmt durch die externen Teilnehmer der Organisation, also diejenigen Organisationsteilnehmer, die sich außerhalb der Grenzen der Organisation befinden, aber dennoch durch ihr Handeln auf die Organisation einwirken können bzw. von ihr beeinflußt werden. Die

generelle Umwelt einer Organisation ist bestimmt durch die Einflußgrößen, die nicht nur auf die Organisation sondern auch auf deren spezifische Umwelt einwirken.

Die obige Abbildung zeigt, daß sich die spezifische Umwelt der Organisation aus verschiedenen Individuen und Organisationen anderer Sektoren zusammensetzt. Im Wettbewerbssektor befinden sich alle Wettbewerber, die mit der Organisation auf den Produktmärkten konkurrieren, der Zulieferersektor beinhaltet all jene Unternehmungen, die der Organisation Rohmaterialien oder Vorprodukte liefern, der finanzielle Sektor umfaßt die Eigen- und Fremdkapitalgeber, die der Organisation finanzielle Mittel zur Verfügung stellen können wie Aktionäre, Banken oder Versicherungen, der Absatzsektor besteht aus allen Konsumenten und potentiellen Konsumenten, die die Produkte der Organisation abnehmen, dem staatlichen Sektor gehören staatliche Stellen wie Finanzamt, Baubehörde, Umweltbehörde usw. an und zum Gewerkschaftssektor gehören diejenigen Gewerkschaften, die Mitarbeiterinteressen in der Unternehmung vertreten.

Jede Organisation muß eine Strategie gegenüber jedem dieser Organisationsteilnehmer der spezifischen Umwelt haben. Will eine Unternehmung ihre Kunden stärker an sich binden, so kann sie Treueboni gewähren oder ihren Kunden spezielle Serviceleistungen anbieten. Möchte die Unternehmung enger mit seinen Lieferanten zusammenarbeiten, kann sie gemeinsame Entwicklungsprojekte initiieren oder langfristige Lieferverträge anbieten. Jede dieser Strategien hat wiederum Auswirkungen auf die Architektur der Organisation, etwa durch den Ausbau des Inkassobereichs oder durch die Einstellung zusätzlicher Servicemitarbeiter oder durch die Gründung eines Joint Ventures. Diese Maßnahmen können sich über eine Erhöhung des Konsumentennutzens bzw. eine Reduzierung der Gesamtkosten auf die Wertschöpfung auswirken.

Die Abbildung stellt auch die verschiedenen Einflußfaktoren dar, die zur generellen Umwelt der Organisation gehören. Je nach Ausprägung dieser Faktoren muß die Organisation diese in ihrer Strategie berücksichtigen, wenn sie ihre Unternehmensziele erreichen möchte. Dadurch können sich auch die Beziehungen zu den Organisationsteilnehmern der spezifischen Umwelt ändern:

- Ökologischen Umwelteinflüssen, wie dem Treibhauseffekt oder der Gewässerverschmutzung, kann die Unternehmung durch umweltfreundliche Produkte und Produktion begegnen. Dadurch können nicht nur neue Konsumentengruppen angesprochen werden sondern es können auch neuen Lieferantenbeziehungen entstehen, z.B. bei der Nutzung umweltfreundlicher Verpackungen.
- Gesamtwirtschaftliche Einflüsse, wie die Wechselkurse, die Arbeitslosenrate oder die gesamtwirtschaftliche Lage haben einen Einfluß auf alle Unternehmungen des ökonomischen Systems und können zu Veränderungen in der Nachfrage nach Produkten und den am Markt erzielbaren Preisen führen. Dies kann unmittelbare Auswirkungen auf die Produkte und Dienstleistungen haben, die die Organisation bereitstellen sollte.
- Kulturelle und demographische Einflüsse gehen von der Altersstruktur der Gesellschaft, vom Ausbildungssystem oder von gesellschaftlichen Normen und Werten aus. Auch sie betreffen alle Unternehmungen des ökonomischen Systems und können beispielsweise dazu führen, daß ein Mangel an hochqualifizierten Arbeitskräften für eine Unternehmung auftritt. In diesem Fall könnte die Unternehmung ihre Mitarbeiter durch zusätzliche innerbetriebliche Schulungsmaßnahmen bedarfsgerecht qualifizieren.
- Politische und rechtliche Einflüsse, z.B. in Form besonderer Einfuhrzölle, staatliche Regulierungen oder die Vergabe staatlicher Aufträge an nationale Unternehmungen, können Auswirkungen auf die Struktur der Wettbewerber, Konsumenten oder Lieferanten haben und über Preiserhöhungen, zusätzliche Produktionsauflagen oder Auftragsrückgänge die Wertschöpfung der Organisation reduzieren. Die Ausgestaltung und Durchsetzung der Rechtsstruktur etwa im Bereich des Handels- und Gesellschaftsrechts oder des Arbeitsrechts hat z.B. über veränderte Haftungsvoraussetzungen oder Neuregelungen bei der Lohnfortzahlung ebenfalls Konsequenzen für eine Unternehmung.
- Internationale Einflüsse, wie die Globalisierung der Märkte, internationale Währungskurse oder die Lohnkosten im Ausland können zu einer Auslagerung der Produktion, der Erschließung neuer Märkte oder der weltweiten Beschaffung von Rohstoffen und Vorprodukten führen. Auch hier muß sich eine Unternehmung entsprechend strategisch positionieren.

- Technologische Einflüsse wie die Entwicklung neuer Produktionstechniken oder neuer Informationstechnologien haben unmittelbare Folgen für eine Organisation. Die Einführung eines computergestützten Herstellungsverfahrens in einem Chemieunternehmen oder die Durchführung von Videokonferenzen in Unternehmensberatungen können beispielsweise zu reduzierten Produktionskosten bzw. einer verbesserten Nutzung von Ressourcen führen.

Eine Organisation reagiert aber nicht nur auf ihre Umwelt, sondern kann sie auch selbst aktiv mitgestalten. So kann eine Unternehmung durch Einführung neuer Produkte oder Technologien Einfluß auf potentielle Konsumenten oder Wettbewerber ausüben, ebenso wie sie durch eine aktive politische Interessenvertretung die Wettbewerbsbedingungen beeinflussen kann.

Die nachfolgende Abbildung faßt die Diskussion in diesem Abschnitt zusammen und stellt die Determinanten der Wertschöpfung systematisch dar:

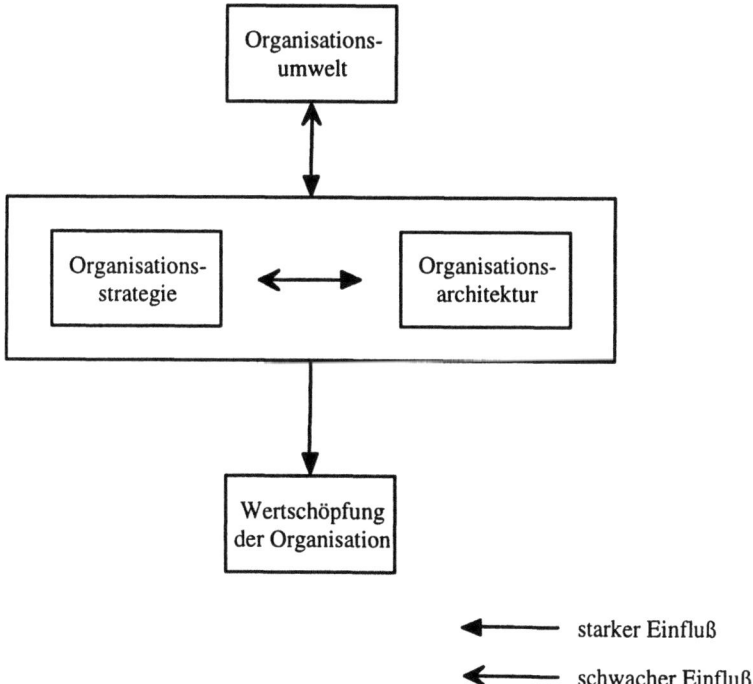

Abbildung 2.3: Die Determinanten der Wertschöpfung

2.2.2 Der Wertschöpfungsprozeß einer Organisation

Der Einfluß der Umwelt einer Organisation auf ihre Wertschöpfung wird besonders deutlich, wenn wir uns anschauen, wie eine Organisation ihre Wertschöpfung schafft. Wir beziehen uns dabei auf den **Wertschöpfungsprozeß** einer Organisation: Die Organisation erhält Ressourcen aus ihrer Umwelt, wandelt diese Ressourcen in Produkte oder Dienstleistungen um und gibt diese wieder an die Umwelt ab:

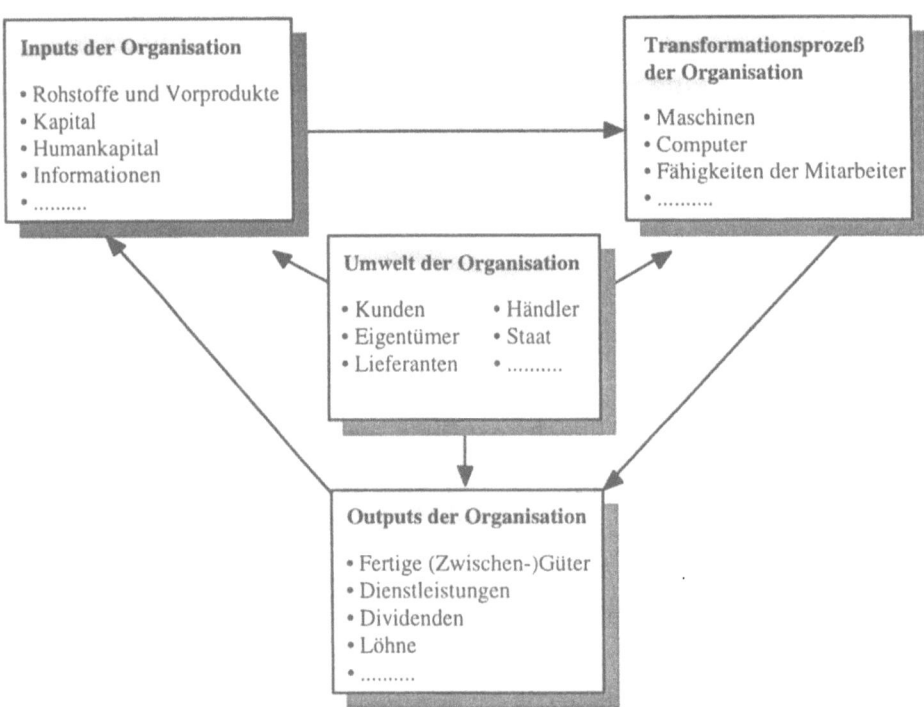

Abbildung 2.4: Der Wertschöpfungsprozeß einer Organisation

Die obige Abbildung illustriert, wie eine Organisation Werte schafft. Die Wertschöpfung, die im allgemeinen über eine Vielzahl verschiedener Aktivitäten innerhalb einer Organisation erfolgt, der sogenannten **Wertschöpfungskette**, ist hier in drei Stufen dargestellt: Input-Aktivitäten wie beispielsweise Einkauf, Lagerwirtschaft oder Finanzierung, Transformations-Aktivitäten wie Produktion, Logistik oder Entwicklungsarbeiten und Output-Aktivitäten wie Marketing, Verkauf oder Servicetätigkeiten. Für die Wertschöpfung können diese drei Stufen wie folgt beschreiben werden:

Inputs werden von der Umwelt in Form von Humankapital, Rohstoffen und Vorprodukten, Technologie, Kapital, Informationen usw. zur Verfügung gestellt. Die richtige Auswahl der Inputs sowie die Art und Weise, wie die Organisation die Inputs erhält, ist dabei ganz entscheidend dafür, welche Werte die Organisation auf dieser Inputstufe generiert. Bei einer Unternehmung, die beispielsweise Schuhe herstellt und verkauft, setzen sich die Inputs aus den Rohmaterialien wie Leder, Kork, Schnallen etc., dem Humankapital wie Manager, Schuster, Orthopäden, aus Informationen wie dem Wissen um den Schuhmarkt in Deutschland oder dem Kapital der Gesellschafter und Investoren zusammen. Welches Obermaterial in welchen Farben die Unternehmung hier z.B. für die neue Schuhkollektion auswählt, trägt dazu bei, ob die Schuhe den Konsumenten gefallen und inwieweit die neue Schuhproduktion erfolgreich sein wird.

Wie eine Organisation diese Inputs nun in Outputs transformiert, wird durch ihre Produktionstechnologie festgelegt. Die Produktionstechnologie bestimmt auch, welche Inputs in welchen Mengen für die Produktion einer bestimmten Menge an Outputs notwendig sind. Damit hat die Produktionstechnologie der Organisation einen erheblichen Einfluß auf ihre Wertschöpfung. Durch jede Aktivität in diesem Transformationsprozeß werden dabei potentiell zusätzliche Werte zu den Inputs addiert. Bei der Produktion von Schuhen können so beispielsweise das Zuschneiden des Obermaterials oder das Anbringen der Schnallen unterschieden werden. Wieviele Werte auf der jeweiligen Stufe geschaffen werden, ist u.a. von den Fähigkeiten und dem Wissen der Mitarbeiter abhängig. Auch die Fähigkeit des Managements, auf Umweltveränderungen geeignet zu reagieren, ist für die Wertschöpfung von Bedeutung. Der Schuhproduzent muß so beispielsweise entscheiden, ob er auf das neue Gesundheitsbewußtsein der Konsumenten mit der Produktion von orthopädischen Schuhen reagieren oder ob er für das Design von Schuhen einen CAD-Computer anschaffen soll.

Das Ergebnis der Transformation sind die Outputs, also die Produkte oder Dienstleistungen, die die Organisation an ihre Kunden abgibt, um die geschaffenen Werte zu realisieren. Dies ist die Voraussetzung z.B. für die Zahlungen an die

Investoren und die Bezahlung der Mitarbeiter und damit für die Befriedigung der Bedürfnisse anderer Organisationsteilnehmer. Die Art und Weise, an wen und wie die Produkte und Dienstleistungen abgegeben werden, bestimmt den Umfang der realisierten Wertschöpfung. Das Geld, das die Organisation aus dem Verkauf ihrer Produkte erwirtschaftet, wird dann unter anderem auch zur Beschaffung neuer Inputs benutzt und der Wertschöpfungsprozeß beginnt von neuem.

Die dargestellte Wertschöpfungskette kann grundsätzlich auf jede ökonomische Organisation angewendet werden. Bei Dienstleistungsorganisationen wie einer Unternehmensberatung können die Managementprobleme der Kunden als Inputs bezeichnet werden, der Transformationsprozeß wird durch die Anwendung des Managementwissens und die Erfahrung der Berater beschrieben, der Output ist dann z.B. der Bericht zur Behebung der Managementprobleme. Bei einem Markt sind die Bedürfnisse und die Ausstattung der Marktteilnehmer Inputs, die Transformation ist der marktliche Austausch von Eigentumsrechten und der Output sind die zugewiesenen Eigentumsrechte.

Anhand des Wertschöpfungsprozesses erkennt man noch einmal deutlich, daß die durch die einzelnen Aktivitäten innerhalb der Wertschöpfungskette geschaffenen Werte erst durch Austausch realisiert werden können: Die Bereitstellung von Humankapital, Rohstoffen oder Kapital aus der Umwelt erfolgt durch Tauschbeziehungen mit Mitarbeitern, Lieferanten oder auch Banken. Die während des Transformationsprozesses geschaffenen Zwischenprodukte in den einzelnen Produktionsstufen müssen an die jeweils nachgelagerten Stufen weitergeführt werden. Der Wertschöpfungsprozeß auf einer Produktionsstufe muß so von der vorgelagerten Stufe vorbereitet und von der nachgelagerten Stufe weitergeführt werden. Der Austausch zwischen den Organisationsmitgliedern ist hier durch Abstimmung und Übereinkunft geregelt. Die Abgabe der Produkte an die Umwelt erfolgt schließlich durch den Tausch z.B. mit den Konsumenten.

Die Wertschöpfung der einzelnen Aktivitäten innerhalb einer Organisation zu bestimmen ist in der Regel schwierig. Dies erfordert nämlich nicht nur die Bestimmung der jeweiligen Beiträge, die von den Organisationsteilnehmern bei den einzelnen Aktivitäten geleistet werden, sondern auch die Identifikation der jeweiligen Nutzensteigerungen für die Organisationsteilnehmer.

2.3 Zusammenfassung

Eine Organisation dient dem einzelnen Organisationsteilnehmer als Instrument, um seine eigenen und gemeinsame Ziele zu erreichen. Somit schafft sie für den einzelnen Werte. Ein Organisation kann dabei zu einer vermehrten Schaffung von Werten führen, da sie Spezialisierung und Kooperation ermöglichen. Diese Vorteile beruhen auf den beiden Grundprinzipien jeder ökonomischen Organisation, nämlich der Arbeitsteilung und dem Tausch:

Nur durch den Tausch gelingt es der Organisation, die von ihr geschaffenen Werte auch tatsächlich zu realisieren. Die realisierte Wertschöpfung einer Organisation als Differenz zwischen dem Nutzen für die Nachfrager aus einem Gut, das von der Organisation bereitgestellt wird, und den damit verbundenen Kosten der Organisation entspricht dabei der Summe der Vorteile, die die Organisation und die Konsumenten aus dem Tausch ziehen. Der Preis für das getauschte Gut bestimmt dabei die Höhe der jeweiligen Vorteile, also die Organisations- und Konsumentenrente.

Durch die Arbeitsteilung gelingt es nun der Organisation, mehr Werte pro Organisationsteilnehmer zu schaffen als jede dieser Einzelpersonen alleine schaffen kann. Diese vermehrte Wertschöpfung ist auf vier Gründe zurückzuführen: Erstens sind dem Wissen und den Fertigkeiten des Einzelnen bei der Ausführung komplexer Tätigkeiten Grenzen gesetzt. Zweitens erfordern viele Tätigkeiten besonders ausgeprägte Fähigkeiten der Ausführenden und verschiedene Personen haben hierin unterschiedliche Begabungen. Drittens können durch Arbeitsteilung Kostenreduktionen erzielt werden. Und viertens kann es zu Lerneffekten der Organisationsteilnehmer kommen.

Die Organisationsstrategie und -architektur bestimmt entscheidend den Umfang der Wertschöpfung einer Organisation. Beide Faktoren sind ihrerseits von der Umwelt einer Organisation beeinflußt. Die spezifische Umwelt einer Organisation besteht dabei aus den Organisationsteilnehmern, die sich außerhalb der Grenzen der Organisation befinden, aber dennoch durch ihr Handeln auf die Organisation einwirken können bzw. von ihr beeinflußt werden. Die generelle Umwelt einer Organisation ist bestimmt durch die Einflußgrößen, die nicht nur auf die Organisation sondern auch auf deren spezifische Umwelt einwirken.

Der Einfluß der Umwelt auf die Wertschöpfung einer Organisation wird durch den Wertschöpfungsprozeß der Organisation verdeutlicht. Der Wertschöpfungsprozeß stellt dar, wie die Organisation in der Interaktion mit ihrer Umwelt ihre Werte schafft. Diese Schaffung von Werten erfolgt über eine Reihe verschiedener Aktivitäten, die in Input-, Transformations- und Output-Aktivitäten unterteilt werden können.

2.4 Literaturhinweise

Die Grundprinzipien ökonomischer Organisationen gehen – wie so viele andere ökonomischen Einsichten – auf Adam Smiths Buch "An Inquiry into the Nature and Causes of the Wealth of Nations" zurück, das zuerst 1776 erschien. Negative Folgen der Arbeitsteilung werden aus soziologischer Sicht z.B. von Friedmann (1959) oder Dahrendorf (1959) diskutiert.

Welche Auswirkungen die Organisationsstrategie auf die Wertschöpfung hat, zeigen die Analysen zur Entwicklung amerikanischer Industrieunternehmen von Chandler (1962), die auch die Abhängigkeit der Organisationsarchitektur von der Organisationsstrategie belegen. Die Rückwirkungen der Architekur auf die Strategie werden z.B. in Hammond (1994) herausgestellt.

Dill (1958) diskutiert den Einfluß der Organisationsumwelt auf die Wertschöpfung und auf Hall (1972) geht die Unterscheidung zwischen spezifischer und genereller Umwelt einer Organisation zurück. Siehe auch Farmer und Richman (1965) für eine alternative Einteilung der Einflußfaktoren der generellen Umwelt. Das Konzept der Wertschöpfungskette wurde von Porter (1985) entwickelt.

Eine effiziente Organisation des häuslichen Mittagstischs erfordert eine entsprechende Koordination durch Tischregeln sowie die Einhaltung durch den einzelnen Essensteilnehmer.

Teil II
Die Effizienz ökonomischer Organisationen

3
Pareto-Effizienz und das Wertmaximierungsprinzip

4
Die Konkretisierung des Wertmaximierungsprinzips

3
Pareto-Effizienz und das Wertmaximierungsprinzip

So in all human affairs one notices, if one examines them closely, that it is impossible to remove one inconvenience without another emerging ... Hence in all discussions one should consider which alternative involves fewer inconveniences and should adopt this as the better course; for one never finds any issue that is clear cut and not open to question. (Machiavelli, 1966)

Personen und Gruppen interagieren in einer Organisation miteinander, um ihre individuellen und kollektiven ökonomischen Ziele zu erreichen. Organisationen existieren, weil sie für verschiedene Personen oder Gruppen mehr Werte schaffen als diese alleine erzielen könnten. Daher wird ein Teilnehmer eine Organisation daran messen, in welchem Maß sie zu seiner Zeilerreichung beträgt. In diesem Kapitel wollen wir die damit verbundene Frage nach der Effizienz einer Organisation näher betrachten.

In Abschnitt 3.1. stellen wir unserer Effizienzkonzept vor. Ausgangspunkt für die Defintion der Effizienz einer Organisation sind dabei die von der Organisation geschaffenen Werten für ihre Organisationsteilnehmer. Wir werden daher zunächst auf die Teilnehmer einer Organisation eingehend und die Ziele darlegen, die sie mit ihrer Organisationsteilnehmer verfolgen. Das Prinzip der Pareto-Effizienz nutzen wir dann, um die Verteilung der von einer Organisation geschaffenen Werte auf ihre Teilnehmer zu bewerten. Darauf aufbauend definieren wir die Effizienz einer Organisation, in dem zusätzlich zur Allokation der Wertschöpfung auch den Prozeß der Wertschöpfung mit berücksichtigen.

Den Zusammenhang zwischen einer effizienten Organisation und der Maximierung ihrer Wertschöpfung leiten wir in Abschnitt 3.2 her. Wir formulieren das Wertmaximierungsprinzip und zeigen, welche Implikationen die Maximierung der Wertschöpfung für die einzelnen Phase des Wertschöpfungsprozesses einer Organisation hat. Dabei stellen wir insbesondere auch die Beziehung unseres Effizienzkonzeptes zu den traditionellen Effizienzansätzen zur Bewertung von Organisationen her.

3.1 Das Effizienz-Konzept

Die Erwartung, sein Ziel zu erreichen, motiviert den Einzelnen zur Teilnahme an der Organisation und zur Leistung seines Beitrages zur Wertschöpfung. Da ihm die Organisation als Mittel zur Befriedigung seiner Interessen und Bedürfnisse dient, wird er sie daran messen, in welchem Maß sie seine Erwartungen erfüllt. Will die Organisation einen Teilnehmer an sich binden, muß sie daher seine Bedürfnisse befriedigen. Das Ziel jeder ökonomischen Organisation muß deshalb die Bedürfnisbefriedigung aller Organisationsteilnehmer sein, die sie für ihre Wertschöpfung als relevant erachtet.

Inwieweit eine Organisation dieses Ziel erreicht, ist dabei davon abhängig, in welchem Umfang der Einzelne an der Wertschöpfung der Organisation beteiligt wird. Ausgangspunkt der Effizienzanalyse einer Organisation muß deshalb die Untersuchung der Teilnehmer dieser Organisation und ihrer Ziele sein. Nach unserer Definition einer ökonomischen Organisation geht es dabei um folgende drei Fragen:

(1) Welche Personen und Gruppen nehmen überhaupt an der Organisation teil?
(2) Wie tragen diese Parteien zur Erreichung des Organisationsziels bei?
(3) Welche Werte schafft die Organisation für diese Parteien?

3.1.1 Der Stakeholder-Ansatz

Für die Beantwortung dieser Fragen nutzen wir den Stakeholder-Ansatz. Nach Freeman (1984, S.25) können **organisatorische Stakeholder** definiert werden als "any group or individual who can affect or is affected by the achievement of the firm's objectives". Die Stakeholder einer Organisation entsprechen also der Gesamtheit der Organisationsteilnehmer, allerdings betont der Begriff des Stakeholder zusätzlich zur seiner Teilnahme an der Organisation auch sein in Form von Ansprüchen artikuliertes Interesse ("Stake") an der Organisation. Im folgenden werden wir beide Begriffe synonym verwenden. Externe Stakeholder einer Organisation bezeichnen dann externe Organisationsteilnehmer, ein interner Stakeholder ist ein interner Organisationsteilnehmer, also ein Organisationsmitglied.

Untersucht man eine Organisation mit Hilfe des Stakeholder-Ansatzes, so kann man sie als Zusammenschluß verschiedener Stakeholder-Gruppen interpretieren: Jede Gruppe von Stakeholdern interagiert dann mit anderen Gruppen, um ihr ökonomisches Ziel zu erreichen.

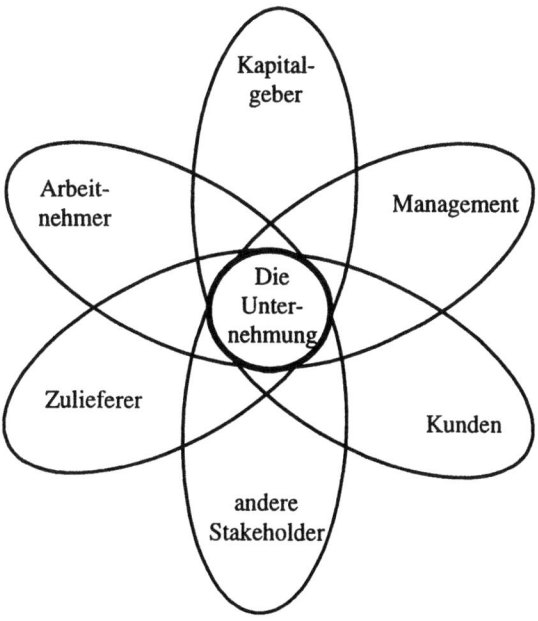

Abbildung 3.1: Die Unternehmung als Zusammenschluß verschiedener Stakeholder-Gruppen

Wie können die einzelnen Stakeholder nun die Ziele einer Organisation beeinflussen bzw. wie sind sie von deren Zielerreichung abhängig? Im Hinblick auf den Wertschöpfungsprozeß können wir diese beiden Fragen auch wie folgt umformulieren: Wie tragen die einzelnen Stakeholder zur Wertschöpfung der Organisation bei? Und, welchen Anteil an den geschaffenen Werten erhalten die einzelnen Stakeholder? Betrachten wir hierzu die einzelnen Stakeholder-Gruppen einer Unternehmung:

- Kapitalgeber: Als Eigen- oder Fremdkapitalgeber bringt diese Stakeholder-Gruppe Geld- oder Sachwerte oder auch Rechtstitel und andere immaterielle Werte in die Unternehmung ein. Der Beitrag des einzelnen Kapitalgebers ist seine Investition in die Realisierung der unternehmerischen Ziele. Seine Beteiligung an den geschaffenen Werten der Organisation besteht in der Verzinsung seines Kapitals. Ein Eigenkapitalgeber, der entweder alleiniger Inhaber oder Teilhaber der Unternehmung ist, partizipiert beispielsweise bei einer Aktiengesellschaft in Form der Dividendenausschüttung und der Kursveränderung am Erfolg der Unternehmung. Ein Fremdkapitalgeber, z.B. eine Bank, ist hingegen im allgemeinen nicht am Erfolg beteiligt sondern erhält eine festgelegte Kapitalverzinsung.

- Management: Der Manager als Stakeholder ist mit der Wahrung von Unternehmensfunktionen betraut, die im Zusammenhang mit der Zielerreichung der Unternehmung stehen. Der Beitrag des Managers zur Wertschöpfung der Unternehmung besteht in der Bereitstellung seiner Arbeitskraft, insbesondere seines Wissens, um die Organisationsstrategie mitzubestimmen und zu implementieren. An der Wertschöpfung sind Manager durch eine Vielzahl von verschiedenen Entlohnungsformen beteiligt. Hierzu gehören Gehalt, Bonuszahlungen, die Bereitstellung eines Dienstwagens oder auch die Finanzierung einer Betriebsrente.

- Arbeitnehmer: Die Gruppe der Arbeitnehmer umfaßt alle Organisationsmitglieder, die keine Managementfunktionen ausüben. Arbeitnehmer sind somit die Mitarbeiter der Unternehmung, die unmittelbar in den Transformationsprozeß eingebunden sind. Ihr Beitrag zur Wertschöpfung der Organisation besteht ebenfalls in der Bereitstellung ihrer Arbeitskraft. Je umfassender sie ihre Tätigkeiten durchführen, desto eher werden die Ziele der Unternehmung erreicht. Auch diese Stakeholder-Gruppe partizipiert in Form von monetären Entlohnung wie Löhnen und Gehältern sowie durch immaterielle Entlohnungen wie Arbeitsplatzsicherheit.

- Kunden: Die Kunden einer Unternehmung bilden im allgemeinen die größte externe Stakeholder-Gruppe. Wenn sich ein Kunde für den Kauf eines Produktes der Unternehmung entschließt, stellt der dafür gezahlte Preis seinen Beitrag zur Realisierung der Wertschöpfung dieser Unternehmung dar. Die Kunden werden sich dabei in der Regel aufgrund des Preises und der Qualität verschiedener alternativer Produkte zum Kauf eines dieser Produkte entschließen. Der Wert, den das Produkt für den Kunden hat, spiegelt den Anteil wider, den der Kunde an den geschaffenen Werten der Unternehmung erhält. Das folgende Beispiel zeigt, wie eine Organisation durch einen besonderen Service den Wert eines seiner Produkte für den Kunden erhöht:

Accumulata

und der besondere Kundenservice

Trotz flexibler Ladenschlußzeiten kann der tägliche Einkauf nach wie vor mit Streß verbunden sein. So sind beispielsweise für berufstätige Paare oder Singles die Ladenöffnungszeiten oftmals nicht den Arbeitszeiten angepaßt und Verkehrsstaus, Parkplatzprobleme und Schlangen an der Kasse kosten wertvolle Freizeit.
Als Alternative entwickelte die Münchener Immobilienfirma Accumulata eine Idee, die ganz auf die Bedürfnisse des zeitlich stark eingebundenen Endverbrauchers abstellt: Der Kunde gibt seine Bestellung telefonisch, per Fax oder E-mail während der Geschäftszeit der am System beteiligten Einzelhändler ab. Diese hinterlegen dann die Waren in einem Schließfach, der sogenannten Shopping Box. Shopping Boxen stehen dabei in verschiedenen Größen und Kühlstufen zur Verfügung. Der Kunde kann dann nach Belieben rund um die Uhr die Ware abholen, indem er seine Kundennummer in ein Computerterminal eingibt, das ihm dann die Nummer seines Schließfaches bekannt gibt und es entriegelt. Die Abrechnung erfolgt gleichzeitig per EC- oder Kreditkarte. Der Anbieter hat den zusätzlichen Vorteil, die Waren dann zu hinterlegen, wenn sein Personal ohnehin nicht ausgelastet ist.
Die Shopping Box läßt sich an "kundennahen" Orten wie großen Bürokomplexen oder Park&Ride-Parkplätzen aufstellen. Die Pilotanlage steht seit geraumer Zeit in München Pasing, wo sich mehrere Einzelhändler zusammengeschlossen haben, die neben der normalen Geschäftstätigkeit ca. 700 Kunden regelmäßig über die Shopping Box bedienen.

Quelle: Süddeutsche Zeitung Nr. 219 (1997, S.32), Immobilienzeitung Nr. 7 (1997, S.11)

- Konkurrenz: Auch die Wettbewerber gehören zu den externen Stakeholdern einer Organisation, indem sie indirekt durch ihr Verhalten auf den Wettbewerbsmärkten die Strategie der Organisation beeinflussen. Ein Konkurrent, der ein ähnliches Produkt wie eine Unternehmung produziert, kann so z.B. durch eine permanente Preisunterbietung den Wert, den die Unternehmung realisiert, wesentlich beeinflussen. Durch ihre Art der Preisgestaltung und andere Formen der Wettbewerbsintensität leisten die Konkurrenten somit einen Beitrag zur Wertschöpfung der Unternehmung. Je nach Einflußnahme kann dieser Beitrag auch negativ sein und zu einer reduzierten Wertschöpfung führen. Dies ist insbesondere dann der Fall, wenn die Interessen der Konkurrenten denen der Unternehmung entgegengesetzt sind. Wiederum indirekt werden die Konkurrenten an der Wertschöpfung beteiligt, indem die Unternehmung ihrerseits eine bestimmte Wettbewerbspolitik ergreift.
- Zulieferer: Die Zulieferer einer Organisation stellen Rohmaterialien und Vorprodukte für die Produktion der Unternehmung bereit. Durch die Qualität dieser Inputfaktoren oder die Zuverlässigkeit der Lieferungen hat ein Lieferant einen wesentlichen Einfluß auf die Wertschöpfung der Unternehmung. Eine Unternehmung, der qualitativ hochwertige Vorprodukte zur Verfügung stehen, kann qualitativ hochwertige Endprodukte herstellen und somit den Wert für ihre Kunden steigern. Erhöht sich dadurch die Nachfrage nach den Endprodukten der Unternehmung, führt dies wiederum zu einer erhöhten Nachfrage nach den Vorprodukten des Lieferanten. Der Lieferant wird durch die Bezahlung seiner Vorprodukte an den realisierten Werten der Unternehmung beteiligt.
- Gewerkschaften: Die Beziehungen zwischen einer Gewerkschaft und der Unternehmung sind ebenfalls für die Wertschöpfung von Bedeutung. Eine eher kooperative Beziehung zwischen den beiden Parteien kann zu einer vermehrten Wertschöpfung führen, wenn der jeweilige Anteil an den zusätzlich geschaffenen Werte für beide Seiten akzeptabel ist. So kann beispielsweise eine Einigung über die Aufteilung von Gewinnen der Unternehmung aufgrund von Arbeitszeitflexibilisierungsmaßnahmen zu Produktivitätssteigerungen führen. Ist hingegen die Beziehung zwischen Gewerkschaft und Unternehmung durch ein Festhalten an gegensätzlichen Interessen geprägt, können Arbeitsniederlegungen oder Streiks zu einer reduzierten Wertschöpfung der Unternehmung führen.

- Staat: Der Staat interagiert mit einer Unternehmung auf vielfältige Weise. Er reguliert den Wettbewerb mit ihren Konkurrenten und erläßt Gesetze, Verordnungen und Auflagen, die die Unternehmung in ihrer Handlungsfreiheit einschränken. Beispielsweise setzt er verbindliche Umweltstandards, fordert Arbeitssicherheitsmaßnahmen und verlangt Abgaben von der Unternehmung. Indem er für die Einhaltung dieser Regelungen sorgt, schafft er eine entsprechende Rechtssicherheit. Darüber hinaus investiert er in die Infrastruktur seines Hoheitsgebiets. So beeinflußt der Staat auf vielfältige Weise die Wertschöpfung der Unternehmung, an der er ebenfalls auf unterschiedliche Weise, z.B. durch Steuern, beteiligt ist.
- Interessengruppen: Es gibt eine ganze Reihe von Interessengruppen, die auf eine Unternehmung Einfluß ausüben wollen. Hierzu gehören beispielsweise Verbraucherschutzverbände, Arbeitgeberverbände oder Umweltorganisationen. Abhängig von den Einflußmöglichkeiten solcher Interessengruppen kann deren Wirken auf die Wertschöpfung einer Unternehmung massive Auswirkungen haben, wie das unten stehende Beispiel zeigt. Auch die Gesellschaft als Ganzes kann die Wertschöpfung einer Unternehmung beeinflussen. Wenn etwa Amerikaner keine ausländischen Produkte kaufen, weil sie auf die eigenen Produkte besonders stolz sind ("Buy American"), leisten sie somit einen Beitrag zur Wertsteigerung amerikanischer Unternehmungen – vorausgesetzt, die Verbraucher in anderen Ländern boykottieren im Gegenzug nicht die amerikanischen Produkte.

Brent Spar, Shell und der Einfluß von Greenpeace

Das Medienereignis um die Brent Spar, eine von Shell Expro betriebene Lager- und Verladeplattform für Rohöl nordöstlich der Shetlandinseln, macht deutlich, wie Interessengruppen auf die Wertschöpfung eines Unternehmens einwirken können: Die Shell U.K. ltd. wollte die 1991 aufgegebene und beschädigte Plattform 1995 entsorgen. Es wurden Studien in Auftrag gegeben, wie dies unter technischen, ökonomischen und ökologischen Gesichtspunkten am günstigsten zu bewerkstelligen sei. Shell beantragte schließlich bei der britischen Regierung eine Tiefsee-Entsorgung, d.h. eine Versenkung der Plattform im Nordatlantik, die auch genehmigt wurde. Die Umweltorganisation Greenpeace erfuhr von der geplanten Entsorgung, besetzte mit großem Medienecho die Brent Spar mit vier Aktivisten und entfachte zunächst

in Deutschland einen öffentlichen Proteststurm. Es wurde ein Boykott von Shelltankstellen organisiert, für den sich eine große Mehrheit fand und der zu erheblichen Umsatzeinbußen führte. Auch andere politische Organisationen schlossen sich Greenpeace an und unterstützten den Protest. Der Konflikt eskalierte soweit, daß es zu Brandanschlägen auf Shellstationen kam. Die Brent Spar wurde zum Präzedenzfall für die Entsorgung aller 400 Offshore-Plattformen hochstilisiert, so daß sich selbst höchste politische Kreise mit dem Thema befassen mußten.
Nach anfänglicher Weigerung beugte sich Shell dem öffentlichen Druck und versprach eine Entsorgung an Land. Greenpeace erreichte durch eine geschickte Kampagne eine Einflußnahme auf die Firmenpolitik von Shell, obgleich, wie nachträglich festgestellt wurde, die Risiken von Greenpeace falsch dargestellt wurden und eine Demontage an Land mit erheblichen Schwierigkeiten verbunden ist.

Quelle: Luyken (1996), Schleicher (1996)

Die Beiträge, die die einzelnen Stakeholder zur Wertschöpfung der Unternehmung leisten, können also beispielsweise die Arbeitsleistung des Mitarbeiters, das von den Kapitalgebern zur Verfügung gestellte Kapital oder der von den Konsumenten gezahlte Kaufpreis sein. Die Werte, die die Organisation schafft und an denen ein Stakeholder partizipiert, können materieller und immaterieller Art sein, wie etwa die Entlohnung für den Mitarbeiter, Macht oder Status für den Manager, Dividenden für die Kapitalgeber oder auch der Nutzen für die Kunden.

Die folgende Abbildung faßt die Beiträge der einzelnen Stakeholder zur Wertschöpfung sowie deren Anteile an den geschaffenen Werten der Organisation zusammen:

Stakeholder	Beiträge zur Wertschöpfung	Beteiligungen an der Wertschöpfung
Kapitalgeber	Geld-, Sach- und Rechtswerte	Kapitalverzinsung, Dividenden, Aktienkursänderungen
Management	Arbeitseinsatz, insb. Wissen, Kreativität	Gehalt, Bonuszahlungen, eigene Dienstwege
Arbeitnehmer	Arbeitseinsatz, insb. körperliche Arbeit	Lohn, akzeptable Arbeitsbedingungen,
Kunden	Kaufpreis der Unternehmensprodukte, Weiterempfehlung	Nutzen, Produktqualität, Service
Konkurrenz	Preisgestaltung, Wettbewerbspolitik	Eigene Preisgestaltung, Wettbewerbspolitik
Zulieferer	Rohmaterial, Vorprodukte, Dienstleistungen, Lieferzuverlässigkeit	Lieferumfang, Bezahlung der Vorprodukte
Gewerkschaften	Lohnforderungen, Arbeitszeitflexibilität	Lohn- und Arbeitszeitregelungen
Staat (inkl. Gemeinde, etc.)	Gesetzliche Maßnahmen, Bereitstellung von Infrastruktur, Steuern/Subventionen	Steuerzahlungen, Abgaben
Interessengruppen	gruppenspezifische Forderungen	Erfüllung gruppenspezifischer Interessen

Abbildung 3.2: Beiträge und Beteiligungen der einzelnen Stakeholder einer Unternehmung

Die Höhe des Beitrags, den der einzelne Stakeholder zur Wertschöpfung leistet und der Umfang der Werte, die er von der Organisation erhält, bestimmen, inwieweit dieser Stakeholder überhaupt motiviert ist, an der Organisation teilzunehmen. Dabei wird er seine Erwartungen bezüglich der Höhe seines Beitrags und des Umfangs der von der Organisation zu leistenden Werte zugrundelegen. Ein Stakeholder wird hier im allgemeinen nur dann motiviert sein, an einer Organisation teilzunehmen, wenn die Werte, die er bei einer Teilnahme erzielen kann, den Beitrag überschreiten, den er für die Organisation leisten will. Andererseits wird eine Organisation auf die Teilnahme eines Stakeholders nicht verzichten wollen, wenn sein erwarteter Beitrag zur Wertschöpfung größer ist als die Ansprüche, die er an die Wertschöpfung der Organisation stellt.

Versteht man die Beiträge eines Stakeholders als seine "Zahlungen" an die Organisation und interpretiert man die Werte, die ein Stakeholder erzielt, als Anreize oder "Zahlungen" der Organisation an den Stakeholder, dann entsprechen diese

Teilnahmebedingungen gerade den Voraussetzungen für das Zustandekommen von Tausch: Dieser findet statt, wenn der Käufer einem Gut einen mindestens gleich großen Wert zuordnet als der Verkäufer.

Übertragen wir diese Überlegungen auf die Wertschöpfung einer Organisation mit all ihren Stakeholdern, dann ergibt sich die durch die Organisation realisierte Wertschöpfung als Summe der Differenzen der Beteiligungen und Beiträge aller Organisationsteilnehmer:

$$
\begin{aligned}
\text{realisierte Wertschöpfung} &= \text{Konsumentennutzen} - \text{Gesamtkosten} \\
&= (\text{Konsumentennutzen} - \text{Umsatz}) \\
& + (\text{Umsatz} - \text{Gesamtkosten}) \\
&= \sum (\text{Beteiligungen} - \text{Beiträge}) \text{ aller Stakeholder} \\
&= \text{Summe der Renten aller Stakeholder}
\end{aligned}
$$

Die Gesamtkosten der Organisation für die Bereitstellung des Gutes ergeben sich aus den Beiträgen, die die einzelnen Organisationsteilnehmer zur Schaffung der Wertschöpfung der Organisation leisten. Andererseits verwendet die Organisation den Betrag, den sie aus dem Verkauf ihrer Produkte erwirtschaftet, für die Befriedigung der Bedürfnisse dieser Organisationsteilnehmer. Der Konsumentennutzen wiederum stellt die Beteiligung der Konsumenten an der Wertschöpfung dar, während ihre Beiträge die von ihnen gezahlten Preise sind.

Die realisierte Wertschöpfung der Organisation ergibt sich somit als Gesamtsumme der für alle Stakeholder zusätzlich geschaffenen Werte, also als Summe der Renten aller Organisationsteilnehmer. Dabei verteilt sich die bisher betrachtete Organisationsrente der Unternehmung auf die einzelnen Stakeholder, die an der Schaffung der Wertschöpfung beteiligt sind.

DAS EFFIZIENZ-KONZEPT

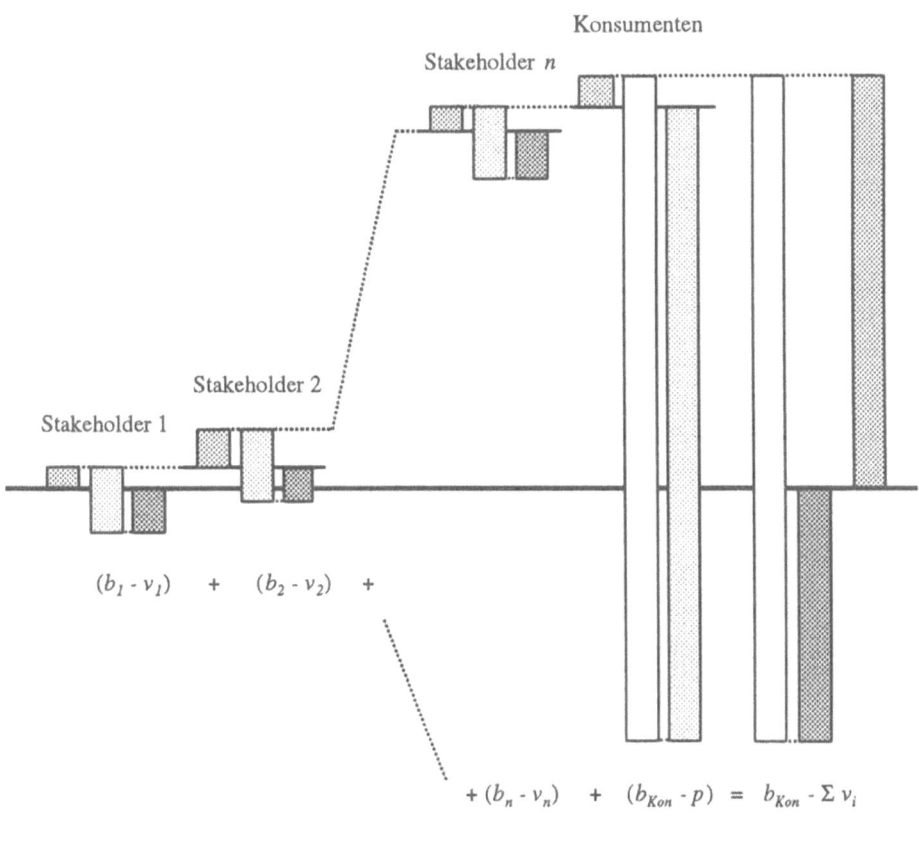

wobei b_i = Beteiligung des Stakeholder i , b_{Kon} = Konsumentennutzen
v_i = Beitrag des Stakeholder i , p = Marktpreis

Abbildung 3.3: Die Wertschöpfung als Summe der Renten aller Organisationsteilnehmer

Die Abbildung zeigt auch, daß eine Organisation nur dann Werte zur Bedürfnisbefriedigung ihrer Organisationsteilnehmer realisiert, wenn die Differenz aus Nutzen und Kosten für jeden dieser Organisationsteilnehmer nicht negativ ist. Dabei spielt die durch den Absatz ihrer Produkte realisierte Wertschöpfung eine besondere Rolle: Wenn eine Organisation gegenüber ihren Kunden keine zusätzlichen Werte schafft, stehen ihr keine Mittel zur Bedürfnisbefriedigung aller anderen Organisationsteilnehmer zur Verfügung.

3.1.2 Das Konzept der Pareto-Effizienz

Zielgröße eines jeden Stakeholders ist sein Nettonutzen aus der Teilnahme an der Organisation, also seine Rente als Differenz seiner erwarteten Beteiligung an der Wertschöpfung und seinem hierzu erwarteten Beitrag. Die obige Diskussion zeigt, daß jede Stakeholder-Gruppe ihre eigenen Ziele verfolgt. Ökonomische Organisationen dienen daher der Erreichung dieser individuellen oder kollektiven Ziele.

Bei der Vielzahl der spezifischen Ziele, die die einzelnen Stakeholder durch ihre Teilnahme an der Organisation erreichen wollen, ist nicht davon auszugehen, daß ihre Ziele ausschließlich übereinstimmen. Wenn z.B. die Eigenkapitalgeber an einem möglichst großen Gewinn der Organisation interessiert sind und die Organisation an der Kapitalverzinsung messen, dann ist dieses Ziel beispielsweise nicht vereinbar mit dem Ziel des Managements, eine möglichst hohe Entlohnung zu erhalten, oder dem Ziel der Arbeitnehmer, möglichst geringe Arbeitszeiten ohne Einkommenseinbußen zu haben.

Da die Werte, die eine Organisation realisiert, beschränkt sind, würde eine umfangreichere Beteiligung eines Stakeholder an den geschaffenen Werten der Organisation notwendigerweise implizieren, daß zumindest ein anderer Stakeholder einen kleineren Anteil an der gesamten Wertschöpfung erhält. Es stellt sich somit die Frage, inwieweit sich die einzelnen Stakeholder trotz ihrer unterschiedlichen Zielen auf ein gemeinsames Effizienz-Konzept für die Organisation einigen können.

Zur Beantwortung dieser Frage greifen wir auf das Konzept der Pareto-Effizienz zurück, das in der Ökonomie zur Bewertung verschiedener Allokationen herangezogen wird. Ausgangspunkt unserer Überlegungen ist eine vorgegebene Wertschöpfung, die zur Verteilung ansteht. Nach dem Konzept der Pareto-Effizienz bezeichnen wir dann eine Verteilung der von der Organisation realisierten Werte für einen Kreis von Stakeholdern als **Pareto-effizient**, wenn es keine andere Verteilung der Werte gibt, bei der ein Stakeholder besser gestellt werden kann, ohne daß ein anderer Stakeholder schlechter gestellt wird.

Das Kriterium der Pareto-Effizienz als Effizienzbedingung für die Allokation von Werten ist unmittelbar zwingend und leuchtet direkt ein: Betrachten wir hierzu einfach eine Verteilung von Werten, die nicht diesem Kriterium entspricht, also ineffizient wäre. Dies würde bedeuten, daß zumindest ein Stakeholder der Organisation eine bessere Befriedigung seiner Interessen erreichen könnte, ohne daß einer der anderen Stakeholder sich bezüglich seiner Bedürfnisbefriedigung verschlechtern würde. Nehmen wir beispielsweise an, für die Kapitalgeber wäre eine bessere Kapitalverzinsung möglich. Würden nun die Kapitalgeber auf einen gewissen Teil ihrer möglichen zusätzlichen Kapitalverzinsung verzichten und den entsprechenden Wert an alle anderen Stakeholder abgeben, dann würden alle Stakeholder gegenüber der Ausgangsallokation besser gestellt.

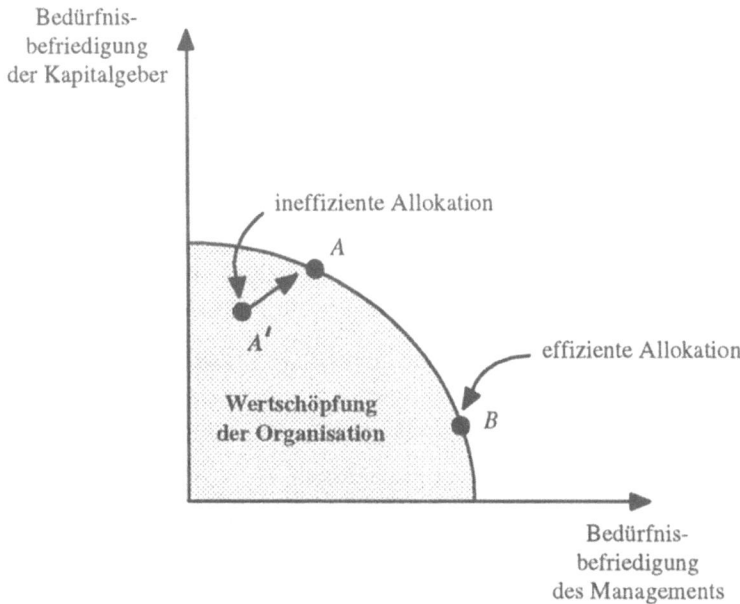

Abbildung 3.4: Effiziente und ineffiziente Verteilung der Wertschöpfung auf die Stakeholder

Die obige Abbildung verdeutlicht, welche Bedingung das Konzept der Pareto-Effizienz an die Allokation der Wertschöpfung stellt. Dargestellt sind zur Vereinfachung lediglich die Bedürfnisbefriedigung der Kapitalgeber und des Managements durch die von der Organisation geschaffenen Werte. Verschiedene Allokationen der Wertschöpfung auf diese beiden Parteien sind durch den dunkel markierten Bereich angegeben. Die Allokation A' stellt hier eine ineffiziente Allokation dar. Indem wir nämlich durch eine Umverteilung der Wertschöpfung beispielsweise eine Allokation A durchführen, würden beide Parteien im Vergleich zu A' in ihrer Bedürfnisbefriedigung besser gestellt. Im Unterschied zu A' stellt die Allokation B eine effiziente Allokation dar, da hier keine beidseitige Verbesserung der Bedürfnisse mehr möglich ist.

Das Konzept der Pareto-Effizienz ist aus drei Gründen wichtig: Erstens stellt es minimale Bedingungen an das Verhalten von Personen. Wer würde schon eine Situation akzeptieren, zu der es eine Alternative gibt, bei der sich jeder besser stellen würde? Personen, die miteinander interagieren, werden daher im allgemeinen immer versuchen, Effizienz zu erreichen.

Dabei gehen wir im folgenden bei der Anwendung der Pareto-Effizienz davon aus, daß zwischen den beteiligten Personen Ausgleichszahlungen möglich sind. Eine Reallokation, die die Kapitalgeber um 100 Geldanteile besser stellen würde, jedoch das Management um 80 Einheiten schlechter stellt, führt hier zu einer Pareto-Verbesserung: Die Kapitalgeber könnten das Management für seine Einbußen entschädigen, so daß sich an deren Bedürfnisbefriedigung nichts ändern würde. Die Situation der Kapitalgeber hätte sich hingegen um 20 Geldeinheiten verbessert. In der Literatur wird diese Möglichkeit von Ausgleichszahlungen auch als Kaldor-Hicks-Kriterium bezeichnet.

Zweitens abstrahiert das Konzept von moralischen oder ethischen Fragen, die in der Regel mit der Verteilung der erwirtschafteten Wertschöpfung einer Organisation verbunden sind. Ein interpersoneller Vergleich der Bedürfnisbefriedigung zweier Personen findet nicht statt. So sind in der obigen Abbildung die Allokationen A und B beide Pareto-effizient. Es wird also keine Aussage darüber getroffen, ob eine höhere Kapitalverzinsung bei niedrigerer Managemententlohnung einer niedrigeren Kapitalverzinsung bei höherer Managemententlohnung vorzuziehen ist oder nicht. Damit macht das Konzept der Pareto-Effizienz aber auch keine Aussage darüber, inwieweit überhaupt die Interessen und Bedürfnisse einzelner Stakeholder bei einer Aufteilung berücksichtigt wurden. Blieben so beispielsweise in der obigen Abbildung die Bedürfnisse der Kapitalgeber vollkommen unberücksichtigt bei der Aufteilung der geschaffenen Werte, dann wäre eine maximale Befriedigung der Managementinteressen immer noch eine Pareto-effiziente Aufteilung. Auf die Frage, wie tatsächlich die von der Organisation geschaffenen Werte aufgeteilt werden und welche Bedürfnisse in welchem Umfang dabei berücksichtigt werden, gibt unser Effizienzkriterium keine Antwort. Würde man hier berücksichtigen, daß für einen bestimmten Stakeholder ein gewisses Mindestniveau an Bedürfnisbefriedigung gegeben sein muß, damit er überhaupt zur Teilnahme an der Organisation motiviert ist, dann würde dies die Menge der möglichen effizienten Allokationen entsprechend einschränken.

Drittens ist eine Pareto-effiziente Allokation von Werten immer relativ zu den betrachteten Stakeholder-Gruppen zu sehen, deren Interessen und Bedürfnisse bei der Aufteilung berücksichtigt wurden. Nehmen wir beispielsweise an, in der obigen Abbildung würden nicht nur die Interessen der Kapitalgeber und des Managements sondern auch staatliche Interessen berücksichtigt. Wenn nun gesetzlich z.B. ein Verzicht auf FCKW bei der Produktion vorgesehen ist, dann verändert sich die Menge der möglichen Inputfaktoren der Organisation, somit deren grundsätzliche Produktionsmöglichkeiten und folglich die Wertschöpfung. Eine Allokation der Wertschöpfung, die für die beiden Stakeholder-Gruppen Kapitalgeber und Management Pareto-effizient ist und deren Interessen berücksichtigt, muß nun nicht notwendigerweise auch effizient sein, wenn wir den Staat als weiteren Stakeholder in die Allokation einbeziehen.

3.1.3 Effiziente Organisationen

Bei der Beantwortung der Frage, ob eine Organisation die Ziele ihrer Stakeholder möglichst umfassend erfüllt, haben wir bisher die effiziente Allokation der Wertschöpfung einer Organisation betrachtet. Wir haben somit nur die Beteiligung der Stakeholder an der realsierten Wertschöpfung der Organisation diskutiert. Die Wertschöpfung selbst haben wir dabei als gegeben vorausgesetzt.

Um nun die Frage zu beantworten, unter welchen Umständen eine Organisation – und nicht nur die Allokation ihrer Wertschöpfung – effizient ist, müssen wir auch den Prozeß der Wertschöpfung berücksichtigen. Analog zum Konzept der Pareto-Effizienz einer Allokation der Wertschöpfung definieren wir hier die **Effizienz einer Organisation** wie folgt: Eine Organisation ist genau dann (Pareto-) effizient, wenn es unter den gegebenen Rahmenbedingungen nicht möglich ist, eine alternative Organisation zu gestalten, die ihre Stakeholder mindestens gleich gut stellt.

Für die Beurteilung der Effizienz einer Organisation müssen wir somit berücksichtigen, daß der gesamte Wertschöpfungsprozeß effizient zu gestalten ist. Neben der Organisationsstrategie entscheidet dabei insbesondere die Organisations- und

Anreizstruktur der Organisation darüber, wieviele Werte geschaffen werden und damit zur Verteilung an die Stakeholder überhaupt zur Verfügung stehen. Eine effiziente Organisation beinhaltet also nicht nur eine effiziente Verteilung der Wertschöpfung, sondern auch eine effiziente Organisationsstrategie, Organisationsstruktur und Anreizstruktur zur Schaffung dieser Werte.

Unsere Definition der Effizienz einer Organisation können wir dabei in einem normativen und positiven Sinn verwenden: Normativ *sollte* eine Organisation so gestaltet werden, daß keiner der Stakeholder eine umfassendere Bedürfnisbefriedigung erreichen kann, ohne daß sich einer der anderen Stakeholder verschlechtern würde. Dieses Postulat ist eine Konsequenz des ökonomischen Darwinismus: Nur die Organisationen werden am Markt überleben, die effiziente Entscheidungen treffen.

Damit haben wir aber immer noch nicht gesagt, wie Organisationen tatsächlich gestaltet *werden*. Welche Stakeholder sollten denn beispielsweise bei der Gestaltung der Organisation mit ihren Interessen berücksichtigt werden? Findet ein Stakeholder bei den anderen Stakeholdern mit seinem Vorschlag, eine alternative effiziente Organisation zu implementieren, beispielsweise kein Gehör, dann wird die Organisation nicht verändert. Daher wird man also viel eher davon ausgehen, daß solche Stakeholder-Gruppen, die ihre Interessen nicht konsequent genug durchsetzen können, bei der Gestaltung auch keine Berücksichtigung finden.

Es stellt sich daher die Frage, inwieweit wir das Konzept der Pareto-Effizienz als positives Kriterium zur Beschreibung von Organisation verwenden können, so daß wir existierende Organisationen verstehen und erklären bzw. Aussagen über die tatsächliche Gestaltung von Organisationen machen können. Damit wir das Konzept der Pareto-Effizienz in diesem positiven Sinne verwenden können, müssen zumindest die drei folgenden Bedingungen erfüllt sein: Erstens muß das Pareto-Prinzip für das tatsächliche Handeln von Personen verhaltensleitend sein. Zweitens muß das Konzept dem Umstand Rechnung tragen, daß nur die relevanten Stakeholder einer Organisation bei deren Gestaltung Berücksichtigung finden. Drittens müssen wir berücksichtigen, daß eine Organisation als offenes System in ihre Umwelt eingebettet ist und ihre Effizienz stets von den gegebenen Rahmenbedingungen abhängig ist.

Die erste Bedingung erscheint nicht sehr einschränkend, denn es gibt gute Gründe anzunehmen, daß sich die beteiligten Stakeholder tatsächlich auf eine effiziente Organisation einigen würden: Würden sie nämlich eine ineffiziente Organisation gestalten wollen, dann gäbe es entsprechend unserer Definition eine alternative Organisation, die keinen Stakeholder schlechter stellen würde, jedoch mindestens einen Stakeholder bezüglich seiner Bedürfnisbefriedigung besser stellen würde. Bei einer ineffizienten Organisation gäbe es also grundsätzlich gute Gründe, diese nicht zu implementieren. Zudem würde ein Alternativvorschlag zu einer effizienten Organisation zumindest von einem Stakeholder abgelehnt, da es in diesem Fall immer jemand gäbe, der sich schlechter stellen würde. Beide Argumente legen nahe, daß wir langfristig und in Übereinstimmung mit dem ökonomischen Darwinismus davon ausgehen können, daß sich eine effiziente Organisation durchsetzen wird.

Für die Diskussion der zweiten Bedingung greifen wir noch einmal auf unsere Ausführungen zur Pareto-Effizienz von Allokationen im letzten Abschnitt zurück. Wir hatten dort angemerkt, daß sich dieses Konzept ausschließlich auf die Stakeholder bezieht, deren Interessen bei der Verteilung der geschaffenen Werte berücksichtigt werden. Analog dazu können wir auch die Effizienz einer Organisation immer in Abhängigkeit von den Stakeholdern betrachten, die bei der Gestaltung der Organisation Berücksichtigung finden. Wird so beispielsweise eine Stakeholder-Gruppe in ihren Interessen nicht vollständig berücksichtigt, dann wird die Organisation auch nur in einem beschränkten Umfang ihren Bedürfnissen gerecht. Eine effiziente Organisation wird also nur in bezug auf die Stakeholder effizient sein, deren Interessen tatsächlich in die Gestaltung eingeflossen sind.[1]

Die Sicherstellung der ärztlichen Versorgung in Deutschland

Ein Arzt, der sich in Deutschland niederlassen möchte, ist im allgemeinen in der Wahl des Standorts für seine Praxis durch gesetzliche Regelungen eingeschränkt. So muß beispielsweise ein Kinderarzt, der sich niederlassen möchte, eine Zulassung für seinen in Aussicht genommenen Arztsitz beantragen. Dieser Antrag wird von dem örtlich zuständigen Zulassungsausschuß, der sich aus Vertretern der Ärzte und der Krankenkassen zusammensetzt, überprüft und je nach Sachlage genehmigt. Dabei kann die angestrebte Zulassung jedoch z.B. dann versagt werden, wenn für den Arztsitz Zulassungsbeschränkungen vorliegen.

Grundlage dieser Zulassungsbeschränkungen ist die im Fünften Buch Sozialgesetzbuch eingeführte Regelung, daß eine ausreichende, zweckmäßige und wirtschaftliche Versorgung der Versicherten unter Berücksichtigung des allgemein anerkannten Standes der medizinischen Erkenntnisse zu gewährleisten ist (§72 Abs.2 SGB V). Dieser Anspruch der Versicherten auf eine bedarfsgerechte Versorgung wird durch eine Bedarfsplanung gesteuert: Ausgehend von Verhältniszahlen, die der Gesetzgeber für bestimmte Arztgruppen in Relation zu den Einwohnern einer Region festgelegt hat, wird von den kassenärztlichen Vereinigungen der bedarfsgerechte Versorgungsgrad bestimmt. In Städten sollte so auf 14.188 Einwohner ein Kinderarzt kommen, in ländlichen Kreisen hingegen einer auf 25.940 Einwohner. Der Vergleich zwischen diesem Soll-Bedarf nach dem Bedarfsplan und dem Ist-Stand an Ärzten legt dann fest, ob es im Planungsbereich eine Unter- oder Überversorgung gibt. Liegt eine Überversorgung vor, werden Zulassungsbeschränkungen eingeführt, die nur in Ausnahmefällen bei der Standortwahl des Arztes nicht bindend sind, z.B. bei Sonderbedarfszulassungen oder Praxisübernahmen. Zur Zeit sind für etwa 60% aller arztgruppenbezogenen Planungsbereiche im Bundesgebiet Zulassungsbeschränkungen angeordnet.

Quelle: Zentralinstitut für die kassenärztliche Versorgung in der Bundesrepublik Deutschland (1997)

Anhand der eingeschränkten Niederlassungsfreiheit von Ärzten können wir die Effizienz des Marktes für ärztliche Versorgung unmittelbar diskutieren. Insbesondere werden wir sehen, daß je nach dem Kreis der berücksichtigten Stakeholder die zugehörige Pareto-effiziente Organisation eine andere Organisationsarchitektur hat. Zur Vereinfachung betrachten wir als Organisation lediglich die Interaktion zwischen Ärzten und ihren (potentiellen) Patienten. Stakeholder der Organisation sind also lediglich diese beiden Gruppen. Der Staat sowie Krankenkassen werden in der folgenden Diskussion somit nicht als Stakeholder berücksichtigt. Insbesondere abstrahieren wir damit von möglichen Gebührenordnungen für ärztliche Leistungen bzw. von deren Kostenübernahme durch Krankenkassen. Ziel der Organisation ist es, Kranke zu versorgen.

Seine Praxis kann ein Arzt entweder auf dem Land oder in der Stadt eröffnen. Da die Tätigkeit in der Stadt und auf dem Land für ihn gleichermaßen attraktiv ist, trifft er diese Entscheidung ausschließlich aufgrund finanzieller Überlegungen. Wir nehmen hierzu an, daß auf dem Land ein so großer Bedarf an ärztlicher Versorgung besteht, daß sein Einkommen nicht von der Anzahl der sonstigen Landärzte abhängt. In der Stadt sei dies anders: Hier ist die Zahl der möglichen Patienten beschränkt, so daß die Ärzte miteinander um Patienten konkurrieren, sobald eine gewisse Arztdichte überschritten ist. Je mehr Stadtärzte es gibt, auf die sich die Patienten verteilen, desto geringer ist ihr durchschnittliches Einkommen. Gibt es in einer Stadt nur wenige Ärzte, liegt deren durchschnittliches Einkommen höher als das ihrer Kollegen auf dem Land. Übersteigt die Anzahl der Stadtärzte eine kritische Größe, so kehren sich die Einkommenverhältnisse um. Die Ärzte auf dem Land verdienen dann im Durchschnitt mehr als die Ärzte in der Stadt. Die folgende Abbildung zeigt diesen Zusammenhang:

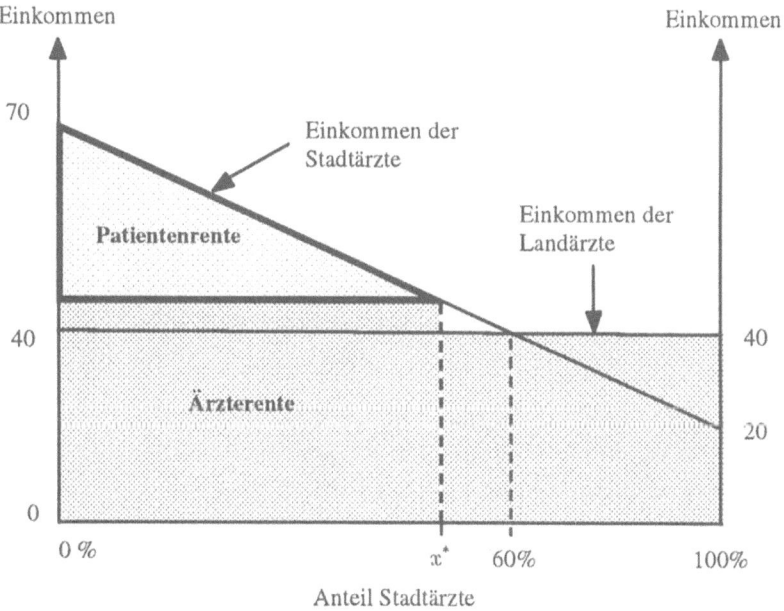

Abbildung 3.5: Das Einkommen der Stadt- und Landärzte

Die dunkelgrau markierte Fläche gibt die Ärzterente wieder: Für eine gegebene Verteilung der Ärzte besteht diese aus dem Einkommen aller Stadtärzte – dies entspricht der Fläche bis $x\%$ - und dem Einkommen aller Landärzte - dies entspricht der Fläche ab $x\%$. Der Umfang der Ärzterente wird durch die Verteilung der Ärzte auf Stadt und Land bestimmt.

Die hellgrau markierte Fläche stellt die Patientenrente dar: Für eine gegebene Verteilung der Ärzte auf Stadt und Land gibt diese an, inwieweit die Zahlungsbereitschaft der Stadtpatienten über dem zugehörigen Preis der ärztlichen Behandlung liegt. Letzterer ist in der Graphik durch das Einkommensniveau der Stadtärzte bestimmt. Die Patientenrente stellt also den zusätzlichen Wert dar, den die Allokation für die Patienten hat.

Betrachten wir nun zunächst eine Gesellschaft, in der eine zentrale staatliche Stelle die Niederlassung für Ärzte genehmigt. Dabei berücksichtigt sie die Interessen von Ärzten und Patienten gleichermaßen. Wie sieht nun eine effiziente Verteilung der Ärzte auf Stadt und Land aus? Betrachten wir hierzu beispielsweise die in der Graphik angedeutete Verteilung, die $x\%$ Stadtärzte und somit $(100-x)\%$ Landärzte vorsieht. Würde nun ein zusätzlicher Arzt vom Land in die Stadt umziehen, könnten beide Stakeholder-Gruppen besser gestellt werden: Ein zusätzlicher Stadtarzt würde zwar das Einkommen aller anderen Stadtärzte marginal senken, allerdings ist diese Einkommensreduktion der Stadtärzte zum Vorteil aller Stadtpatienten. Beide Effekte heben sich gegenseitig auf, da der Vorteil der Stadtpatienten aufgrund des niedrigeren Preises für ärztliche Behandlungen in der Höhe identisch ist mit dem Nachteil der Stadtärzte aufgrund des niedrigeren Einkommens. Somit führt aber der zusätzliche Stadtarzt insgesamt zu einer erhöhten Ärzte- und Patientenrente, da er ein im Vergleich zu seiner Tätigkeit auf dem Land höheres Einkommen erzielt. Es würde also zu der betrachteten Verteilung von Stadt- und Landärzten eine Alternative geben, von der beide Stakeholder-Gruppen profitieren könnten, da die Summe aus Ärzte- und Patientenrente und somit die Werte, die zu verteilen sind, größer würde. Die angedeutete Verteilung mit $x\%$ Stadtärzten ist also nicht effizient.

Aus dieser Argumentation folgt unmittelbar, daß es nur eine effiziente Verteilung der Ärzte gibt:[2] 60% der Ärzte werden für die Stadt zugelassen, die restlichen 40% erhalten eine Zulassung für das Land. Diese Verteilung ist effizient, da durch eine andere Verteilung weder die Gruppe der Patienten besser gestellt werden kann, ohne die Ärzte schlechter zu stellen noch umgekehrt die Gruppe der Ärzte besser gestellt werden kann, ohne die Situation für die Patienten zu verschlechtern. Jede andere Verteilung würde hier zu einer Verringerung der Ärzte- oder der Patientenrente führen.

Betrachten wir nun eine Gesellschaft, in der eine ärztliche Vereinigung über die Verteilung der Ärzte auf Stadt und Land entscheidet. Wir gehen hier davon aus, daß die Vereinigung lediglich die Interessen ihrer Mitglieder vertritt, also das Einkommen aller Ärzte maximiert. Aufgrund der obigen Diskussion ist bereits klar, daß die Allokation, die für beide Stakeholder-Gruppen effizient ist, bei der alleinigen Berücksichtigung der Ärzterente nicht effizient ist: Würde nämlich ein Stadtarzt auf das Land umziehen, dann würde sich das Einkommen aller Stadtärzte erhöhen, ohne daß er selbst und die Landärzte finanzielle Einbußen hinnehmen müßten. In unserem Beispiel zeigt sich, daß eine Verteilung von 30% Stadtärzte und somit 70% Landärzte für die ärztliche Vereinigung eine effiziente Allokation darstellen würde.[3]

Das Beispiel zeigt, daß sich die Effizienz einer Organisation immer auf die Stakeholder bezieht, die an der Gestaltung der Organisation beteiligt sind. Dabei müssen wir allerdings bedenken, daß durch die Nichtberücksichtigung einer Stakeholder-Gruppe bei der Organisationsgestaltung möglicherweise deren Teilnahme an der Organisation in Frage gestellt ist. Demnach muß für die Beurteilung der Effizienz einer Organisation zunächst immer erst untersucht werden, inwieweit eine Stakeholder-Gruppe für die Wertschöpfung der Organisation relevant sind.

Eine solche Evaluation kann in drei Schritten erfolgen: Zunächst müssen die Gruppen identifiziert werden, die einen Beitrag zur Wertschöpfung der Organisation leisten. In einem zweiten Schritt muß für jede solche Stakeholder-Gruppe geklärt werden, in welchem Umfang die Organisation von ihrem Beitrag abhängt. Eine Stakeholder-Gruppe, deren Beitrag für die Wertschöpfung einmalig ist, hat für die Organisation eine größere Bedeutung als eine Stakeholder-Gruppe, deren Beitrag durch den anderer substituiert werden könnte. In einem letzten Schritt müssen dann die Ansprüche bzw. Erwartungen der einzelnen Stakeholder-Gruppen an die Organisation bestimmt werden. Je bedeutender nun eine Stakeholder-Gruppe für die Organisation ist, desto eher muß die Organisation deren Ansprüchen genügen, desto eher müssen ihre Interessen bei der Gestaltung der Organisation berücksichtigt werden.

Die dritte Bedingung, die erfüllt sein muß, damit wir das Konzept der Effizienz einer Organisation als positives Kriterium zur Beurteilung von Organisationen nutzen können, stellt auf die Wechselwirkungen der Organisation mit ihrer Umwelt ab: Eine Unternehmung, die als Monopolist in einem Markt agiert, der durch ein fixe Nachfrage gekennzeichnet ist, kann eine einfache Strategie und stabile Architektur zur Wertmaximierung genügen. Eine Unternehmung hingegen, die auf einem Wettbewerbsmarkt mit sich ständig ändernden Kundenwünschen agiert, muß eine komplexere Strategie und flexiblere Strukturen besitzen, um die Werte seiner Stakeholder zu maximieren. Organisationsstrategie und -architektur werden so offensichtlich entscheidend durch die Umweltbedingungen der Organisation bestimmt.

Um die Effizienz einer Organisation zu beurteilen, müssen demnach auch ihre Wechselwirkungen mit einer sich ändernden Umwelt berücksichtigt werden. Im folgenden wollen wir beantworten, in welcher Weise sich ändernde Rahmenbedingungen in die Effizienzüberlegungen bei Organisationen eingehen. Dabei illustrieren wir die Problematik zunächst anhand eines Beispiels:

IBM und die Abhängigkeit der Effizienz von der Umwelt

IBM Corporation ist ein klassisches Beispiel für ein Unternehmen, das aufgrund der Veränderungen in seiner Unternehmensumwelt und ihrer falschen Einschätzung erhebliche Effizienzeinbußen zu verkraften hatte.

Bis 1986 war IBM das führende Unternehmen in der Computerindustrie. IBM baute seine starke Position auf seine Produktqualität, die Entwicklung neuer Produkte, gutes Verkaufspersonal und einen hervorragenden Service. Von einer führenden Position bei Lochkartensystemen und Rechenmaschinen entwickelte sich IBM zum Führer in der elektronischen Datenverarbeitung. Entscheidend war hierbei die Fähigkeit, die Erfahrungen aus Computeraufträgen des Verteidigungsministeriums auf Business Computer zu übertragen. 1984 hatte IBM auf dem Weltmarkt für Mainframe-Computer einen Marktanteil von 76,8%, wobei der nächstgrößte Konkurrent gerade 5,6% verbuchen konnte.

Die Ineffizienzen bei IBM entstanden aufgrund einer falschen Einschätzung der Entwicklung von Personalcomputern, für die IBM Wegbereiter war. IBM antizipierte nicht den Leistungszuwachs bei PCs und damit die Möglichkeiten, die großen

Mainframes und Minicomputer zu ersetzen, bei denen IBM seine Wettbewerbsvorteile hatte. Für diesen Leistungszuwachs waren zwei Faktoren entscheidend: Mikroprozessoren und Betriebssystem.

Die Entscheidungen von IBM in den frühen 80er Jahren führten zum Verlust der Kontrolle über beide Faktoren und damit zum Verlust des Wettbewerbsvorsprungs: Das Geschäft mit dem Betriebssystem und anderer Software machte Bill Gates mit Microsoft, die Führung in der Mikroprozessorentechnologie fiel an Intel.

Zwischen 1986 und 1994 war IBMs Aktienkurs um die Hälfte gesunken, was einem Verlust an Marktwert von über 75 Milliarden Dollar entspricht. Die Belegschaft wurde zwischen 1986 und 1993 von 407.000 auf 207.000 reduziert.

Quelle: DeLamarter (1986), Caroll (1993) und Ferguson und Morris (1994)

Es gibt verschiedene Möglichkeiten, die Effizienz einer Organisation bei unterschiedlichen Rahmenbedingungen zu beurteilen. Eine Möglichkeit wäre es, die Wertschöpfung verschiedener Organisationen unter unterschiedlichen Umweltbedingungen zu vergleichen. Wenn eine Organisation A in jeder möglichen Situation immer eine größere Bedürfnisbefriedigung der Stakeholder erzielen würde als eine Organisation B, dann würden wir Organisation B als ineffizient einstufen. Nach diesem Kriterium wäre eine Organisation effizient, wenn sie unter allen Umweltbedingungen effizient wäre. Eine solche Organisation könnten wir dann auch als "universal effiziente" Organisation bezeichnen.

Dieses Kriterium der universalen Effizienz einer Organisation ist allerdings zu strikt: So ist dieses Vorgehen aufgrund der unüberschaubaren Vielzahl an möglichen künftigen Umweltbedingungen nicht praktikabel. Aber selbst wenn man sie alle einbeziehen könnte, würde man auch viele irrelevante Umweltzustände berücksichtigen. Damit könnte man stets einen Umweltzustand finden, bei dem eine gegebene Organisation als ineffizient einzustufen wäre.

Wir werden deshalb einen alternativen Weg einschlagen, um die Effizienz einer Organisation unter verschiedenen Umweltbedingungen zu kennzeichnen. Statt von einer universalen Effizienz gehen wir davon aus, daß eine effiziente Organisation unter allen relevanten Umweltbedingungen effizient sein muß. Organisationsstrategie und -architektur müssen also lediglich bezüglich dieser Menge von Umweltbedingungen effizient sein. Unter den vorherrschenden Rahmenbedingungen kann somit keine alternative Organisation gestaltet werden, die die betrachteten Stakeholder mindestens gleich gut stellt. Ändern sich die relevanten Umweltbedingungen, so muß sich die effiziente Organisationsstruktur und -architektur anpassen. Eine effiziente Organisation sichert dann langfristig die maximale Bedürfnisbefriedigung alle ihrer Stakeholder.

3.2 Effiziente Organisationen und die Maximierung der Wertschöpfung

Nach unseren bisherigen Ausführungen ist eine Organisation dann effizient, wenn keiner der relevanten Stakeholder durch eine alternative Organisation besser gestellt werden könnte, ohne daß ein anderer relevanter Stakeholder schlechter gestellt würde. Insbesondere setzt eine effiziente Organisation also voraus, daß eine effizient gestaltete Organisationsstruktur auch tatsächlich durch eine effiziente Anreizstruktur implementiert und durchgesetzt wird. Immerhin müssen alle Stakeholder Beiträge an die Organisation leisten, etwa ein Angestellter seine Arbeitszeit und seine Fähigkeiten. Wenn es hier zu Divergenzen zwischen den individuellen Zielen eines Stakeholders und den übergeordneten Zielen der Organisation kommt, wird ein Stakeholder seine Aufgaben innerhalb der effizienten Organisationsstruktur nicht wie vorgesehen ausführen.

Damit stellt sich aber unmittelbar die Frage, inwieweit die Beteiligung, die ein Stakeholder an der Wertschöpfung erhält, seinen Beitrag beeinflußt, den er bereit ist, zur Wertschöpfung zu leisten. Zur Beantwortung dieser Frage müssen wir zunächst den Einfluß der Allokation der Wertschöpfung auf den vorgelagerten Prozeß der Schaffung von Werten näher untersuchen.

3.2.1 Das Wertmaximierungsprinzip

Betrachten wir zunächst die Teilnahmebedingung der Stakeholder an der Organisation. Nach unseren bisherigen Ausführungen wird ein Stakeholder im allgemeinen nur dann motiviert sein, an der Organisation teilzunehmen, wenn der von ihm erwartete Anteil an der Wertschöpfung der Organisation den erwarteten Beitrag überschreitet, den er für die Organisation leisten soll. Diese Teilnahmebedingung muß also notwendigerweise erfüllt sein, soll der Stakeholder einen Beitrag zur Wertschöpfung leisten.

Angenommen nun, die Teilnahmebedingungen wären für die Stakeholder einer Organisation erfüllt. Dann könnte man vermuten, daß die Art und Weise, wie die Wertschöpfung der Organisation auf die Stakeholder verteilt würde, einen Einfluß darauf hat, welche Beiträge sie tatsächlich für die Organisation leisten. Der Arbeitseinsatz eines Mitarbeiters wäre beispielsweise demnach abhängig von der Höhe seines erwarteten Lohns. Das dies jedoch nicht so sein muß, zeigt bereits unser erstes Beispiel zur Wertschöpfung einer Organisation: Bei der Betrachtung der Werte, die das Automobilunternehmen gegenüber einem Käufer schafft, spielte der Marktpreis keine Rolle. Für den Umfang der realisierte Wertschöpfung war der Preis, bei dem sich die beiden Parteien über den Tausch einigten, vollkommen unerheblich, solange die erzielten Renten nicht-negativ waren.

Aus der Struktur dieses Beispiels können wir nun unmittelbar schließen, unter welchen Umständen die Allokation der Wertschöpfung einer Organisation auf die einzelnen Stakeholdern keinen Einfluß auf den Umfang der Wertschöpfung hat, solange die Teilnahmebedingungen erfüllt sind: Für das Automobilunternehmen bzw. den Autokäufer ist nämlich die Organisations- bzw. Konsumentenrente durch die Differenz des jeweiligen Nutzens aus der Bedürfnisbefriedigung und den gegebenen Kosten für ihre Beiträge gegeben. Der Nettonutzen jedes Stakeholders ist demnach separabel in seinen Anteil an der Wertschöpfung und seinen Beitrag zur Wertschöpfung. So reduziert beispielsweise eine Erhöhung seines Beitrags bei gleichbleibendem Wertschöpfungsanteil seinen Nettonutzen nur direkt aufgrund der damit verbundenen höheren persönlichen Kosten, jedoch nicht indirekt über eine Änderung seines Nutzens aus der Wertschöpfung. Diese Eigenschaft entspricht der Bedingung, daß der Stakeholder keinen Vermögenseffekten ausgesetzt ist.

Unter der Annahme, daß kein Stakeholder Vermögenseffekten ausgesetzt ist, hat nun die Aufteilung der geschaffenen Werte für die eigentliche Wertschöpfung keine Bedeutung. Die Frage nach der Verteilung der Werte ist somit vollkommen unabhängig von der Frage, wie die Werte geschaffen wurden. Damit ist aber eine Organisation genau dann effizient, wenn sie die Summe der Werte aller relevanten Stakeholder maximiert: Je größer nämlich die gesamte Wertschöpfung der Organisation ist, desto mehr kann die Organisation an die Stakeholder verteilen.

Insbesondere gibt es also für eine ineffiziente Organisation stets eine andere, wertmaximierende Organisation, die alle Organisationsteilnehmer gegenüber der ineffizienten Organisation besser stellen könnte. In der Literatur wird dieses Prinzip als **Wertmaximierungsprinzip** bezeichnet:

> Eine ökonomische Organisation ist genau dann effizient,
> wenn sie die Summe der Werte aller relevanten Stakeholder maximiert.

Die analytische Darstellung des Wertmaximierungsprinzips findet sich im Anhang dieses Kapitels.

3.2.2 Die Maximierung der Wertschöpfung im Wertschöpfungsprozeß

Unsere Definition einer effizienten Organisation baut auf den von ihr geschaffenen Werten auf. Daher können wir die Effizienz einer Organisation auch bezüglich der einzelnen Phasen ihres Wertschöpfungsprozesses betrachten. Entsprechend sind dann die Effizienzen der Input-, Transformations- und Outputaktivitäten der Organisation zu berücksichtigen. So können drei Effizienzansätze unterschieden werden:

- Der **externe Ressourcen-Ansatz**, bei dem die Fähigkeit der Organisation, ihre Umwelt geeignet zu gestalten und auf sie zu reagieren, im Vordergrund steht.
- Der **interne Prozeß-Ansatz**, der die Fähigkeit der Organisation, eine geeignete Transformation der Input-Faktoren in Output-Faktoren durchzuführen, betrachtet.
- Der **technische Ansatz**, der die Fähigkeit der Organisation bewertet, inwieweit die Transformation unter produktionstechnischen Aspekten effizient durchgeführt wird.

Jeder dieser drei Effizienzansätze beurteilt den Wertschöpfungsprozeß einer Organisation nach anderen Kriterien. Im folgenden sollen die Ansätze genauer dargestellt werden:

Der externe Ressourcen-Ansatz setzt die Organisation in Beziehung zu ihrer Umwelt. Sie muß ihre Beziehungen mit den externen Stakeholdern zielorientiert gestalten. Insbesondere hat sie die Motivation der relevanten Stakeholder zur Teilnahme an der Organisation sicherzustellen. Je nach Stakeholder und seiner Beziehung zur Organisation sind hierzu verschiedene Fähigkeiten notwendig: So kann es beispielsweise wichtig sein, Interessengruppen wie Umweltorganisationen von den Aktivitäten der Organisation zu überzeugen. Dies kann durch eine aktive Umweltpolitik der Organisation erreicht werden und sichert eine positive Bewertung der Organisation durch diese Stakeholder. Ein anderes Beispiel hierfür ist die Beeinflussung der Wahrnehmung der Organisation durch die Konsumenten. Durch den Aufbau einer Reputation bei den Kunden, etwa bezüglich der Qualität der Produkte oder besonderer Serviceleistungen, kann der Konsument langfristig an die Organisation gebunden werden.

Die geeignete Beschaffung der für den Transformationsprozeß notwendigen Ressourcen wird im Rahmen des Effizienzansatzes ebenfalls untersucht. Die Beziehungen zu Lieferanten müssen hier so gehandhabt werden, daß knappe und wichtige Ressourcen der Organisation jederzeit in ausreichendem Umfang zur Verfügung stehen. Auch die Anstellung von Mitarbeitern mit den benötigten Fähigkeiten gehört zu diesen Aufgaben.

Die Fähigkeit der Organisation, Veränderungen in ihrer Umwelt rechtzeitig wahrzunehmen und darauf zu reagieren, ist nach dem externen Ressourcen-Ansatz ein weiteres Beurteilungskriterium für eine Organisation. Dabei ist aber nicht nur bloße Anpassungsfähigkeit gefragt sondern häufig auch ein innovatives Verhalten der Organisation. Gegenüber Wettbewerbern können so neue Marktchancen durch die Einführung neuer Produkte oder Technologien genutzt werden. In der Mineralölindustrie ist so die Entwicklung neuer Kraftstoffe ein entscheidender Wettbewerbsvorteil, wenn eine Ölgesellschaft aufgrund der knappen Ressourcen des Rohöls langfristig auch weiterhin positive Werte schaffen möchte.

Der interne Prozeß-Ansatz befaßt sich mit den Beziehungen der Organisation zu ihren internen Stakeholdern sowie deren Beziehungen untereinander. Im Vordergrund steht die Frage, inwieweit die Organisation die Interaktionen ihrer Organisationsmitglieder geeignet gestaltet. Die Zuweisung von Verantwortungsbereichen und Entscheidungsrechten auf die einzelnen Organisationsteilnehmer, Kommunikationsstrukturen innerhalb der Organisation sowie die Abwicklung von Entscheidungs- und Innovationsprozessen oder der Aufbau einer Organisationskultur sind Gestaltungselemente, die von wesentlicher Bedeutung sind.

Der Ansatz bewertet die Architektur der Organisation bezüglich der für den Transformationsprozeß notwendigen Aktivitäten. Wir können zwei Anforderungen an Organisation bei der Gestaltung ökonomischer Aktivitäten unterscheiden: Zum einen ist die Arbeitsteilung der Organisation effizient zu koordinieren. Das bedeutet, daß die internen Organisationsprozesse und die organisatorischen Rollen der Organisationsteilnehmer so bestimmt werden müssen, daß sie diesem Ziel genügen. Zum anderen müssen die zwischenmenschlichen Prozesse zielorientiert gestaltet werden, um gruppendynamische Aspekte wie die Motivation der Mitarbeiter oder deren Kommunikation untereinander zu fördern.

Nach dem internen Prozeßansatz ist eine Organisation positiv zu beurteilen, wenn ihre Architektur es ihr ermöglicht, schnell auf Veränderung der Umweltbedingungen zu reagieren. Im operativen Bereich gehört hierzu beispielsweise die Fähigkeit, sich einem veränderten Nachfrageverhalten kurzfristig quantitativ anzupassen. Zudem müssen die Strukturen so flexibel sein, daß die Organisation rasch auf Marktchancen durch die Herstellung innovativer Produkte oder die Bereitstellung neuer Serviceleistungen reagieren kann.

Der technische Ansatz befaßt sich mit der produktiven Seite des Transformationsprozesses. Im Mittelpunkt steht die Fähigkeit der Organisation, den gegebenen Umfang an Ressourcen und Know-How in Endprodukte oder Serviceleistungen bestmöglichst umzuwandeln. Dabei geht es neben dem Umfang der Produktion und der Kostenminimierung auch um die Qualität der Produkte oder eine rasche Distribution der Endprodukte zum Konsumenten.

Die Fokussierung des technischen Ansatzes auf die Produktivität des Transformationsprozesses ermöglicht es, die Effizienz einer Organisation einfach zu beurteilen. Für die Organisation kann so die Effizienz als Verhältnis der von ihr geschaffenen Werte zu den Werten der eingesetzten Inputs beurteilt werden:

$$\text{technische Produktivität} = \frac{\text{Wert der Outputs}}{\text{Wert der Inputs}}$$

Demnach kann die Organisation ihre technische Produktivität z.B. dadurch erhöhen, indem sie ohne zusätzliche Mitarbeiter mehr Output produziert oder indem sie die Kosten spezifischer Inputs reduziert, die zur Produktion des Outputs notwendig sind.

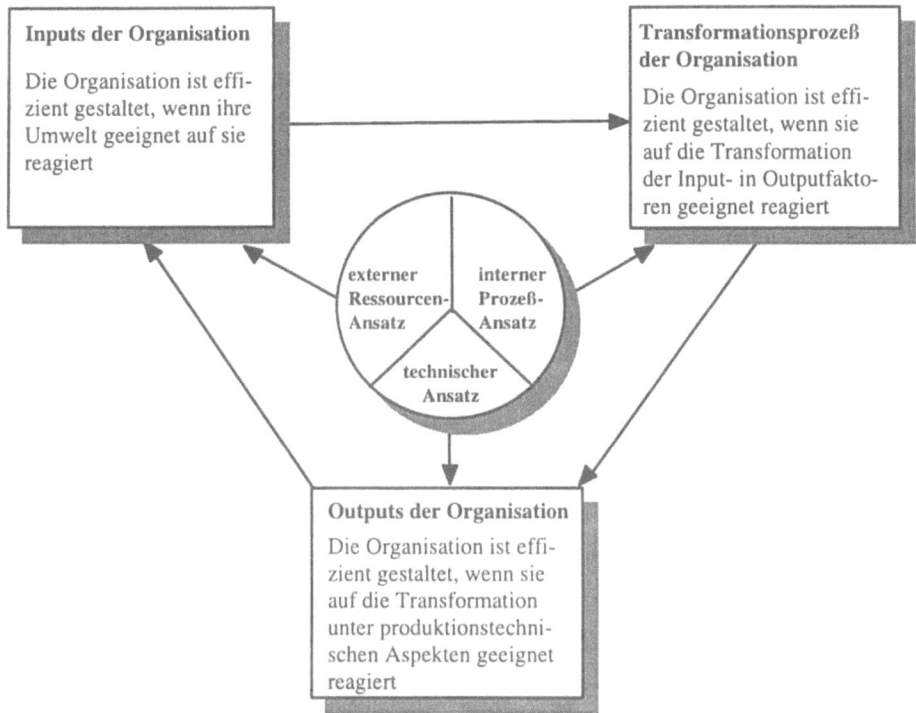

Abbildung 3.6: Die Effizienz einer Organisation im Rahmen des Wertschöpfungsprozesses

Diese Diskussion macht klar, daß die Pareto-Effizienz einer Organisation alle drei Effizienzansätze integriert: Jeder der drei Ansätze befaßt sich mit einem anderen Aspekt der Wertschöpfungskette der Organisation. Inputs, Transformation und Outputs werden jeweils unter den dabei im Vordergrund stehenden Zielen betrachtet. Die Pareto-Effizienz einer Organisation ihrerseits schließt jeden dieser Ansätze ein, da sie den gesamten Wertschöpfungsprozeß umfaßt und damit sowohl die Interessen der externen als auch die der internen Stakeholder unter Organisations- und Produktionsaspekten berücksichtigt werden.

Eine Beschränkung des Effizienzbegriffs einer Organisation auf einen der drei Ansätze blendet daher notwendigerweise all diejenigen Aspekte aus, die nicht unmittelbar mit dieser Stufe der Wertschöpfung zu tun haben. Der externe Ressourcen-Ansatz beispielsweise bewertet weder die Nutzung der Ressourcen noch den damit verbundenen Transformationsprozeß der Organisation. So führt der Einkauf erstklassiger Fußballspieler noch nicht zu einer guten Fußballmannschaft. Fehlt der Teamgeist und die gemeinsame Taktik, so wird die Mannschaft weit unter ihrem Potential spielen. Auch der interne Prozeß-Ansatz läßt Faktoren für den Umfang der Wertschöpfung außer acht, etwa die Beziehung der Organisation zur Umwelt oder die Evaluation der Outputfaktoren. Der technische Ansatz läßt schließlich die Prozesse, die zur Transformation der Input- in die Outputfaktoren führen, ebenso unberücksichtigt wie die Anpassung der Organisation an ihre Umwelt. Das folgende Beispiel zeigt, welche Konsequenzen daraus entstehen können:

American Tobacco und die filterlosen Zigaretten

Die American Tobacco Company dominierte im Jahre 1950 den U.S.-Zigarettenmarkt. Der Marktanteil von American Tobacco war nahezu doppelt so hoch, wie der jeder konkurrierenden Firma. Die Ziele, die sich die Firma in bezug auf Marketing und Produktivität setzte, wurden durch den Erfolg der Marke Lucky Strike und anderer filterloser Zigaretten voll erfüllt. Aus technischer Sicht oder aus Sicht der internen Prozesse kann man davon ausgehen, daß es sich bei American Tobacco um eine effiziente Organisation handelte.

Allerdings ruhte sich das Unternehmen auf dieser Position aus und übersah dabei Veränderungen in seiner Umwelt. Nennenswerte Innovationen wurden nicht getätigt. American Tobacco sah durch die Profitabilität seiner filterlosen Zigaretten keinen Handlungsbedarf. Als Anfang der 60er Jahre der Surgeon General's Report die Gesundheitsrisiken des Rauchens bestätigte, sank der Marktanteil von American Tobacco drastisch. Der fehlende Fokus auf Innovation ermöglichte keine schnelle Anpassung an die neuen Gegebenheiten, so daß sich American Tobacco über Jahrzehnte nicht erholte.

1980 war American Tobacco, die zu diesem Zeitpunkt unter dem Namen American Brands firmierten, auf einem schwachen vierten Platz von sieben großen Firmen in der amerikanischen Zigarettenindustrie.

Quelle: zitiert nach Robey und Sales (1994, S.59)

3.3 Anhang:
Die Logik des Wertmaximierungsprinzips

Angenommen, eine Organisation besteht aus N Personen, $N \geq 2$. Sei b_i bzw. v_i die Beteiligung bzw. der Beitrag, den ein Organisationsteilnehmer $i \in \{1, ..., N\}$ von der Organisation erhält bzw. für die Wertschöpfung der Organisation leisten muß. Der Beitrag v_i ist dabei von der Gestaltung der Organisation y abhängig, d.h. $v_i = v_i(y)$, also z.B. von seinen Entscheidungskompetenzen, seiner Arbeitszeit, seinen Arbeitsplatzbedingungen etc. $v_1(y)$ enthält neben den persönlichen Kosten, die mit y verbunden sind, auch die damit verbundene persönliche Bedürfnisbefriedigung. Die Gestaltungsalternative y der Organisation ist dabei durch die Organisationsstrategie und -architektur bestimmt.

Sei weiterhin $P(y)$ die Wertschöpfung der Organisation, die diese aufgrund der Gestaltung y schafft. Da die Wertschöpfung an alle Organisationsteilnehmer verteilt wird, gilt $P(y) = b_1 + b_2 + ... + b_N$. Die Gesamtheit aller Werte, die die Alternative y für ihre Organisationsteilnehmer schafft, ist somit durch $P(y) - v_1(y) - v_2(y) - .... - v_N(y)$ gegeben.

Wir nehmen an, daß der Nutzen $u_i(\cdot)$ jedes Organisationsteilnehmers i separabel ist in der Beteiligung an der Wertschöpfung der Organisation und seinen Beitrag an die Organisation, d.h. $u_i(b_i, y) = b_i - v_i(y)$.

Das Wertmaximierungsprinzip besagt nun, daß eine Organisation genau dann effizient ist, wenn sie die Werte aller N Organisationsteilnehmer maximiert. Dies können wir wie folgt formulieren:

(1) Für eine Gestaltungsalternative y^*, die die Wertschöpfung der Organisation maximiert, gibt es keine Alternative y', die y^* Pareto-dominiert.

(2) Wenn eine Gestaltungsalternative y' nicht die Wertschöpfung der Organisation maximiert, dann gibt es eine alternative Gestaltung y^*, die y' Pareto-dominiert.

Die erste Behauptung kann so bewiesen werden: Wenn y^* die Wertschöpfung der Organisation maximiert, dann gilt für jede andere Gestaltungsalternative y', daß

$$P(y^*) - v_1(y^*) - v_2(y^*) - .... - v_N(y^*) > P(y') - v_1(y') - v_2(y') - .... - v_N(y')$$

Angenommen, es gäbe nun eine Alternative y', die y^* Pareto-dominiert. Dann gibt es eine Allokation $(b'_1, b'_2, ..., b'_N)$, so daß

$$b'_i - v_i(y') \geq b^*_i - v_i(y^*)$$

für alle Organisationsteilnehmer i mit strikter Ungleichung für zumindest einen davon. Summieren wir alle diese Ungleichungen auf, dann erhalten wir

$$\sum_{i=1,..,N} \left[b'_i - v_i(y') \right] > \sum_{i=1,..,N} [b^*_i - v_i(y^*)].$$

Da sich die Anteile der einzelnen Organisationsteilnehmer jeweils zu $P(y')$ bzw. $P(y^*)$ addieren, ist somit

$$P(y') - v_1(y') - v_2(y') - .... - v_N(y') > P(y^*) - v_1(y^*) - v_2(y^*) - .... - v_N(y^*).$$

Dies widerspricht aber der Annahme, daß die Organisationsalternative y^* eine größere Wertschöpfung liefert als die Alternative y'. Somit kann es also keine alternative Organisationsgestaltung y' geben, die y^* Pareto-dominiert.

Die zweite Behauptung kann wie folgt bewiesen werden: Sei y' eine Organisationsgestaltung, die nicht die Wertschöpfung der Organisation maximiere. Dann gibt es eine alternative Gestaltung y^*, die eine größere Wertschöpfung als $P(y') - v_1(y') - v_2(y') - .... - v_N(y')$ erzielt. Sei

$$\begin{aligned} \Delta \;=\; & P(y^*) - v_1(y^*) - v_2(y^*) - .... - v_N(y^*) - \\ & \left[P(y') - v_1(y') - v_2(y') - .... - v_N(y') \right] \end{aligned}$$

die zusätzliche Wertschöpfung, die durch y^* gegenüber y' entsteht. Wenn wir nun die Wertschöpfung $P(y^*)$ so auf die Organisationsteilnehmer verteilen, daß ein Teilnehmer i gerade

$$b^*_i = b'_i + v_i(y') + v_i(y^*) + \frac{\Delta}{N}$$

erhält, dann wird durch die alternative Gestaltung y^* jeder Teilnehmer besser gestellt: Zum einen übersteigen die Anteile der einzelnen Organisationsteilnehmer nicht die Wertschöpfung, da

$$\begin{aligned}\sum_{i=1,..,N} b_i^* &= P(y') - v_1(y') - v_2(y') - .... - v_N(y') + \\ & \quad [v_1(y^*) + v_2(y^*) + ... + v_N(y^*)] + \Delta \\ &= P(y^*)\end{aligned}$$

ist. Weiterhin stellt sich jeder Teilnehmer besser, da

$$b_i^* - v_i(y^*) = b_i' - v_i(y') + \frac{\Delta}{N} > b_i' - v_i(y')$$

ist. Folglich kann eine Organisationsgestaltung, die nicht die gesamte Wertschöpfung aller Organisationsteilnehmer maximiert, niemals Pareto-effizient sein.

3.4 Zusammenfassung

Der Stakeholder-Ansatz zeigte auf, daß jeder Organisationsteilnehmer (Stakeholder) mit seiner Teilnahme an der Organisation seine eigenen Ziele verfolgt. Dabei können wir aufgrund der Vielzahl der spezifischen Ziele, die die einzelnen Stakeholder haben, nicht davon auszugehen, daß ihre Ziele ausschließlich übereinstimmen.

Das Konzept der Pareto-Effizienz erlaubte es uns hier zunächst, die Verteilung der von der Organisation realisierten Wertschöpfung als effizient bzw. ineffizient zu beurteilen. Berücksichtigt man zusätzlich den Wertschöpfungsprozeß der Organisation, dann ist eine Organisation genau dann effizient, wenn es unter den gegebenen Rahmenbedingungen nicht möglich ist, eine alternative Organisation zu gestalten, die ihre Organisationsteilnehmer mindestens gleich gut stellt. Insbesondere setzt eine effiziente Organisation also eine effiziente Organisationsstrategie- und architektur voraus. Bezogen auf die Wertschöpfung einer Organisation umfaßt der Effizienzbegriff somit den gesamten Wertschöpfungsprozeß und damit die Interessen aller Organisationsteilnehmer. Die Pareto-Effizienz einer Organisation integriert daher die traditionellen Effizienzansätze, also den externe Ressourcen-Ansatz, den interne Prozeß-Ansatz sowie den produktionstechnische Ansatz.

Als positives Kriterium zur Beschreibung von Organisation können wir dieses Effizienzkonzept verwenden, wenn insbesondere zwei Aspekten Rechnung getragen ist: Erstens finden nicht alle Teilnehmer einer Organisation bei deren Gestaltung

Berücksichtigung. Hierzu müssen also zuerst die relevanten Organisationsteilnehmer mit ihren Beiträgen und Ansprüchen identifiziert werden. Zweitens ist die Effizienz einer Organisation immer von den gegebenen Rahmenbedingungen abhängig. Da eine Organisation nicht bezüglich allen Umweltbedingungen effizient sein kann, setzt dies die Identifikation der relevanten Bedingungen sowie deren Veränderungen voraus. Mithilfe des Wertmaximierungsprinzips gelang es uns dann, die Effizienz einer Organisation unabhängig von der tatsächlichen Verteilung der realisierten Wertschöpfung zu betrachten: Eine Organisation ist genau dann effizient, wenn sie die Summe der Werte aller relevanten Stakeholder maximiert.

3.5 Literaturhinweise

Der Stakeholder-Ansatz wurde in den 60er Jahren am Stanford Research Institute entwickelt. Eine Darstellung dieses Ansatzes findet sich beispielsweise in Pfeffer und Salancik (1978), Mintzberg (1983) oder Freeman (1984). Siehe auch Cyert und March (1963), die das Problem der exakten Identifikation der Organisationsteilnehmer diskutieren. Die Überlegungen zur Teilnahme eines Stakeholders an einer Organisation gehen auf Barnard (1938) zurück und sind von March und Simon (1958) im Rahmen ihrer Anreiz-Beitrags-Theorie weiterentwickelt worden.

Aus ökonomischer Perspektive wird das Effizienz-Konzept für Organisationen bei Milgrom und Roberts (1992) behandelt. Sie gehen auch auf die Logik des Wertmaximierungsprinzips ein und diskutieren die Trennung der Effizienz von Organisationen und der Verteilung der von ihr geschaffenen Werte. Siehe auch Demsetz (1969), der betont, daß die Effizienz einer Organisation immer bezüglich des realen ökonomischen Problems beurteilt werden muß. In der organisationstheoretischen Literatur wird das Effizienz-Konzept z.B. in der Arbeit von Pfeffer und Salancik (1978) angewendet, die diesen Ansatz auch als strategic-constituencies approach bezeichnen.

Von den drei Effizienzansätzen im Zusammenhang mit dem Wertschöpfungsprozeß einer Organisation wird der externe Ressourcen-Ansatz, der auch System-Ressourcen-Ansatz genannt wird, z.B. bei Yuchtman und Seashore (1967) oder Cunningham (1978) entwickelt, der interne Prozeß-Ansatz findet sich beispielsweise in den Arbeiten von Argyris (1964) oder Likert (1967) und auf den produktionstechnischen Ansatz, der auch als Ziel-Ansatz bezeichnet wird, geht z.B. Thompson (1967) oder Price (1968) ein. Die Integration der drei Effizienzansätze in das hier verwendete Effizienz-Konzept wird auch z.B. in Robey und Sales (1994) oder Jones (1995) diskutiert.

4

Die Konkretisierung des Wertmaximierungsprinzips

What we mean by effectiveness ... is the accomplishment of recognized objectives of cooperative effort. The degree of accomplishment indicates the degree of effectiveness. (Bernard, 1938)

Wir haben die Maximierung der Wertschöpfung als Effizienzkriterium für die Beurteilung einer Organisation eingeführt. Als Handlungsmaxime für einzelne ökonomische Aktivitäten innerhalb einer Organisation ist das Wertmaximierungsprinzip jedoch nicht unmittelbar geeignet. Das Organisationsziel "Maximierung der Wertschöpfung der Unternehmung" sagt beispielsweise der Einkaufsabteilung nicht, wie sie die Beziehung zu ihren Lieferanten gestalten soll.

Allerdings kann das Wertmaximierungsprinzip als Richtschnur für die Tätigkeiten und Entscheidungen der Organisationsmitglieder herangezogen werden. Für die Beurteilung der einzelnen Aktivitäten innerhalb der Wertschöpfungskette müssen dann aus dem Wertmaximierungsprinzip konkretere Kriterien für das jeweilige Handeln abgeleitet werden.

In Abschnitt 4.1 sollen diese organisatorischen Ziele dargestellt werden. Dabei werden wir drei Arten organisatorischer Ziele unterscheiden: Offizielle Ziele, strategische Ziele und operative Ziele. Auf den Zielbildungsprozeß innerhalb einer Organisation gehen wir dann in Abschnitt 4.2 ein. Da wir a priori nicht davon ausgehen können, daß jeder Organisationsteilnehmer aufgrund seiner eigenen Interessen auch tatsächlich die Ziele der Organisation umsetzt, müssen mögliche Divergenzen zwischen den individuellen Zielen und den Zielen der Organisation überwunden werden. Wir werden deshalb auch auf das Management der divergierender Interessen der Organisationsteilnehmer eingehen.

4.1 Organisatorische Ziele

Die Einführung organisatorischer Ziele dient hier der inhaltlichen Konkretisierung der Wertmaximierung für einzelne Aktivitäten innerhalb der Organisation. Ein **organisatorisches Ziel** spezifiziert, welche Aktivitäten die Organisationsteilnehmer ausführen sollen, damit sie im Einklang mit der Maximierung der Wertschöpfung stehen. Ein Ziel ist also eine Verhaltensmaxime, die den Teilnehmern aufzeigt, welchen Beitrag sie für die Wertschöpfung leisten sollen.

Die Ableitung von organisatorischen Zielen aus dem Wertmaximierungsprinzip erfolgt auf drei Ebenen:

Abbildung 4.1: Die Bildung organisatorischer Ziele aus dem Wertmaximierungsprinzip

- **Offizielle Ziele:** Diese spezifizieren die Werte, die die Organisation für ihre relevanten Stakeholder schaffen möchte. Mit der Formulierung eines offiziellen Ziels richtet sich die Organisation also unmittelbar an einen bestimmten Stakeholder: "Die Zufriedenheit unserer Kunden liegt uns besonders am Herzen". Im allgemeinen sind offizielle Ziele noch sehr vage im Hinblick auf die Konkretisierung des Verhaltens der einzelnen Organisationsteilnehmer.
- **Strategische Ziele:** Auf der zweiten Ebene werden aus dem Wertmaximierungsprinzip strategische Ziele abgeleitet. Strategische Ziele konkretisieren die offiziellen Ziele der Organisation und dienen so ihrer Umsetzung. Die Festlegung dieser Ziele erfolgt durch die Organisationsstrategie: "In den Markt für Cabrios soll in den nächsten vier Jahren ein neuer Wagen eingeführt werden."

- **Operative Ziele:** Aus den strategischen Zielen werden die operativen Ziele abgeleitet. Sie geben eindeutige Richtlinien für das Verhalten in der Organisation vor. Operative Ziele stellen für die Aktivitäten der Organisationsmitglieder spezifische lang- oder kurzfristige Ziele dar, die ihr tägliches Handeln in der Organisation steuern sollen: "Die Materialbeschaffungskosten für das Verdeck des Cabrios sollen im nächsten Jahr um 3% gesenkt werden".

4.1.1 Offizielle Ziele

Offizielle Ziele sind Leitlinien, die sich eine Organisation formal vorgibt. Sie können als allgemeine Aussagen darüber verstanden werden, was die Organisation tun möchte, warum sie existiert und welche Werte sie in welcher Weise für ihre Stakeholder schaffen möchte. In diesem Sinne beinhalten die Mission, das Leitbild oder die Philosophie einer Unternehmung die offiziellen Ziele dieser Organisation. Sie werden in Geschäftsberichten, in Protokollen von Vorstandssitzungen oder z.B. in Reden offizieller Vertreter der Organisation festgehalten.

Das Mission Statement der WHU beispielsweise drückt die Ziele der Privatuniversität gegenüber den Studenten, wissenschaftlichen Mitarbeitern, Professoren, den Unternehmungen, der Gesellschaft, anderen Universitäten und dem Staat als Stakeholder-Gruppen aus. Für eine Unternehmung wie die Bayer AG werden im Leitbild die Kunden, die Eigentümer, die Mitarbeiter und die Öffentlichkeit als Adressaten der offiziellen Ziele angesprochen. Die beiden Beispiele zeigen, daß die offiziellen Ziele der Organisation gegenüber ihren relevanten Stakeholdern noch sehr offen formuliert sind.

Das Mission Statement der WHU und
die unternehmenspolitischen Grundsätze der Bayer AG

Als Beispiel zweier ganz unterschiedlicher Organisationen werden auszugsweise die offiziellen Ziele der Wissenschaftlichen Hochschule für Unternehmensführung (WHU) in Vallendar und der Bayer AG in Leverkusen gegenübergestellt:

Mission Statement **Wir in der WHU**	**Unternehmenspolitsche Grundsätze:** **Bayer - Kompetenz und Verantwortung**
Die WHU ist eine innovative wissenschaftliche Hochschule. ... Sie dient ihren Studenten durch eine hervorragende, individuelle Ausbildung ... Die WHU ist eine private Hochschule; sie ist finanziell vom Staat unabhängig. ... Die WHU ist eine weltoffene Hochschule; sie ist mit vielen Partneruniversitäten im Ausland verbunden. ... Die WHU will ihre Studenten für Aufgaben in der Unternehmensführung international tätiger Unternehmen vorbereiten. ... Die WHU will das soziale Verantwortungsbewußtsein ihrer Studenten für die gesellschaftlichen und ökologischen Folgen technologischer Entwicklungen im Unternehmen entwickeln und prägen. Die WHU will für dynamische, innovationsfreudige Professoren aus dem In- und Ausland attraktiv sein. Sie will ihnen eine einzigartige Erfahrung in Lehre und Forschung in einer besonderen Atmosphäre kollegialer Zusammenarbeit bieten. Die WHU will ihren wissenschaftlichen Mitarbeitern eine intensive wissenschaftliche Fortbildung auf breiter Grundlage bieten und sie befähigen, selbständig Forschungsleistungen bei starker Spezialisierung zu erbringen. Die WHU will für gute Doktoranden von außerhalb attraktiv sein; ...	Bayer ist ein Unternehmen der chemisch-pharmazeutischen Industrie. Seine Produkte und Leistungen tragen dazu bei, Grundbedürfnisse der Menschen zu erfüllen und Lebensqualität in allen Teilen der Welt stetig weiter zu verbessern. Wir wollen beim Kunden erste Wahl sein. Kundennutzen und -zufriedenheit stehen im Vordergrund. Unser Handeln richten wir danach aus. Wir wollen den Unternehmenswert nachhaltig steigern und eine überdurchschnittliche Kapitalverzinsung erzielen. Wir wollen weltweit die leistungsstärksten Mitarbeiterinnen und Mitarbeiter beschäftigen. Denn wir wissen, daß unser Unternehmenserfolg entscheidend von ihrem Engagement, ihrer Motivation und ihrem Können abhängt. Wir wollen Aktionärsinteressen hoch bewerten. Dabei fühlen wir uns verpflichtet, ebenso die Interessen der Mitarbeiter, der Gesellschaft und der Umwelt zu berücksichtigen. Für Bayer ist es grundlegende Verpflichtung, schonend mit den natürlichen Ressourcen umzugehen, sicher zu produzieren und die Umwelt so wenig wie möglich zu belasten. Qualität betrifft alle Bereiche des Unternehmens und bedeutet, Produkte und Leistungen entsprechend den Anforderungen der internen und externen Kunden anzubieten. Deshalb ist die Zufriedenheit unserer Kunden ein wesentliches Kriterium für unsere Definition von Qualität.

Quellen: WHU (1998) und Bayer AG (1999)

Gerade durch ihre offene Formulierung kann eine Organisationen ihre Akzeptanz durch die einzelnen Stakeholder-Gruppen fördern. Sie signalisiert ihren Stakeholdern, wie sie zu deren Bedürfnisbefriedigung beitragen will, um dadurch deren Teilnahme an der Organisation positiv zu beeinflussen. Da offizielle Ziele in dieser allgemeinen Form aber nicht operationalisierbar sind, stellen sie lediglich eine Absichtserklärung dar. Inwieweit sie tatsächlich zugunsten der Stakeholder umgesetzt werden, bleibt damit offen.

Darüber hinaus können offizielle Ziele zu einer Beeinflussung des Verhaltens der Organisationsmitglieder beitragen. Ein Statement der Organisation, das die Zufriedenheit der Kunden als oberstes Ziel vorgibt, kann beispielsweise dazu führen, daß eine Kontroverse zwischen der Marketing- und der Entwicklungsabteilung über die Eigenschaften eines neuen Produkts zugunsten der Marketingabteilung und einer stärkeren Kundenorientierung gelöst wird.

4.1.2 Strategische Ziele

Die strategischen Ziele einer Organisation konkretisieren ihre offiziellen Ziele. Sie stehen somit immer in einem direkten oder indirekten Zusammenhang zu den Werten, die für einzelne Stakeholder-Gruppen geschaffen werden sollen. Soll beispielsweise ein bestehendes Produkt künftig durch Verwendung unbelasteter Rohstoffe und Vorprodukte umweltfreundlich produziert werden, dann werden dadurch für Kunden Werte geschaffen, wenn diese an ökologischen Produkten interessiert sind. Die Erfüllung des Ziels, den Absatz eines bestimmten Produkts innerhalb eines Geschäftsjahres um 10% zu steigern, gibt der Unternehmung die Möglichkeit, die Dividendenzahlung an die Eigenkapitalgeber zu erhöhen oder höhere Erfolgsboni für das Management auszuzahlen. So kann sie den Interessen dieser Stakeholder entgegenkommen.

Die beiden letzten Beispiele zeigen bereits, daß strategische Ziele monetäre, aber auch nicht-monetäre Zielvorstellungen der Organisation ausdrücken können. Monetäre Ziele verfolgen Zielsetzungen, die sich in Geldeinheiten messen lassen. Hierzu gehören beispielsweise die Maximierung des Gewinns oder Minimierung der Kosten. Nicht-monetäre Zielsetzungen haben keinen unmittelbaren monetären Bezug, sie haben jedoch immer ökonomischen Charakter, auch wenn sie z.B. sozialer, ethischer oder politischer Art sind. So ist die Verwendung unbelasteter Rohstoffe ein Ziel, das sich langfristig nur dann verfolgen läßt, wenn es sich auch positiv auf die Wertmaximierung auswirkt, z.B. durch eine Erhöhung des Kundennutzens.

Um die gesamte Wertschöpfung einer Organisation bei der Bildung von strategischen Zielen zu berücksichtigen, bietet es sich an, die einzelnen Aktivitäten innerhalb der Wertschöpfungskette zu betrachten. Legen wir hier die drei Stufen des Wertschöpfungsprozesses zugrunde – also Input-, Transformations- und Outputaktivitäten – dann können wir den zugehörigen Effizienzansätzen beispielsweise die folgenden Ziele zuordnen:

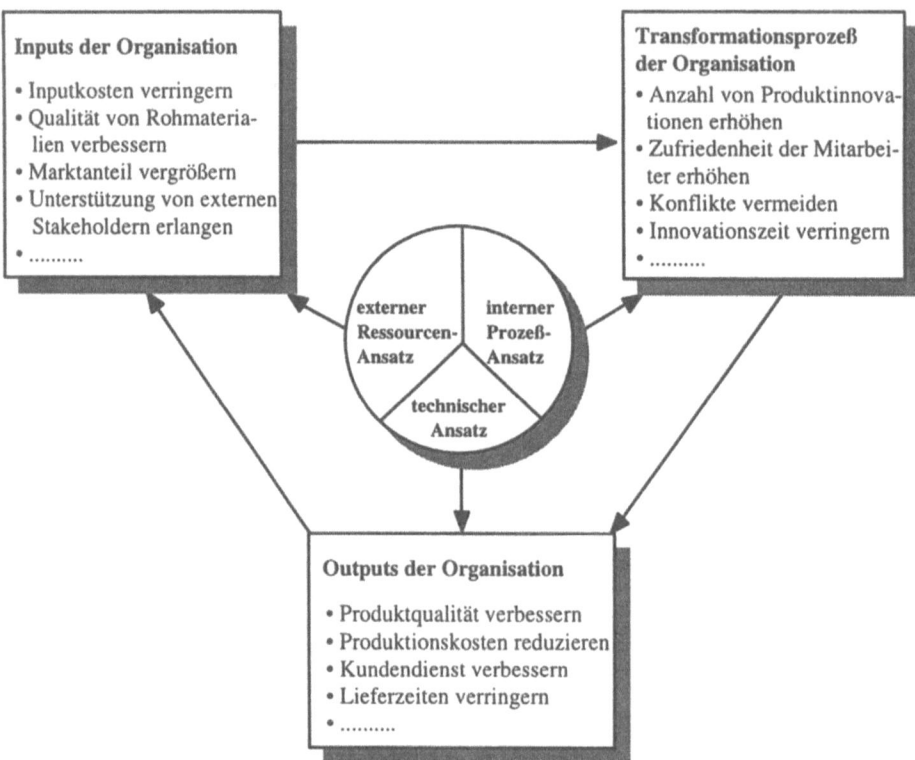

Abbildung 4.2: Strategische Ziele im Rahmen des Wertschöpfungsprozesses einer Organisation

Die strategische Ziele einer Organisation werden durch ihre Organisationsstrategie konkretisiert. Da die Organisationsstrategie festlegt, welche Güter wie und für wen von der Organisation produziert werden sollen, können strategischen Ziele meist für die einzelnen Produkte bzw. Dienstleistungen der Organisation spezifiziert werden.

4.1.3 Operative Ziele

Von den strategischen Zielen einer Organisation sind die operativen Ziele zu unterscheiden. Operative Ziele sind für spezifische Aktivitäten innerhalb des Wertschöpfungsprozesses formuliert und beziehen sich somit unmittelbar auf Tätigkeiten oder Entscheidungen der einzelnen Organisationsmitglieder.

Bezogen auf die Aufgaben, die die verschiedenen organisatorischen Einheiten einer Organisation durchführen sollen, stellen die operativen bzw. strategischen Ziele die unterste respektive die oberste Ebene eines hierarchischen Zielsystems dar: Die strategischen Ziele formulieren die Gesamtaufgabe der Organisation, die operativen Ziele spezifizieren die jeweiligen Aufgaben der Organisationsmitglieder. Die Verknüpfung der operativen Ziele mit den strategischen Zielen erfolgt über eine Zielhierarchie, in der stufenweise für die einzelnen organisatorischen Einheiten der Organisation die Ziele festgelegt werden. Die Zielhierarchie folgt dabei im allgemeinen der hierarchischen Gliederung der Organisation in übergeordnete und untergeordnete organisatorische Einheiten. Durch das sukzessive Ableiten der operativen Ziele aus den strategischen ist somit ein inhaltlicher Zusammenhang zwischen den Zielen gewährleistet.

Mit der Festlegung operativer Ziele wird eine Verhaltenssteuerung der Organisationsmitglieder durch Zielvorgaben ermöglicht. Zudem können durch die Quantifizierbarkeit des Ziels immer auch Kriterien für die Bewertung der ökonomischen Aktivitäten herangezogen werden. Das tatsächliche Handeln der Organisationsmitglieder kann dann an diesen Kriterien gemessen und bewertet werden.

Nicht alle operativen Ziele haben den Vorteil einer eindeutigen Quantifizierbarkeit. Dies gilt insbesondere für solche Ziele, die im Zusammenhang mit der Effizienz des externen Ressourcen-Ansatzes und des internen Prozeßansatzes stehen. Wie sollte beispielsweise die verbesserte Kundenorientierung eines Außendienstmitarbeiters einer Versicherung gemessen werden oder die bessere Prüfung von Steuererklärungen durch den Beamten eines Finanzamtes? Solche Fragestellungen können dann zu drei Problemen führen:

- Es werden quantifizierbare Kriterien eingeführt, die aber das eigentliche Ziel nicht adäquat abbilden. Dadurch kann es zu unerwünschten Verhaltensmaximen kommen.

- Es wird keine Quantifizierung der Ziele vorgenommen und die gesetzten Ziele werden subjektiv bewertet. Dies kann nicht nur zu unerwünschtem Verhalten führen sondern auch zu Verzerrungen bei der Bewertung der tatsächlichen Zielerreichung.
- Nicht-quantifizierbare Ziele bleiben als operative Ziele unberücksichtigt und es werden nur quantifizierbare Ziele formuliert. Somit bleiben aber diejenigen Stakeholder bei der Wertmaximierung der Organisation unberücksichtigt, deren Interessen und Werte nur durch solche nicht-quantifizierbaren Ziele miteinbezogen werden können.

4.2 Zielbildung und Konfliktmanagement

Wie entstehen die organisatorischen Ziele? Wir haben gesagt, daß die Organisationsteilnehmer mit ihrer Teilnahme an der Organisation eigene und kollektive Ziele verfolgen. Durch die Auswahl aus diesen individuellen Zielen und ihre Priorisierung entstehen die organisatorischen Ziele. Wie erfolgt nun dieser Zielbildungsprozeß?

Aus normativer Sicht können diese Fragen einfach beantworten werden: Eine effiziente Organisation maximiert die Werte aller ihrer Stakeholder. Unabhängig von den spezifischen Bedürfnissen und Interessen der einzelnen Stakeholder ist dieses Ziel der Wertmaximierung optimal. Je mehr Werte geschaffen werden, desto mehr Werte lassen sich verteilen und desto umfassender können die individuellen Ziele aller Stakeholder erfüllt werden.

Aus positiver Sicht ist die Beantwortung der Frage nicht so einfach: Wir haben festgestellt, daß die Effizienz immer in Abhängigkeit von den Stakeholdern betrachtet werden muß, deren Interessen bei der Gestaltung der Organisation berücksichtigt werden müssen. Gerade diese Stakeholder sind also am Zielbildungsprozeß der Organisation beteiligt und werden diejenigen sein, deren Ziele durch die Organisation am umfassendsten erfüllt werden. Den anderen Stakeholdern, deren Interessen beim Zielbildungsprozeß unberücksichtigt bleiben, muß dann allerdings ein Mindestmaß an Bedürfnisbefriedigung garantiert werden, um ihre Teilnahme sicherzustellen.

4.2.1 Zielbildung und die Beteiligung der Stakeholder

Wie einigen sich nun die relevanten Stakeholder auf die einzelnen Ziele der Organisation? Wie werden die individuellen Ziele der Stakeholder zu korporativen Zielen der Organisation? Und welche der individuellen Ziele werden dabei am weitesten berücksichtigt?

Im folgenden gehen wir davon aus, daß die Ziele der Organisation aus Zielbildungsprozessen hervorgehen, in denen die relevanten Stakeholder ihre Vorstellungen über mögliche Zielsetzungen abgestimmt haben. Dies kann z.B. nach vorher vereinbarten Regeln geschehen oder in einem Verhandlungsprozeß unter Berücksichtigung bestehender Machtstrukturen zwischen den Stakeholdern erfolgen. Die Verhandlungsmacht eines Stakeholders ist dabei durch die Bedeutung, die sein Beitrag für die Organisation hat, definiert. Diese Verhandlungsmacht legt fest, inwieweit seine Interessen bei der Zielsetzung der Organisation berücksichtigt werden.

Je nachdem, ob es sich bei einem organisatorischen Ziel um ein offizielles, strategisches oder operatives Ziel handelt, können verschiedene Zielbildungsprozesse und daran beteiligte Stakeholder-Gruppen unterschieden werden:

Die Festlegung der offiziellen und strategischen Ziele einer Organisation erfolgt im allgemeinen durch einen formalen, legitimierten Prozeß der Zielbildung. In einer Unternehmung geschieht dies etwa durch die Abstimmung in der Geschäftsleitung. Die Einflußmöglichkeiten anderer Stakeholder auf den Zielbildungsprozeß sind dabei in der Satzung der Organisation geregelt.

In westlichen Marktwirtschaften wird es dabei im allgemeinen als selbstverständlich angesehen, daß die Geschäftsleitung bei der Zielbildung die Interessen der Eigenkapitalgeber der Organisation verfolgt. Die Eigenkapitalgeber sind dann diejenige Stakeholder-Gruppe, der bei der Bestimmung dieser organisatorischen Ziele die größte Bedeutung zukommt. Entsprechend hat die Maximierung der Werte der Eigenkapitalgeber oberste Priorität bei der Maximierung der Wertschöpfung.

Der Shareholder-Value-Ansatz
und die Berücksichtigung der Interessen anderer Stakeholder

Nach dem Shareholder-Value-Ansatz wird die Wertschöpfung einer Unternehmung ausschließlich an den Interessen der Eigenkapitalgeber ausgerichtet. Die Wertschöpfung wird dabei als Gegenwartswert aller zukünftigen Zahlungsströme der Unternehmung dargestellt. Ziel des Ansatzes ist es somit, langfristig die Wertschöpfung der Unternehmung im Hinblick auf das eingesetzte Eigenkapital zu maximieren.

Der Shareholder-Value-Ansatz ist Ende der 70er Jahre in Amerika entwickelt worden und in den 90er Jahren auch in Deutschland immer populärer geworden. So nennen 1996 alle 30 DAX-Gesellschaften die Steigerung des Shareholder-Value als ihr Unternehmensziel.

Obwohl der Shareholder-Value-Ansatz als unmittelbares Ziel lediglich die Interessen der Eigenkapitalgeber verfolgt, müssen durch die Forderung nach einer langfristigen Wertmaximierung auch die anderen Stakeholder der Unternehmung in ihren Interessen berücksichtigt werden. So schreibt Rappaport (1986, S.7):

> "Employees seek competitive wages and benefits. Customers demand high-quality products and services at competitive prices. Suppliers and bondholders seek payment when their financial claims fall due. To satisfy these claims management must generate cash by operating its business efficiently. This emphasis on long-term cash flow is the essence of the shareholder value approach."

Quelle: Rappaport (1986)

In Deutschland müssen bei den meisten Unternehmungen aufgrund der gesetzlichen Regelungen neben den Interessen der Eigenkapitalgeber explizit auch die Interessen der Mitarbeiter der Unternehmung bei der Zielbildung berücksichtigt werden. So ist durch das Betriebsverfassungsgesetz und das Mitbestimmungsgesetz die Berücksichtigung der Arbeitnehmerinteressen bei bestimmten Entscheidungen auf Unternehmens- und Betriebsebene garantiert.

In nicht-westlichen Marktwirtschaften kommt zudem den Interessen der Eigenkapitalgeber einer Unternehmung bei der Zielbildung nicht immer die größte Bedeutung zu. Die nachfolgende Untersuchung zeigt z.B. für Japan, daß den einzelnen

Stakeholder-Gruppen bei der Berücksichtigung ihrer Interessen andere Prioritäten eingeräumt werden:

*Japanische Unternehmen und
die Berücksichtigung der Interessen verschiedener Stakeholder*

In der japanischen Zeitung Nikkei Sangyo Shinbun sind 1990 zwei Untersuchungen erschienen, die zeigen, welche Bedeutung einzelne Stakeholder-Gruppen für japanische Manager bei ihren Entscheidungen haben. Die erste Studie befaßte sich mit den Einstellungen japanischer Führungskräfte aus dem mittleren Management, die zweite Studie erfragte die Haltung der Präsidenten großer japanischer Unternehmen. Beide Gruppen mußten angeben, in wessen Interesse ein Unternehmen geführt werden sollte und in wessen Interesse ihr Unternehmen tatsächlich geführt wird.

Die Führungskräfte des mittleren Managements kamen bei der Beantwortung der ersten Frage zu folgender Rangordnung: Wichtigste Stakeholder sollten die Arbeitnehmer sein, dann die Gesellschaft als Ganzes und erst an dritter Stelle die Eigenkapitalgeber. Weiter hinten in der Rangfolge kamen dann die Kunden und das Management. Auf die zweite Frage nach der tatsächlichen Interessenberücksichtigung wurden wieder zuerst die Arbeitnehmer genannt, an zweiter Stelle folgte das Management und an dritter Stelle lagen die Eigenkapitalgeber.

Die Präsidenten der Unternehmen hoben bei ihren Antworten eher die Interessen der Eigenkapitalgeber hervor. Bei der ersten Frage wurde diese Stakeholder-Gruppe als erste genannt, allerdings dicht gefolgt von den Arbeitnehmern. Auf dem dritten Rang lag die Gesellschaft als Ganzes, ebenfalls mit vielen Nennungen. Bei der Frage, wessen Interessen tatsächlich vertreten werden, lagen die Arbeitnehmer vor den Eigenkapitalgebern. 20 Prozent der Befragten erklärten sogar, daß die Interessen der Eigenkapitalgeber für die Führung ihres Unternehmens nicht relevant seien.

Quelle: zitiert nach Milgrom und Roberts (1992, S.317f)

Sind die offiziellen und strategischen Ziele einer Organisation formuliert, erfolgt die Festlegung der operativen Ziele schließlich durch eine stufenweise Konkretisierung der strategischen Ziele. Dieser Zielbildungsprozeß verläuft dabei im allgemeinen parallel zur hierarchischen Gliederung der Organisation in ihre untergeordneten organisatorischen Einheiten. Das strategische Ziel einer Versicherung, ihren Marktanteil auf dem Lebensversicherungsmarkt zu vergrößern, würde demnach beispielsweise zunächst für die Stufe der einzelnen Regionaldirektionen der Versicherung konkretisiert. In jeder Regionaldirektion würden dann für die einzelnen Bezirke die Ziel konkretisiert. Schließlich würde jedem Außendienstmitarbeiter ein Ziel vorgegeben, beispielsweise die Anzahl der Lebensversicherungsabschlüsse in seinem Gebiet um einen festgelegten Prozentsatz zu erhöhen.

An der Zielkonkretisierung in einer Unternehmung sind die Mitarbeiter auf den jeweiligen Ebenen der hierarchischen Struktur beteiligt. In welchem Umfang hier der einzelne Mitarbeiter in diese Zielbildung eingebunden ist, wird durch das Planungssystem der Organisation festgelegt. Grundsätzlich können hier drei Planungsverfahren unterschieden werden:

(1) Bei der retrograden Planung erfolgt die Zielkonkretisierung hierarchisch von oben nach unten. Ein von der Geschäftsleitung festgelegter Gesamtplan wird dabei sukzessive bis zur untersten Hierarchieebene konkretisiert.

(2) Bei der progressiven Planung verläuft die Planung hingegen hierarchisch von unten nach oben. Die Mitarbeiter auf der untersten Hierarchieebene erarbeiten hierbei zunächst für ihren jeweiligen Aufgabenbereiche konkrete Teilpläne. Diese werden dann von den jeweiligen vorgesetzten Mitarbeitern sukzessive aufeinander abgestimmt bis ein integrierter Gesamtplan entsteht.

(3) Die Gegenstromplanung vereint die retregrade und progressive Planung in einem Planungsprozeß. Zunächst wird von der Geschäftsleitung ein Rahmenplan erstellt, der in einem Top-Down Prozeß stufenweise präzisiert wird. Nach der Konkretisierung auf der untersten Hierarchieebene beginnt dann der Bottom-Up Rücklauf. Die einzelnen Teilpläne werden dabei sukzessive in jeweils übergeordneten Plänen integriert, so daß auf der obersten Ebene ein abgestimmter Gesamtplan entsteht.

4.2.2 Das Management unterschiedlicher Interessen

Angenommen, eine Organisation verfolge nur das Ziel der Profitmaximierung. Ist dies dann das einzige Ziel innerhalb der Organisation? Werden also alle ökonomischen Aktivitäten der Organisationsteilnehmer nur von der Maximierung der Werte der Eigenkapitalgeber bestimmt?

Die Diskussion der einzelnen Stakeholder einer Organisation zeigte bereits, daß jeder spezifische Ansprüche an die Organisation hat. Da aber nicht alle Stakeholder-Gruppen mit ihren Interessen bei der Gestaltung der Organisation berücksichtigt werden, sind auch ihre Interessen bei der Wertschöpfung der Organisation nur partiell miteinbezogen. Hier kann es also grundsätzlich zu Interessengegensätzen zwischen denjenigen, die die Ziele und die Architektur festgelegt haben, und denjenigen, die an diesen Prozessen nicht beteiligt waren, kommen.

Aber selbst dann, wenn alle Stakeholder an der Organisationsgestaltung beteiligt wären, die Organisation also die Werte aller Stakeholder maximieren würde, könnte es zu Interessengegensätzen zwischen einzelnen Stakeholdern kommen: So können beispielsweise die Bedürfnisse eines Mitarbeiters nach sozialen Kontakten oder Gruppenzugehörigkeit im Widerspruch zur Wertschöpfungsmaximierung der Organisation stehen, z.B. wenn die Befriedigung seiner sozialen Bedürfnisse zu Fehlzeiten oder Drückebergerei am Arbeitsplatz führt.

Wir werden deshalb nicht per se annehmen können, daß die organisatorischen Ziele auch von allen Stakeholdern aktiv unterstützt werden. Vielmehr müssen wir berücksichtigen, daß jeder Stakeholder seine eigenen Interessen verfolgt, wenn er im Rahmen der Wertschöpfung der Organisation Entscheidungen zu treffen hat. Inwieweit also der einzelne Stakeholder die Ziele der Organisation tatsächlich umsetzt, wird davon abhängig sein, ob mögliche Divergenzen zwischen den individuellen Zielen und den Zielen der Organisation überwunden werden können. Der Anreizstruktur der Organisation kommt dabei eine entscheidende Bedeutung zu.

Eine Organisation muß zur Sicherung ihrer Effizienz aber nicht nur alle an der Organisation beteiligten relevanten Stakeholder bei der Schaffung und Verteilung der Werte berücksichtigen, sondern sie muß auch deren Interessen und Beiträge kontinuierlich überprüfen. Die Teilnahmebedingung jedes einzelnen Stakeholders ist nämlich nur dann erfüllt, wenn der von ihm erwartete Anteil an der Wertschöpfung der Organisation den erwarteten Beitrag überschreitet, den er für die

Organisation leisten soll. Ändern sich demnach im Laufe der Zeit seine Interessen und Beiträge, kann dies Auswirkungen für seine Teilnahme an der Organisation haben.

So kann sich die Zusammensetzung der Stakeholder oder deren relative Bedeutung für die Organisation ändern. Konsumenten, die heute mit einem Produkt zufrieden sind, können morgen damit unzufrieden sein. Auch die Bedürfnisse anderer Stakeholder unterliegen einem ständigen Wandel. Im Laufe der Zeit können einzelne Bedürfnisse mehr oder weniger handlungsbestimmend sein. Dies kann z.B. davon abhängig sein, inwieweit Bedürfnisse in der Vergangenheit von der Organisation befriedigt wurden oder inwieweit neue Bedürfnisse entstanden sind. Zudem besteht im allgemeinen ein permanenter Wechsel in der Zusammensetzung der externen Stakeholder. Durch die Entwicklung neuer Produkte werden neue Konsumentengruppen angesprochen oder Wettbewerber verschwinden vom Markt.

An das Management divergierender Interessen der Stakeholder einer Organisation werden also hohe Anforderungen gestellt. Diesen Anforderungen kann nur durch ein entsprechendes **Konfliktmanagement** Rechnung getragen werden. Analog zur Differenzierung der Stakeholder einer Organisation in externe und interne Gruppen können wir die beiden folgenden Teilaspekte eines solchen Managements unterscheiden:

- Management interner Organisationskonflikte: Die bisherigen Ausführungen zur Wertschöpfung machen deutlich, daß eine Organisation nur dann die Werte ihrer Stakeholder maximieren kann, wenn sie die eine oder andere Form der Arbeitsteilung realisiert. Die damit einhergehende Spezialisierung von Organisationsmitgliedern führt aber zu zwei Problemen: Einerseits entstehen Interdependenzen zwischen den verschiedenen Mitgliedern, andererseits können die individuellen Ziele des Einzelnen unvereinbar sein mit den Zielen anderer Organisationsmitglieder oder mit den organisatorischen Zielen.

  Jede Interaktion in einer Organisation birgt also ein Konfliktpotential. Manifestiert sich dieses Potential, entsteht ein **interner Organisationskonflikt**. Dabei handelt es sich um einen Konflikt zwischen internen Stakeholdern einer Unternehmung, etwa zwischen einem Vorgesetzten und seinem Mitarbeiter oder zwischen verschiedenen organisatorischen Einheiten.[1]

  Das Konfliktmanagement hat unter diesen Umständen zwei Aufgaben: Erstens müssen die Interdependenzen zwischen den verschiedenen Organisationsmitgliedern so gestaltet werden, daß die Durchführung der ihnen zugewiesenen Teilaufgaben die Erfüllung der organisatorischen Ziele gewährleistet. Zweitens müssen Gegensätze, die zwischen den Interessen der Organisationsmitglieder und den organisatorischen Ziele oder zwischen den Zielen verschiedener organisatorischer Einheiten auftreten können, so beeinflußt werden, daß das Organisationsziel erreicht wird.[2]

- Management externer Organisationskonflikte: Die bisherige Diskussion zur Organisation als offenem System zeigt, daß die externen Stakeholder einer Organisation unmittelbaren Einfluß auf deren Wertschöpfung haben. Auch hier kann bei jeder Interaktion der Organisation mit einem externen Stakeholder grundsätzlich ein Konfliktpotential bestehen: Einerseits bestehen Interdependenzen zwischen den beiden Parteien – der externe Stakeholder wirkt mit seinem Handeln auf die Organisation ein – andererseits müssen die Interessen, die ein externer Stakeholder an der Organisation hat, nicht notwendigerweise im Einklang mit dem Organisationsziel stehen.

Manifestiert sich nun dieses Konfliktpotential, dann entsteht ein **externer Organisationskonflikt**. Dies ist ein Konflikt zwischen der Organisation und einem externen Stakeholder, bei einer Unternehmung etwa der Konflikt mit einem Lieferanten um die Qualität der gelieferten Vorprodukte oder mit der Gewerkschaft um die geforderte Arbeitszeitreduzierung.

Im Unterschied zum Management interner Organisationskonflikte gestaltet sich die Aufgabe des Managements externer Organisationskonflikte schwieriger: Auch hier sollten die Beziehungen der Organisation zu externen Stakeholder so gestaltet werden, daß die von ihnen übernommenen Aufgaben im Einklang mit dem Organisationsziel stehen. Allerdings hat die Organisation dabei im allgemeinen einen viel geringeren Gestaltungsspielraum als bei internen Organisationskonflikten. So hat sie zwar beispielsweise einen direkten Einfluß auf die Beziehung mit ihren Lieferanten und kann die Einzelheiten eines Liefervertrags selbst mitbestimmen. Allerdings unterliegt sie bei der Gestaltung der Vertragsbedingungen auch den am Markt üblichen Regeln.

Dieselbe Problematik stellt sich auch bei der zweiten Teilaufgabe des Konfliktmanagements: Um auf mögliche Interessengegensätze mit externen Stakeholdern steuernd einzuwirken, muß die Organisation auch die Kompetenz dazu haben. Dies kann bei einigen Beziehungen wie beispielsweise bei der mit Lieferanten der Fall sein. In vielen Fällen ist die Eingriffskompetenz der Organisation jedoch eingeschränkt, etwa bei der Disziplinierung anderer Unternehmungen, die dem gemeinsam beschlossenen freiwilligen Verzicht auf umweltgefährdende Vorprodukte nicht folgen.

Die nachfolgende Abbildung faßt die Diskussion zusammen und zeigt die Elemente des Managements interner und externer Organisationskonflikte.

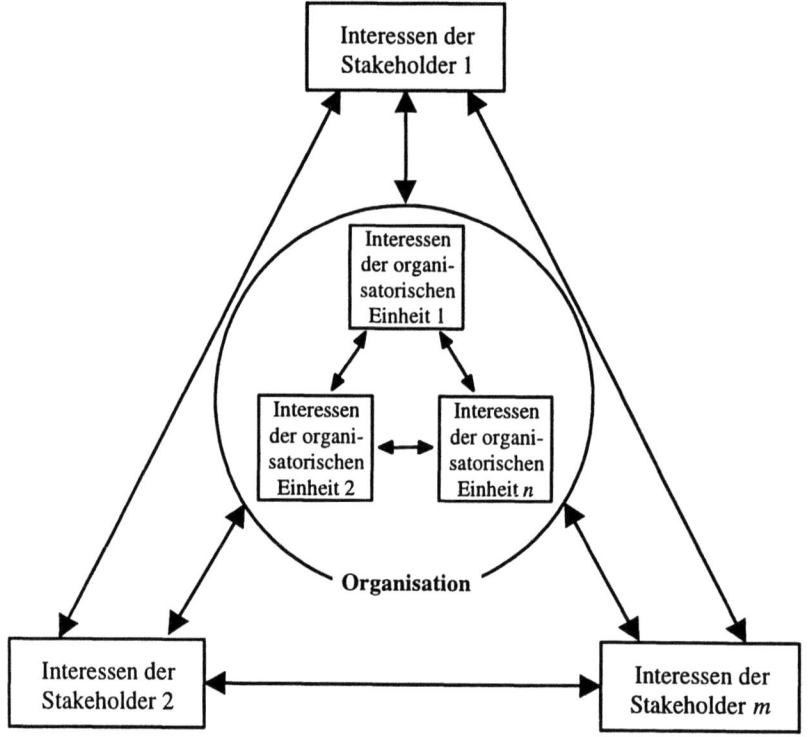

Abbildung 4.3: Das Management interner und externer Organisationskonflikte

4.3 Zusammenfassung

Der inhaltlichen Konkretisierung des Wertmaximierungsprinzips dienen die organisatorischen Ziele, die spezifizieren, welche Aktivitäten die einzelnen Organisationsteilnehmer ausführen sollen, damit sie im Einklang mit der Maximierung der Wertschöpfung stehen. Drei verschiedene organisatorische Ziele haben wir unterschieden: Offizielle Ziele spezifizieren die Werte, die die Organisation für ihre relevante Stakeholder schaffen möchte. Strategische Ziele konkretisieren die offiziellen Ziele der Organisation und dienen so ihrer Umsetzung. Operative Ziele werden schließlich aus den strategischen Zielen abgeleitet und geben für das Verhalten in der Organisation eindeutige Richtlinien vor.

Bei der jeweiligen Bildung der organisatorischen Ziele sind verschiedene Organisationsteilnehmer involviert: Die Festlegung der offiziellen und strategischen Ziele einer Organisation erfolgt in einer Unternehmung etwa durch die Abstimmung in der Geschäftsleitung. Die Festlegung der operativen Ziele hingegen verläuft im allgemeinen parallel zur hierarchischen Gliederung der Organisation, so daß an der Zielkonkretisierung die Mitarbeiter auf den jeweiligen Ebenen beteiligt sind.

Berücksichtigt man, daß jeder Organisationsteilnehmer mit seiner Teilnahme an der Organisation seine eigenen Interessen verfolgt, dann muß sichergestellt werden, daß mögliche Divergenzen zwischen den individuellen Zielen und den organisatorischen Zielen überwunden werden. Dem Konfliktmanagement kommt hier eine entscheidende Aufgabe zu: Bei internen Organisationskonflikten müssen hier einerseits die Interdependenzen zwischen den verschiedenen Organisationsmitgliedern so gestaltet werden, daß die Durchführung der ihnen zugewiesenen Teilaufgaben die Erfüllung der organisatorischen Ziele gewährleistet. Andererseits müssen mögliche Interessensgegensätze zwischen den Organisationsmitgliedern so beeinflußt werden, daß das Organisationsziel erreicht wird. Analoges gilt auch bei externen Organisationskonflikten, nur daß sich hier das Konfliktmanagement aufgrund der geringeren Eingriffskompetenz der Organisation schwieriger gestaltet.

4.4 Literaturhinweise

Die Differenzierung organisatorischer Ziele in offizielle, strategische und operative Ziele wird bei Perrow (1961) vorgeschlagen. Zur stufenweise Konkretisierung der Ziele durch Bildung einer Zielhierarchie siehe Granger (1964).

Der organisatorische Zielbildungsprozeß, insbesondere im Hinblick auf die Durchsetzung der individuellen Interessen der einzelnen Stakeholder, wird bei Cyert und March (1963) dargestellt. Der Zusammenhang zwischen operativen Zielen und dem Organisationsziel wird in einer empirischen Studie von Mahoney und Weitzel (1969) untersucht.

Zum Management der unterschiedlichen individuellen Interessen der Stakeholder einer Organisation siehe Zammuto (1984), Savage et al. (1992) sowie Jost (1998).

Divergierende Interessen Einzelner können hier die Lösung des Motivationsproblems und somit die Gesamteffizienz der Tischorganisation in Frage stellen.

Teil III
Die ökonomische Analyse von Organisationen

5
Die Grundelemente der ökonomischen Analyse

6
Die Gestaltung ökonomischer Organisationen

5

Die Grundelemente der ökonomischen Analyse

Well, then, says I, what's the use you learning to do right when it's troublesome to do right and ain't no trouble to do wrong, and the wages is just the same? (Huckleberry Finn in Twain, 1944)

In der ökonomischen Theorie gibt es einen Ansatz, mit dessen Hilfe individuelles und korporatives Entscheidungsverhalten untersucht werden kann: Die Mikroökonomie, die das Verhalten von individuellen ökonomischen Akteuren und die Aggregation ihres Handelns unter verschiedenen institutionellen Rahmenbedingungen analysiert. Stand zunächst die Erklärung von Preisbildungsprozessen in Marktwirtschaften im Vordergrund des Interesses, so hat sich in den letzten Jahrzehnten der Anwendungsbereich dieses ökonomischen Ansatzes auf eine Vielzahl von sozialen Phänomen ausgedehnt. So wurde der Ansatz beispielsweise zur Untersuchung von Ehescheidungen, kriminellem Verhalten oder parlamentarischen Entscheidungen herangezogen.

Auch die Untersuchung von Organisationen ist ein unmittelbares Anwendungsgebiet dieser ökonomischen Theorie. So muß man bei der Gestaltung von Organisationen immer auch berücksichtigen, wie die einzelnen Organisationsteilnehmer auf Organisations- und Anreizstrukturen und deren Veränderungen reagieren. Betrachten wir beispielsweise folgendes Motivationsproblem: Der Manager eines Softwareunternehmens möchte Fehler in den erstellten Programmen schneller auffinden und beheben lassen. Ein Anreizsystem, das den Programmierern eine bestimmte Prämie für jeden gefundenen Fehler verspricht, wäre hier ein sehr schlecht gestaltetes Bonussystem: Da nun die Programmierer, die ja die Fehler zunächst programmierten, nun auch für die Auffindung zuständig sind, ist davon auszugehen, daß die Anzahl der gefundenen Fehler in den Programmen sprunghaft ansteigen wird. Ein Programmierer hätte nämlich unter diesem Bonussystem einen Anreiz, zusätzliche Fehler zu programmieren, diese anschließend zu finden und somit die Prämien hierfür entgegenzunehmen.

In den nächsten beiden Kapiteln soll ein ökonomischer Ansatz zur Analyse von Organisationen vorgestellt werden. In diesem Kapitel konzentrieren wir uns zunächst auf die Darstellung der Grundelemente der Analyse: In Abschnitt 5.1 betrachten wir die grundlegenden Elemente einer ökonomischen Theorie der Organisation. Wir werden hier zunächst die beiden bereits im ersten Kapitel identifizierten Grundbausteine jeder Organisation, das Individuum und die Transaktion, eingehend diskutieren. In Abschnitt 5.2 stellen wir dann die Organisation als System von Entscheidungen dar. Dabei zeigen wir zunächst die Determinanten des individuellen Entscheidungsverhaltens auf. Darauf aufbauend analysieren wir organisatorisches Entscheidungsverhalten.

5.1 Die Grundbausteine ökonomischer Organisationen

Ein Vorteil des ökonomischen Ansatzes für die Untersuchung von Organisationen ist die explizite Spezifikation der wesentlichen Elemente des Untersuchungsgegenstandes. Grundsätzlich müssen für die Analyse eines betrachteten Problems die folgenden Elemente sorgfältig identifiziert werden:

- Entscheidungsträger: Wer sind die eigentlich aktiven Handelnden in dieser Situation? Handeln sie individuell oder korporativ? Welche Entscheidungen von anderen Akteuren können als gegeben hingenommen werden?
- Ziele und Bedürfnisse: Woran richten die Entscheidungsträger ihre Entscheidungen aus? Welche Interessen haben sie dabei? Steht die materielle oder immaterielle Bedürfnisbefriedigung im Vordergrund? Wie bewertet ein Akteur widersprüchliche Ziele?
- Alternativen: Welche Handlungsmöglichkeiten stehen einem Entscheidungsträger zur Verfügung? Inwieweit wird sein Verhalten durch die ihm zugewiesenen Entscheidungsbefugnisse oder Verfügungsrechte über Ressourcen eingegrenzt? Für welchen Zeithorizont werden die Entscheidungen getroffen?

- Konsequenzen: Welche Konsequenzen folgen für den Einzelnen aus dem gemeinsamen Handeln in der betrachteten Situation? Inwieweit ist hier die Erfüllung seiner eigenen Zielsetzungen von dem Verhalten der anderen Parteien oder unsicheren Erwartungen abhängig? Welche Mechanismen bestimmen, wie sich die individuellen Konsequenzen aus dem Handeln aller Entscheidungsträger ergeben?

Solche Fragen müssen bei einer ökonomischen Analyse von Organisationen explizit beantwortet werden. Sie bilden die Basis des ökonomischen Ansatzes und das Entscheidungsverhalten eines Individuums kann nur unter Bezugnahme auf diese Elemente untersucht werden. Dies garantiert, daß ein eindeutiger Bezug besteht zwischen den Annahmen an die Ausprägung der einzelnen Elemente und den Schlußfolgerungen, die wir aus der ökonomischen Analyse ziehen können.

Der ökonomische Ansatz zur Untersuchung von Organisation rückt die beiden fundamentalen Bausteine jeder Organisation in den Mittelpunkt der Analyse: Erstens den einzelnen Organisationsteilnehmer als denjenigen, der in einer Organisation Werte schafft. Er stellt somit für die ökonomische Analyse die kleinste zu betrachtende Analyseeinheit dar. Zweitens die Transaktionen zwischen den Organisationsteilnehmern. Die Gestaltung dieser Beziehungen ist entscheidend dafür, welche Wertschöpfung die Organisation tatsächlich schaffen und realisieren kann.

5.1.1 Der erste Baustein: Das Individuum

Im folgenden betrachten wir zunächst das Individuum als Baustein der Organisation. Für unsere Untersuchungen gehen wir davon aus, daß sein Verhalten ökonomisch ist. Die folgenden drei Annahmen konstituieren individuelles **ökonomisches Verhalten** eines Organisationsteilnehmers:

(1) Wohldefinierte individuelle Präferenzen
(2) Individuelle Nutzenmaximierung
(3) Individuelle begrenzte Rationalität

Im folgenden diskutieren wir zunächst eingehend diese drei Annahmen an das individuelle ökonomische Verhalten. Wir werden dann im nächsten Abschnitt auf die Bedeutung dieser Annahmen für das individuelle Entscheidungsverhalten näher eingehen.

Wohldefinierte individuelle Präferenzen

Wir gehen davon aus, daß die Präferenzen eines Organisationsteilnehmers durch persönliche Faktoren und durch strukturelle Rahmenbedingungen der Organisation bestimmt sind.

Einerseits ist er also an der Befriedigung seiner eigenen, persönlichen **Bedürfnisse** interessiert. Diese können z.B. Grundbedürfnisse wie Hunger, Durst oder Schlafen sein, soziale Bedürfnisse sein, die seinen Kontakt mit anderen Personen beinhalten, oder auch Selbstverwirklichungsbedürfnisse sein, die die Entfaltung seiner eigenen Persönlichkeit reflektieren. Wir unterstellen, daß die Dringlichkeit seiner Bedürfnisse einem ständigen Wandel unterliegt. So können im Laufe der Zeit Bedürfnisse mehr oder weniger handlungsbestimmend für ihn sein oder es können auch neue Bedürfnisse entstehen.

Andererseits können neben diesen persönlichen Faktoren auch die strukturellen Rahmenbedingungen der Organisation einen Einfluß auf die Präferenzen eines Organisationsteilnehmers: So werden durch seine organisatorische Rolle die Erwartungen aller anderen Organisationsteilnehmer an sein Handeln innerhalb der Organisation spezifiziert. Identifiziert sich nun der Organisationsteilnehmer mit seiner organisatorischen Rolle, dann kann er auch entsprechende persönliche Bedürfnisse entwickeln. Beispielsweise wird ein Leiter der F&E-Abteilung einer Unternehmung die Einführung eines neuen Produktes unter technischen Gesichtspunkten betrachten, oder der Beauftragte für Arbeitssicherheit wird die Modernisierung einer Anlage unter gesundheitlichen Aspekten beurteilen. Neben der organisatorischen Rolle kann auch der organisatorische Status eines Organisationsteilnehmers seine Interessen beeinflussen. Der **organisatorische Status** eines Organisationsteilnehmers ergibt sich aus seiner Position innerhalb der Organisation und wird entscheidend durch sein Tätigkeitsspektrum und die zugehörigen Entscheidungskompetenzen bestimmt. Indem beispielsweise ein Mitarbeiter einer Unternehmung seine bestehenden Statusbeziehungen aufrecht erhalten will oder nach mehr Macht oder Einfluß strebt, werden seine Interessen durch solche strukturellen Rahmenbedingungen der Organisation beeinflußt.

Welche Präferenzen ein Individuum mit seiner Bedürfnisbefriedigung inhaltlich verfolgt, ist für die ökonomische Analyse unerheblich. Eine zentrale Annahme der ökonomischen Analyse an das einzelne Individuum ist allerdings die Wohldefiniertheit seiner Präferenzen. Dies impliziert, daß ein Vorstandmitglied beispielsweise angeben kann, ob er die Nutzung seines Dienstwagens gegenüber einer bestimmten Bonuszahlung bevorzugt, zwischen beiden Alternativen indifferent ist oder das Geld dem Wagen vorzieht. Aufgrund der Wohldefiniertheit seiner Präferenzen kann der Einzelne somit verschiedene Güter oder Güterbündel im Hinblick auf die Befriedigung seiner Bedürfnisse miteinander vergleichen. Darüber hinaus impliziert diese Annahme, daß das Individuum auch unterschiedliche Mengen eines Gutes gegeneinander abwägen kann, das Vorstandsmitglied also sagen kann, ob es eine hohe Bonuszahlung lieber erhält als eine niedrigere oder umgekehrt.

Der Begriff des Gutes ist dabei weit gefaßt. Wir verstehen unter einem **Gut** alles, was in irgendeiner Weise geeignet ist, die Bedürfnisse eines Individuums zu befriedigen, ihm also einen Nutzen zu stiften. Dies beinhaltet Standardprodukte wie Konsumgüter oder Kleidung, Serviceleistungen wie Zahnbehandlung und Ausbildung aber auch weniger Greifbares wie Macht oder Großzügigkeit. Statt von Gütern sprechen wir im folgenden auch von Alternativen.

Dabei ist es für unsere Betrachtungen gleichgültig, wie hoch der tatsächliche absolute Nutzen ist, den das Individuum aus seiner Bedürfnisbefriedigung zieht. Wichtig ist lediglich, daß er verschiedene Alternativen relativ zueinander bewerten kann. Dies schließt somit aus, daß wir den Nutzen von zwei Individuen miteinander vergleichen müssen. Eine intersubjekte oder absolute Nutzenbewertung ist also nicht gefordert.

Individuelle Nutzenmaximierung

Die ökonomische Analyse basiert auf der Annahme, daß das Individuum bei gegebenen klaren und konsistenten Vorstellungen über seine Präferenzen aus einer Menge an Alternativen diejenige auswählt, die seine individuellen Bedürfnisse am umfassendsten befriedigt. Ein Familienvater, der beim Autokauf vor der Wahl steht, ob er einen Kombi oder einen Großraumwagen kaufen soll, wird zunächst seine Präferenzen hinsichtlich dieser beiden Alternativen ordnen und dann den Wagen kaufen, der seinen Vorstellungen am besten entgegenkommt.

Zu berücksichtigten ist bei der Wahl zwischen verschiedenen Alternativen allerdings, daß das Individuum im allgemeinen unbeschränkte Bedürfnisse hat, die zur Verfügung stehenden Ressourcen jedoch beschränkt sind. Der Familienvater kann z.B. Konsumwünsche haben, deren Befriedigung eine beliebig hohe Entlohnung voraussetzt. Oder sein Wunsch nach einer intensiven Beschäftigung mit seinen Kindern setzt eine Arbeit voraus, bei der er seine Arbeitszeit flexibel gestalten kann. Beiden Bedürfnissen stehen jedoch beschränkte Ressourcen gegenüber. Da sein Einkommen beschränkt ist, wird der Kauf eines Autos mit den anderen Ausgaben abzuwägen sein, die er und die anderen Familienmitglieder machen möchten. Da der Tag nur 24 Stunden hat und er zudem den Lebensunterhalt der Familie verdient, sind der Beschäftigung mit seinen Kindern ebenfalls Grenzen gesetzt.

Das Individuum wird sich daher für diejenige Alternative entscheiden, die unter den gegebenen beschränkten Ressourcen seine Ziele am besten erfüllt. Solche Restriktionen grenzen seinen Handlungsspielraum ein. Innerhalb dieses Handlungsspielraums liegen dann die für ihn grundsätzlich möglichen Handlungsalternativen. Seinen Präferenzen entsprechend bewertet ein Individuum die Vor- und Nachteile – also die Kosten und Nutzen – der einzelnen Alternativen, stellt diese gegenüber und wählt diejenige Alternative aus, die seinen Präferenzen am ehesten entspricht, bei der sein Netto-Nutzen also am größten ist.

Für die Maximierung seines Nutzens sind dabei nicht die absoluten Vor- und Nachteile der einzelnen Alternativen von Bedeutung, sondern die marginalen bzw. inkrementellen Kosten und Nutzen:[1] Das Individuum wird hier die Alternative wählen, für die der marginale Nutzen größer ist als die marginalen Kosten. Der Familienvater, der für jede Überstunde einen Lohn von DM 80 bekommt, wird diesen marginalen Nutzen einer zusätzlichen Überstunde mit dem marginalen Wert vergleichen, der ihm eine zusätzliche Stunde mit seinen Kindern erbringt. Wenn er dem Kinderspielen, auf daß er durch eine zusätzliche Überstunde verzichten müßte, einen Grenzwert von mehr als DM 80 beimißt, dann wird er keine Überstunde mehr machen – seine marginalen Kosten sind größer als sein marginaler Nutzen. Der Familienvater würde hingegen eine zusätzliche Überstunde machen, wenn er die reduzierte Stunde Kinderspielen mit weniger als DM 80 bewertet.

Aufgrund der beschränkten Ressourcen, die dem Familienvater zur Verfügung stehen, muß er sich zwischen Überstunden und "Kinderstunden" entscheiden. Er kann nur das eine oder das andere tun. Als **Opportunitätskosten** für die Nutzung einer Ressource bei einer bestimmten Alternative bezeichnen wir den Nutzen, der aus der nächstbesten Handlungsalternative resultieren würde. Die Opportunitätskosten für vier Stunden Kinderspielen sind der Wert, den der Familienvater den vier Stunden bei der nächstbesten Verwendung bemißt.

Opportunitätskosten sind für die individuelle Nutzenmaximierung häufig von entscheidender Bedeutung: Ein selbständiger Unternehmensberater überlegt, ob er für ein neues Projekt zeitlich befristet einen Mitrabeiter mit einem Gehalt von DM 50.000 anstellen soll oder ob er das Projekt selbst durchführt. Dann wird seine Entscheidung zumindest zum Teil davon abhängig sein, welche Opportunitätskosten er für die Dauer des Projekts hat. Angenommen, der Unternehmensberater würde für das neue Projekt DM 60.000 einnehmen und könnte selbst ein alternatives Projekt für DM 70.000 durchführen. Die Anstellung eines zusätzlichen Mitarbeiters würde somit einen Nettoertrag von DM 10.000 erbringen, zusammen mit seinen DM 70.000 für das alternative Projekt also insgesamt DM 80.000 ergeben. Würde der Unternehmensberater hingegen selbst das neue Projekt durchführen, wären seine Einkünfte nur DM 60.000. In diesem Beispiel wäre es also vorteilhaft, einen zusätzlichen Mitarbeiter zu engagieren.

Individuelle begrenzte Rationalität

Wir sind bei der individuellen Nutzenmaximierung von einer Menge an Handlungsalternativen ausgegangen, die das Individuum aufgrund seiner Präferenzen bewertet und aus der es dann diejenige Alternative mit dem maximalen Nutzen auswählt. Individuelles Handeln ist somit die rationale Auswahl aus Alternativen.

Rationales Handeln bedeutet dabei nicht, daß das Individuum **global rational** ist: In diesem Fall hätte es uneingeschränkten Zugang zu allen Informationen, die für die Lösung seines Entscheidungsproblems notwendig sind. Es würde daher alle Handlungsalternativen kennen und könnte deren Konsequenzen auf die Zielerreichung vollständig abschätzen. Darüber hinaus könnte es alle diese Informationen aufgrund seiner intellektuellen Kapazitäten mühelos verarbeiten, die einzelnen Handlungsalternativen umfassend bewerten und dann die beste Alternative auswählen. Es wäre ein wandelnder Computer ohne Kapazitäts- und Rechenzeitbegrenzungen.

Schachspieler und die Grenzen ihrer Rationalität

Jeder Schachspieler kennt das Problem: Welchen Zug soll ich als nächsten wählen? Wie wird mein Gegner darauf reagieren? Was würde ich dann tun? Wie antwortet mein Gegner auf diesen übernächsten Zug? Und dann?

Eigentlich müßte dabei die Frage nach der "besten Folge von Züge" einfach zu beantworten sein, da jeder Schachspieler uneingeschränkten Zugang zu allen relevanten Informationen hat, die für die Beantwortung dieser Fragen notwendig sind: Es gibt nur eine kleine überschaubare Menge an Schachregeln und diese sind obendrein schnell erlernbar. Zudem führt jede Zugfolge irgendwann einmal zum Ende des Spiels, also zum Gewinn oder Verlust der Partie oder zu einem Remie der beiden Parteien. Grundsätzlich könnte somit also ein Schachspieler am erwarteten Ausgang der Schachpartie unmittelbar ablesen, welchen Wert seine momentane Position und seine eingeschlagene Zugfolge hat.

(Un-)Glücklicherweise nützen einem Schachspieler diese grundsätzlichen Kenntnisse über das Schachspiel ausgesprochen wenig beim praktischen Versuch, einen guten Zug zu wählen: Im Durchschnitt gibt es nämlich für jede Position beim Schachspiel etwa 30 mögliche regelkonforme Züge. Somit existieren aber alleine für die Analyse seines eigenen Zuges und der Antwort des Gegners bereits 30 mal 30, also um die 10^3 Kombinationen. Geht man davon aus, daß ein Schachspiel im Durchschnitt eine Länge von 40 Zügen und Gegenzügen hat, dann würde es etwa 10^{120} verschiedene alternative Zugfolgen geben. Unsere obige – zugegeben etwas ungenaue – Abschätzung schägt hier kaum zu Buche: 10^{120} ist eine so immens große Zahl, daß die exakte Anzahl der möglichen Züge offensichtlich ohne Belang ist – sie könnten von einem Schachspieler sowieso nicht verarbeitet werden.

Selbst Computer stoßen dabei auf Probleme: Die ersten Programme für Schachcomputer basierten auf dem beschriebenen Vorgehen und berechneten für eine Folge von lediglich zwei Zügen und Gegenzügen alle mögliche Alternativen. Aus diesen etwa eine Million Alternativen wählten sie dann diejenige aus, die die bisherige Position am ehsten verbessert. Allerdings war diese Reduktion der tatsächlichen Komplexi-

tät des Schachspiels so miserabel, daß selbst mittelmäßige Schachspieler eine reelle Gewinnchance gegen die ersten Schachprogramme hatten.

Quelle: Simon (1972, S.165ff)

Die Vorstellung, ein Individuum wäre global rational, ist offensichtlich in der realen Welt unzutreffend. Folgende Gründe sind hier zu nennen:

- Unvollständiges Wissen: Ein Individuum hat immer nur fragmentarisches Wissen über die letztendliche Wirkungsweise seines Handelns. Die Gesetzmäßigkeiten, die ihm erlauben würden, die Konsequenzen aus seinem Handeln zu erfassen, sind ihm nicht bekannt. Weder liefern hier die Naturwissenschaften noch die Psychologie universelle Aussagen über die Funktionsweise von komplexen Systemen.
- Grenzen der menschlichen Informationsaufnahme: Die Umwelt des Individuums ist so komplex und dynamisch, daß es dem Individuum unmöglich ist, jede Handlungsalternative mit ihren Konsequenzen zu kennen. Aber selbst wenn diese Informationen grundsätzlich verfügbar wären, würden dem Individuum sehr hohe Kosten der Informationssammlung entstehen. Folglich sind der Informationsaufnahme Grenzen gesetzt.
- Grenzen der sprachlichen Informationsübermittlung: Die Fähigkeiten von Individuen, Informationen zu übermitteln, sind aufgrund der Sprache begrenzt. Jeder natürlichen Sprache ist hier eine gewisse Ungenauigkeit inhärent. Dies impliziert, daß ein Individuum nicht alle notwendigen Informationen besitzen würde, selbst wenn diese ohne Kosten verfügbar wären. Zudem können Erfahrungen nur sehr begrenzt sprachlich vermittelt werden. Zusätzlich besteht die Möglichkeit, daß das Individuum fehlerhafte Informationen besitzt.
- Grenzen der menschlichen Informationsverarbeitung: Die kognitiven Fähigkeiten eines Individuums sind begrenzt. Um aus einer großen Anzahl an verfügbaren Informationen die für die Auswahl notwendigen Kalkulationen durchzuführen, wären umfassende Berechnungen notwendig. Selbst wenn die Informationsverarbeitung grundsätzlich möglich wäre, entstünden dem Individuum aufgrund seiner beschränkten Zeit hohe Verarbeitungskosten.

Bei der ökonomischen Analyse von Organisationen gehen wir daher davon aus, daß ein Individuum **begrenzt rational** handelt: Für jedes Individuum sind sowohl mit der Informationssammlung als auch der Informationsverarbeitung Kosten verbunden. Es ist daher in der Regel unvollständig über seine relevanten Handlungsalternativen und deren Konsequenzen für sein Entscheidungsproblem informiert. Zudem sind ihm bei der Bewertung der Handlungsalternativen und der anschließenden Optimierung kognitive Grenzen gesetzt.

Somit folgen wir Simon (1957, S.198), der feststellt: "The capacity of the human mind for formulating and solving complex problems is very small compared with the size of the problems whose solutions are required for objectively rational behavior in the real world". Rationalität bedeutet im Rahmen unserer Analysen, daß ein Individuum versucht, seinen Nutzen unter den oben erwähnten Einschränkungen zu maximieren.

5.1.2 Der zweite Baustein: Die Transaktion

Neben dem Individuum als Teilnehmer einer Organisation stellt die Transaktion zwischen zwei Organisationsteilnehmern den zweiten Baustein von Organisationen dar. Als **Transaktion** soll dabei der Austausch von Gütern oder Dienstleistungen zwischen Transaktionspartnern bezeichnet werden.

Entsprechend unserer sehr umfassenden Definition eines Gutes kann eine Transaktion die verschiedensten Sachverhalte beinhalten. Nach Commons (1934, S.55ff) können wir z.B. die folgenden verschiedenen Formen unterscheiden:[2] "Rationing transactions" beziehen sich auf die Allokation von Beiträgen und Ansprüchen an die Wertschöpfung der Organisation, "managerial transactions" umfassen die Zuweisung von Tätigkeitsbereichen und Entscheidungsrechten, oder "bargaining transactions" bezeichnen die Zuweisung von Eigentumsrechten an Ressourcen.

Zudem sind Transaktionspartner nicht notwendigerweise Individuen, sondern können auch andere ökonomische Akteure sein. So sind beispielsweise Transaktionen zwischen größeren organisatorischen Einheiten oder ganzen Organisationen möglich. Die Herstellung eines Mikroprozessors im Auftrag eines Computerherstellers ist so eine Transaktion zwischen einem Lieferanten und einer Unternehmung.

Um diese unterschiedlichen Transaktionen möglichst systematisch zu analysieren, ist es hilfreich, sich von der Einzelfallbetrachtung und Sachorientierung zu lösen und unterschiedliche Transaktionen auf ihre Gemeinsamkeiten hin zu untersuchen. Wir werden hierzu Transaktionen anhand der folgenden fünf Merkmale charakterisieren:

(1) Spezifität der zur Durchführung der Transaktion notwendigen Investitionen
(2) Unsicherheit, die mit der Umwelteinbettung der Transaktion verbunden ist
(3) Häufigkeit der Transaktion
(4) Meßbarkeit der durch die Transaktion geschaffenen Werte
(5) Interdependenzen mit anderen Transaktionen

Im folgenden werden wir zunächst diese fünf Merkmale einer Transaktion näher diskutieren. Wir werden dann im nächsten Abschnitt auf die Bedeutung der Merkmale für das individuelle Entscheidungsverhalten in interdependenten Entscheidungssituationen eingehen.

Spezifität der zur Durchführung der Transaktion notwendigen Investitionen

Eine **transaktionsspezifische Investition** ist eine Investition, die die Erstellung des auszutauschenden Gutes oder die Erbringung der Dienstleistung unterstützt. Sie ist spezifisch in dem Sinne, daß sie nur für die betrachtete Transaktion verwendet werden kann.

Je nach Art der Transaktion kann diese Investition mehr oder weniger spezifisch sein: Wenn sich ein Patient in die Behandlung eines Zahnarztes begibt, hat letzterer keine für diese Transaktion spezifische Investition getätigt. Der Zahnarzt investiert zwar in die Anmietung der Praxis und deren Ausstattung mit zahnmedizinischen Geräten, allerdings nutzt er diese, um eine große Anzahl von Patienten zu behandeln. Im Unterschied dazu muß der Zulieferer eines Automobilunternehmens bei der Produktion eines Bremssystems für einen bestimmten Autotyp unter Umständen hohe transaktionsspezifische Investitionen tätigen. Dies ist dann der Fall, wenn er exklusiv für diesen Auftrag in eine Produktionsanlage investieren muß, um dieses spezifische Bremssystem herzustellen.

Die Spezifität einer zur Durchführung der Transaktion notwendigen Investition bestimmt den Umfang, mit dem diese Investition auf diese spezifische Transaktion zugeschnitten ist und somit für eine andere Transaktion nicht ohne weiteres verwendet werden kann. Wenn eine Transaktion spezifische Investitionen von einer der beiden Parteien erfordert, kann diese ihren Transaktionspartner nicht unmittelbar ohne Kosten wechseln. So würde die Produktion eines Bremssystems für ein anderes Automobilunternehmen implizieren, daß die bisherige Produktionsanlage nur mit entsprechenden zusätzlichen Investitionen für die neue Transaktion nutzbar gemacht werden könnte. Sind hingegen die transaktionsspezifischen Investitionen gering, dann kann ein Transaktionspartner gewechselt werden, ohne daß dadurch der produktive Wert der Investitionen verloren geht. Verliert der Zahnarzt z.B. einen Patienten, kann dieser grundsätzlich durch irgendeinen anderen ersetzt werden.

Transaktionsspezifische Investitionen in der japanischen und US-amerikanischen Automobilindustrie

Die Bereitschaft einer Partei, in die Transaktion mit anderen Parteien spezifisch zu investieren, beeinflußt ganz entscheidend die Wertschöpfung, die durch die Transaktion geschaffen werden kann. Dies ist eines der Hauptergebnisse der Studie von Dyer (1994) über transaktionsspezifische Investitionen und Produktivitäten in der japanischen bzw. US-amerikanischen Automobilindustrie. Der Vergleich zwischen den japanischen Automobilherstellern Nissan und Toyota und den amerikanischen Firmen Ford, Chrysler und General Motors im Hinblick auf ihre Beziehungen zu ihren Zulieferern zeigt die jeweils unterschiedliche Bereitschaft in den Ländern, in langfristige Beziehungen zu investieren. Diese transaktionsspezifischen Investitionen, zu denen die japanischen Firmen weit eher bereit sind, führen häufig zu bedeutenden Produktivitätssteigerungen.

Ein auffälliges Ergebnis der Untersuchung ist beispielsweise, daß japanische Zulieferer bereit sind, standortspezifische Investitionen zu tätigen: Zu Toyota gehörige Zulieferbetriebe sind im Durchschnitt nur 50 km von den Montagefabriken entfernt, die unabhängigen Zulieferer 140 km. Im Gegensatz dazu beträgt die Distanz zwischen US-Herstellern und deren Zulieferern zwischen 560 km bzw. 640 km. Die Nähe reduziert nicht nur Transportkosten, sondern garantiert den Herstellern auch, daß dringend benötigte Komponenten relativ schnell beschafft werden können. Ein Resultat ist, daß die japanischen Lagerkosten 50% geringer sind als die in den USA.

Ein weiteres Ergebnis der Untersuchung betrifft die Investitionen in spezifisches

Humankapital. Die Zulieferer müssen häufig nach Entwürfen der Hersteller arbeiten, die nicht detailliert vorliegen. Zulieferbetriebe mit langjähriger Erfahrung und enger Kommunikation können normalerweise einschätzen, welche Anforderungen an die Komponenten gestellt werden, ohne auf kostenintensive detaillierte Erläuterungen warten zu müssen. Das reduziert die Entwicklungszeit und verbessert die Zuverlässigkeit der Produkte.
Japanische Zulieferer sind weiterhin eher bereit, die Entwicklung ihrer Komponenten an die Bedürfnisse eines bestimmten Herstellers anzupassen, während US-Zulieferunternehmen zur Herstellung von standardisierten Produkten neigen, die von verschiedenen Automobilfirmen genutzt werden können. Maßgefertigte Produkte tragen aber zur Produkteinheitlichkeit und -qualität bei.

Quelle: Dyer (1994)

Es lassen sich mindestens die folgenden fünf Formen transaktionsspezifischer Investitionen unterscheiden:

- Standortspezifische Investitionen beziehen sich auf Investitionen, die ihren spezifischen Charakter aufgrund ihrer Lage haben. Sie werden im allgemeinen vorgenommen, um Einsparung bei Transport- oder Lagerhaltungskosten zu erzielen oder Verarbeitungsvorteile zu nutzen. So werden in der Automobilindustrie Zuliefererbetriebe oftmals gleich neben der eigentlichen Automobilfertigung errichtet. Gerade im Zuge des Just-in-Time Managements wurde die geographische Nähe der Zulieferer an die Produktionsstätten ein wesentliches Anliegen. Ein aufstrebender Filmschauspieler, der seinen Wohnort nach Hollywood verlegt, um enger mit der Filmindustrie zusammenarbeiten zu können, tätigt ebenfalls standortspezifische Investitionen.

- Anlagespezifische Investitionen sind Investitionen in Maschinen oder Ausstattungen, die nur für die Durchführung einer bestimmten Transaktion geeignet sind. Die Investition eines Automobilzulieferers in Maschinen, die nur eine ganz bestimmte Autokarosserie pressen können, ist ein Beispiel für eine anlagespezifische Investition. Ein anderes Beispiel sind die notwendigen Aufbauten und Bühnenbilder für einen Fantasiefilm, dessen Produktion zwischen einem Filmstudio in Hollywood und einer Produktionsgesellschaft vertraglich vereinbart wurde. Sie werden nicht ohne weiteres für einen anderen Film verwendbar sein.

- Abnehmerspezifische Investitionen betreffen Investitionen, die nur für die Durchführung eines spezifischen Kundenauftrags gemacht werden. Ohne diesen spezifischen Kundenauftrag würde die Investition nicht getätigt. So würde ein Automobilzulieferer von Fußmatten bei gleichbleibender Auftragslage seine Kapazitäten nicht erweitern. Die Einrichtung einer zusätzlichen Fertigungsanlage für die Herstellung von Fußmatten aufgrund eines größeren Auftrages des Automobilherstellers wäre ein Beispiel für eine abnehmerspezifische Investition. Eine Produktionshalle, die aufgrund des Erfolgs einer neuen Familiensaga als zusätzlicher Drehort für die nächsten 100 Folgen der Serie gebaut wird, ist ein weiteres Beispiel für eine abnehmerspezifische Investition.
- Humankapitalspezifische Investitionen hängen mit Investitionen eines Transaktionspartners zusammen, die dieser für den Aufbau seines Humankapitals mit einem sehr engen Anwendungsbereich tätigt. Hierzu gehören z.B. die Erarbeitung spezifischen Wissens, die Sammlung von spezifischen Informationen oder das Erlernen spezifischer Fähigkeiten. Der EDV-Mitarbeiter des Automobilzulieferers, der ein Experte für das firmeneigene Produktionsplanungssystem geworden ist, hat humankapitalspezifische Investitionen getätigt, die ihm nur in dieser Unternehmung von vollem Nutzen sind. Ebenso hat der Filmregisseur der Familiensaga ein spezifisches Wissen erarbeitet, da er alle Schauspieler mit ihren Eigenarten aufgrund der bisher gedrehten 30 Folgen sehr gut kennt. Dieses Wissen würde er bei einer Produktion eines anderen Films mit anderen Schauspielern nicht vollständig nutzen können.
- Reputationsspezifische Investitionen schließlich sind Investitionen, die dem Aufbau einer Reputation dienen. Dadurch wird der Transaktionspartner mit einem bestimmten Markennamen identifiziert und wird somit in der Durchführung anderer Transaktionen eingeschränkt. Peter Falk als Inspektor Columbo ist hierfür ein gutes Beispiel. Die Art und Weise seines Auftretens in diesen Filmen schaffte ihm ein Markenzeichen und eine überaus starken Zuscheridentifikation seiner Person mit dieser Rolle. Daher wird es für ihn womöglich schwierig sein, jemals die Rolle eines Gentleman-Detektivs zu spielen – falls er dies überhaupt wollte.

Unsicherheit, die mit der Umwelteinbettung der Transaktion verbunden ist

Betrachten wir die Transaktion zwischen zwei Individuen als Organisation, in der die beiden Parteien miteinander kooperieren, um gemeinsam Werte zu schaffen, dann ist diese Organisation aus systemtheoretischer Perspektive in eine Umwelt eingebettet. Die exogene Unsicherheit, die aufgrund dieses Umweltbezugs besteht, wirkt sich somit auf die Transaktion zwischen den beiden Partner aus. Sie äußert sich dadurch, daß die Individuen keine vollständigen Informationen über alle Umweltfaktoren haben, weder bezüglich der situativen Rahmenbedingungen der Transaktion noch hinsichtlich deren künftiger Entwicklung. Entsprechend lassen sich zwei Dimension der **exogenen Unsicherheit** ausmachen:

- Die Komplexität der Umwelt bezieht sich auf die Heterogenität und die Anzahl der externen Faktoren, die für die Transaktion relevant sind. In einer komplexen Umwelt haben eine große Anzahl verschiedener Faktoren Einfluß auf die Transaktion. In einer wenig komplexen Umwelt beeinflussen lediglich ein paar Faktoren die Transaktion und diese sind zudem relativ ähnlich.

  Komplexität im Rahmen des Wertschöpfungsprozesses der Transaktion kann sich auf drei Aspekte beziehen. Zum einen kann es schwierig sein, alle Inputfaktoren zu spezifizieren, die für die Transaktion von Bedeutung sind. Der Auftrag des Marketingleiters an seinen Mitarbeiter, eine Werbekampagne zu entwerfen, ist ein Beispiel für eine hohe Komplexität, das Backen eines Kuchens durch den Lehrling nach Rezept ist hingegen eine Transaktion mit geringer Komplexität. Zum anderen können Schwierigkeiten bei der Spezifikation des Transformationsprozesses auftreten. Hohe Komplexität liegt hier etwa dann vor, wenn ein Pharmahersteller ein neues Medikament entwickeln möchte. Der Zusammenbau eines Kinderbetts mit Hilfe einer Bauanleitung hat im allgemeinen geringe Komplexität.

  Weiterhin kann die Definition der Outputs der Transaktion problematisch sein. Die Bestimmung des Erfolgs einer Reorganisationsmaßnahme, die ein Unternehmensberater initiieren soll, ist ein Beispiel für hohe Komplexität. Bei der Reparatur eines defekten PKWs ist hingegen ein funktionstüchtiger Wagen als Output der Transaktion einfach zu definieren.

- Die Dynamik der Umwelt bezieht sich auf die zeitliche Veränderungen der für die Transaktion relevanten Umweltfaktoren. In einer dynamischen Umwelt können ständige Veränderungen der Rahmenbedingungen der Transaktion eintreten und ihre Durchführung erschweren. In einer wenig dynamischen Umwelt bleiben hingegen die exogenen Faktoren während der Transaktion relativ stabil.

Die folgende Abbildung zeigt schematisch, wie die Kombination der beiden Faktoren Umweltkomplexität und Umweltdynamik die Unsicherheit, die mit der Transaktion verbunden ist, beeinflußt:

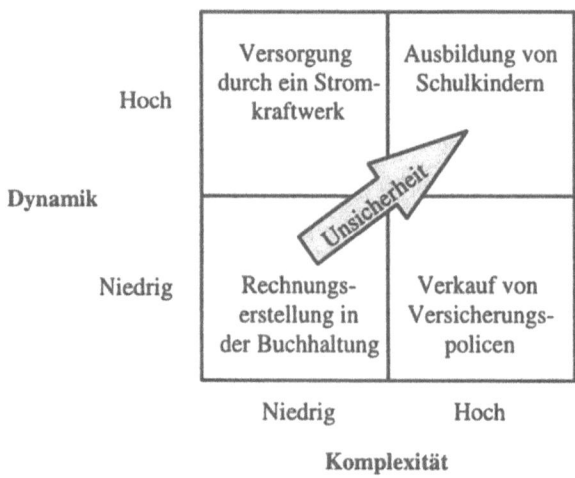

Abbildung 5.1: Klassifizierung der exogenen Unsicherheit, die mit einer Transaktion verbunden ist - Beispiele

Als Beispiel sei die Ausbildung von Schulkindern angesprochen, die durch eine hohe Komplexität und Dynamik gekennzeichnet ist. Zur Komplexität trägt hier die große Bandbreite pädagogischer Lehrmethoden sowie die relative Unbestimmtheit des Wissens der Schulkinder am Ende der Ausbildung bei. Die Dynamik wird bestimmt durch die Zusammensetzung der Klassen, Entwicklungsschübe der Kinder, sich ändernde Lehrprogramme, neue Rechtschreibregeln, den Einfluß der Elternschaft und vieles mehr.

Häufigkeit der Transaktion

Das Merkmal der Häufigkeit der Transaktion bezieht sich auf die Anzahl der Wiederholung der Transaktion zwischen den beiden Partnern. Manche Tranktionen finden weniger häufig statt, wie beispielsweise der Kauf eines Eigenheims oder einer Lebensversicherung. Andere Transaktionen finden hingegen unter mehr oder weniger denselben Umständen mehrmals zwischen den Transaktionspartnern statt. Die Zusammenarbeit zwischen zwei Kollegen am Montageband eines Automobilherstellers oder der morgendliche Brötchenkauf sind hierfür Beispiele.

Die Häufigkeit der Transaktion bestimmt entscheidend, welche Beziehung sich zwischen den beiden Transaktionspartnern während der Dauer der Transaktionen herausbilden kann. Bei einer einmaligen Transaktion werden sich die Parteien eher als Fremde begegnen und somit im Hinblick auf die Art und Weise der Abwicklung der Transaktion ihre Beiträge und Ansprüche genauer spezifizieren wollen. Bei einer wiederholten Transaktion kann sich hingegen ein Vertrautheit in der Beziehung einstellen. Die Parteien können hier ein gemeinsames, implizites Verstehen aufbauen, so daß die Notwendigkeit einer exakten Abklärung der Transaktionen nicht unbedingt erforderlich ist.

Meßbarkeit der durch die Transaktion geschaffenen Werte

Zwei Individuen werden nur dann eine gemeinsame Transaktion durchführen, wenn sie durch diese Transaktion Werte schaffen. Wie bei jeder Organisation müssen sie hierzu Beiträge leisten und die Wertschöpfung muß zwischen den beiden Parteien aufgeteilt werden. Selbst wenn hier ihre jeweiligen Beiträge und das gewünschte Ergebnis der Transaktion exakt spezifiziert werden könnten, kann es schwierig sein, die tatsächlich geschaffenen Werte zu beurteilen.

Die Meßbarkeit der durch die Transaktion geschaffenen Werte kann aus verschiedenen Gründen problematisch sein: Erstens kann es sein, daß ein Transaktionspartner die geschaffenen Werte der Transaktion nicht mit den Werten vergleichen kann, die diese Transaktion mit anderen Transaktionspartnern hätte. Der von einem Zahnarzt behandelte Patient wird sich fragen, wie gut wohl ein anderer Zahnarzt seinen kranken Zahn versorgt hätte, wenn dieser nach der Behandlung weiterhin schmerzt. Zweitens kann der Einfluß eines Transaktionspartners auf die insgesamt geschaffenen Werte nur marginal sein. Die Auswirkungen, die ein zusätzlicher Mitarbeiter am Fließband eines Automobilproduzenten auf die Wertschöpfung einer Unternehmung mit mehreren tausend Mitarbeitern hat, sind im allgemeinen sehr gering. Drittens kann für einen Transaktionspartner die Kontrolle des von dem anderen Partner geleisteten Beitrags mit zu hohen Kosten verbunden sein. So kann die Reparatur, die von einem Servicemitarbeiter eines Waschmaschinenherstellers durchgeführt wurde, zwar daran gemessen werden, ob die Waschmaschine wieder funktioniert. Ob der Mitarbeiter aber den defekten Motor durch einen neuen oder einen gebrauchten Motor ersetzt hat, wird im allgemeinen von seinem Kunden nur mit zusätzlichen Kosten beurteilt werden können.

Interdependenzen mit anderen Transaktionen

Die betrachtete Transaktion zwischen zwei Parteien ist im allgemeinen eingebettet in ein Netzwerk anderer Transaktionen mit anderen Transaktionspartnern. Die Beziehung zu anderen Transaktionen bestimmt, inwiefern die betrachtete Transaktion autonom durchgeführt werden kann.

Einige Transaktionen sind durch eine hohe Autonomie gekennzeichnet und können somit relativ unabhängig von anderen Transaktionen durchgeführt werden. Die Art und Weise, wie eine Sekretärin ihre Ablage systematisiert oder in welche Verzeichnisse sie Dokumente in ihrem PC ablegt, steht in relativer Isolation zu sonstigen Aufgaben in der Büroverwaltung. Manche Transaktionen sind hingegen durch eine sehr enge Beziehung an andere Transaktionen gekoppelt. So ist der Umfang der Produktion in einem Fertigungsbereich einer Unternehmung entscheidend davon abhängig, wieviele der Zwischenprodukte, die für die Produktion notwendig sind, in anderen Fertigungsbereichen der Unternehmung hergestellt werden. Ebenso ist die Wahl eines Qualitätsstandards für ein neues Produkt ein Beispiel für eine Transaktion, die eng mit anderen Transaktionen – hier der Wahl des Qualitätsstandards durch andere Unternehmungen – gekoppelt ist.

5.2 Die Organisation als System von Entscheidungen

Ausgangspunkt des ökonomischen Ansatzes zur Untersuchung von Organisationen sind die im ersten Abschnitt identifizierten Grundbausteine jeder Organisation: Der einzelne Organisationsteilnehmer als ökonomischer Akteur innerhalb der Organisation – er ist derjenige, der mit seinem Handeln Werte für die Organisation schafft. Und die Transaktionen zwischen den Organisationsteilnehmern – sie sind entscheidend dafür, wie sich das Handeln der einzelnen Organisationsteilnehmer aggregiert, welche Wertschöpfung die Organisation also tatsächlich schaffen und realisieren kann. Damit rückt einerseits das individuelle Entscheidungsverhalten des einzelnen Organisationsteilnehmers in den Mittelpunkt der Analyse, andererseits aber insbesondere das organisatorische Entscheidungsverhalten als Ergebnis der Interaktionen der verschiedenen Parteien:

- Einerseits ist die tatsächliche Ausführung der Tätigkeiten, die einem Organisationsteilnehmer im Rahmen der Arbeitsteilung zugewiesen sind, Ergebnis seines individuellen Entscheidungsverhaltens. Er bestimmt, inwieweit er sich konform mit den organisatorischen Zielen verhält oder nicht.

- Andererseits ist das Zusammenspiel seines individuellen Entscheidungsverhaltens mit dem anderer Organisationsteilnehmer Ergebnis des organisatorischen Entscheidungsverhaltens. Arbeitsteilung und Kooperation bestimmen hier, welche Aufgaben er zu übernehmen hat und wie seine Teilentscheidung mit denen der anderen an der Problemlösung beteiligten Organisationsteilnehmer abgestimmt werden müssen.

Die Organisation kann so als ein System von Entscheidungen interpretiert werden. Simon (1945, S.1) stellt hierzu fest, "the process of decision does not come to an end when the general purpose of an organization has been determined. The task of 'deciding' pervades the entire administrative organization quite as much as does the task 'doing'." Neben den Tätigkeiten, die der einzelne Organisationsteilnehmer im Sinne des Organisationsziels ausführen soll, muß er immer auch Entscheidungen treffen. Die durchzuführenden Tätigkeiten sind ja gerade das Resultat von vorgelagerten Entscheidungen.

5.2.1 Individuelles Entscheidungsverhalten

Die Organisation kann nicht davon ausgehen, daß jeder Organisationsteilnehmer auch tatsächlich den vereinbarten Beitrag zur Wertschöpfung der Organisation leistet. Vielmehr sind die Qualität, der Umfang, die Originalität oder andere Merkmale seines Beitrags Resultat einer individuellen Entscheidung. Dies gilt nicht nur für den Mitarbeiter an der Produktionsanlage, der den Maschinenbelegungsplan des Fertigungsplaners umsetzen muß, sondern auch für den Kapitalgeber einer Unternehmung, der über die Bereitstellung zusätzlichen Kapitals für eine neue Produktionsanlage entscheiden muß. Jeder Organisationsteilnehmer muß somit als ein Entscheidungsträger der Organisation betrachtet werden.

Als **individuelles Entscheidungsverhalten** bezeichnen wir die Art und Weise, wie ein Individuum seine Entscheidungen trifft. Im folgenden werden wir das individuelle Entscheidungsverhalten näher betrachten. Insbesondere werden wir auf die einzelnen Determinaten des Verhaltens eines Entscheidungsträgers näher eingehen. Wir nehmen dabei an, daß er seine Entscheidung autonom, ohne die Mitwirkung anderer Personen trifft. In den nächsten Abschnitten dieses Kapitels werden wir dann diskutieren, wie dieses Entscheidungsverhalten im organisatorischen Kontext modifiziert werden muß.

Individuelles Entscheidungsverhalten läßt sich grundsätzlich aus zwei Perspektiven betrachten:

- Aus struktureller Perspektive geht es für ein Individuum um das Lösen eines Entscheidungsproblems. Dieses besteht in der **Auswahl einer Alternative** aus einer Menge von möglichen Handlungsalternativen, die ihm zur Erreichung eines Ziels zur Verfügung stehen. Dabei wird angenommen, daß die Entscheidungssituation für das Individuum gegeben ist, ihm die verfügbaren Handlungsalternativen und deren Auswirkungen auf die Zielerreichung also bekannt sind. In diesem Sinne ist die Entscheidungssituation für das Individuum statisch.

- Aus prozessualer Perspektive geht es hingegen um die Dynamik des individuellen Entscheidungsverhalten. Die Auswahl einer Handlungsalternative aus einer Menge an Handlungsalternativen wird als Ergebnis einer Reihe von Einzelaktivitäten im Rahmen eines Entscheidungsprozesses gesehen. Im allgemeinen sind nämlich weder die Handlungsalternativen vorgegeben, noch kennt das Individuum deren Auswirkungen auf die Zielerreichung. Daher sind der eigentlichen Entscheidung informationsgewinnende und -verarbeitende Aktivitäten vorgelagert. Das Individuum gestaltet sich also erst seine Entscheidungssituation, indem es die entscheidungsvorbereitenden Aktivitäten festlegt. So bestimmt es beispielsweise die Handlungsalternativen, die es überhaupt in Betracht zieht.

Aus struktureller Perspektive ist das individuelle Entscheidungsverhalten durch die im letzten Abschnitt eingeführten drei Annahmen an das ökonomische Verhalten unmittelbar beschrieben: Das Individuum bewertet die ihm zur Verfügung stehenden Handlungsalternativen und wählt dann diejenige davon aus, die seinen Nutzen maximiert.

Diese Sichtweise klammert allerdings wesentliche Aspekte des individuellen Entscheidungsverhaltens a priori aus. Aufgrund seiner begrenzten Rationalität ist nämlich davon auszugehen, daß sich das Individuum die Entscheidungssituation durch einen Entscheidungsprozeß selbst konstituiert: Ihm stehen nicht ohne weiteres die verschiedenen Handlungsalternativen zur Verfügung, da dies einen kostenlosen Zugang zu diesen Informationen voraussetzt. Analoges gilt für sein Wissen über die Konsequenzen der einzelnen Handlungsalternativen.

Daher muß sich der Entscheidungsträger vor der eigentlichen Auswahl einer Handlungsalternative mit Informationsproblemen auseinandersetzen: Informationen, die er gerne haben möchte, sind für ihn nicht ohne weiteres verfügbar; Informationen, die leicht zugänglich sind, können von ihm nicht verarbeitet werden, weil sie zu komplex sind. Bei der Bildung der Entscheidungssituation muß das Individuum also alle Kosten, insbesondere seine Opportunitätskosten berücksichtigen, die solche informationsgewinnenden und -verarbeitenden Aktivitäten beeinhalten.

Darüber hinaus wird bei der strukturellen Perspektive des individuellen Entscheidungsverhaltens implizit angenommen, daß die ausgewählte Alternative vollständig implementiert wird. Auftretende Schwierigkeiten bei der Implementierung, die insbesondere aufgrund der begrenzten Rationalität entstehen können, werden somit genauso wenig behandelt wie die damit verbundenen Auswirkungen auf die Entscheidungssituation.

Eine Analyse des individuellen Entscheidungsverhaltens aus struktureller Perspektive ist daher nur dann sinnvoll, wenn die vor- und nachgelagerten Aktivitäten im Rahmen des Entscheidungsprozesses (implizit) berücksichtigt werden. In diesem

Sinne muß die strukturelle Perspektive um prozessuale Komponenten des individuellen Entscheidungsverhaltens ergänzt werden.

Aus prozessualer Perspektive lassen sich die einzelnen Aktivitäten innerhalb des Entscheidungsprozesses lassen sich grob in drei Phasen gliedern: Situationserfassung, Situationsanalyse und Handlung. In der Phase der Situationserfassung nimmt der Entscheidungsträger die Situation wahr, die einer Entscheidung bedarf, und formuliert das Entscheidungsproblem. Im Rahmen der Situationsanalyse generiert der Entscheidungsträger dann verschiedene Handlungsalternativen und bewertet diese im Hinblick auf seine Ziele. In der Phase der Handlung trifft der Entscheidungsträger dann seine eigentliche Entscheidung, implementiert die so ausgewählte Alternative und kontrolliert das tatsächliche Ergebnis. Innerhalb jeder Phase können wir weitere Teilschritte identifizieren. Im einzelnen lassen sich hier die folgenden Aktivitäten innerhalb des gesamten Entscheidungsprozesses aufführen.

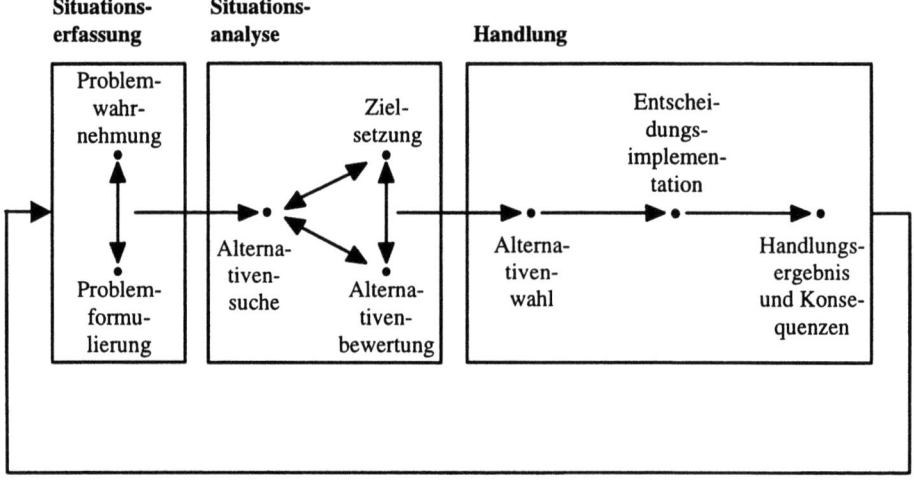

Abbildung 5.2: Das prozessuale Modell des individuellen Entscheidungsverhaltens

Um die Auswirkung dieser prozessualen Perspektive auf das individuelle Entscheidungsverhalten aufzuzeigen, werden nun die einzelnen Aktivitäten und deren Bedeutung für das Lösen des Entscheidungsproblems diskutiert:

Problemwahrnehmung

Bevor ein Entscheidungsträger in den Entscheidungsprozeß eintritt, muß er hierfür zunächst einmal eine Notwendigkeit sehen. Inwieweit er ein Entscheidungsproblem wahrnimmt, hängt davon ab, wie er die Situation selbst erfaßt und einschätzt. Seine individuelle Wahrnehmung erfolgt über verschiedene kognitive Prozesse. In welchem Ausmaß hier ein tatsächliches Problem subjektiv von dem Entscheidungsträger wahrgenommen wird, ist von einer Reihe von Faktoren abhängig, etwa seinen Fähigkeiten, die Situation klar erfassen zu können oder von seinen jeweiligen Werten, Wünschen und Bedürfnissen.

Für die ökonomische Analyse nehmen wir an, daß die Wahrnehmung durch die Persönlichkeitseigenschaften des Entscheidungsträgers und die entscheidungsrelevanten individuellen Informationen bestimmt wird, die er a priori besitzt. Diese Informationen sind im allgemeinen nicht umfassend. Daher gehen wir davon aus, daß das Individuum Signale aus seiner Umwelt aufnimmt und seine a priori Informationen entsprechend modifiziert. Ein Problem wird nun nur dann von dem Individuum als solches wahrgenommen, wenn es aufgrund der modifizierten Informationen unwahrscheinlich ist, daß die bisherigen Erwartungen über die Situation zutreffen.

Betrachten wir zur Illustration den Unternehmer eines kleineren Produktionsunternehmens. Aufgrund mehrerer kleinerer Ausfälle einer Produktionsmaschine ist es in der letzten Zeit zu kurzfristigen Produktionsausfällen gekommen. Bisher hatte der Unternehmer den Ausfall der Maschine zufallsbedingten Faktoren zugeordnet. Allerdings macht ihn die Häufigkeit, mit der die letzten Ausfälle auftraten, nachdenklich. Obwohl die Anlage erst vor einigen Jahren angeschafft wurde und eigentlich als zuverlässig galt, revidiert der Unternehmer seine bisherigen Erwartungen über die Funktionsfähigkeit der Anlage. Inwieweit er diese Signale als eine Gefahr für den Produktionsprozeß deutet und einen entsprechenden Handlungsbedarf sieht, ist davon abhängig, welche Konsequenzen er aufgrund seiner veränderte Einschätzung für seine Unternehmung befürchtet.

Problemformulierung

Die Erkenntnis, daß sich die Situation anders entwickelt als erwartet, führt zur Problemformulierung: Wie können die auftretenden Chancen und Risiken so genutzt und beeinflußt werden, daß sich die Situation einem gewünschten Zustand annähert. Im allgemeinen ist dabei der angestrebte Endzustand jedoch noch noch unscharf definiert. So genügt etwa die Feststellung, daß der Produktionsprozeß durch einen Ausfall der Anlage gefährdet wäre, um den Entscheidungsprozeß überhaupt in Gang zu setzen. Für die Suche nach Handlungsalternativen zur Lösung dieses Problems ist dies aber im allgemeinen nicht ausreichend. In solchen Fällen muß die Problemformulierung präzisiert werden. Hierzu sind gegebenenfalls zunächst zusätzliche Informationen über das Problem zusammenzutragen.

Im Zuge der Problemformulierung werden auch die möglichen Restriktionen und Bedingungen identifiziert, denen eine Lösung des Entscheidungsproblems genügen muß. Das Ausmaß dieser Konkretisierung stellt selbst ein Entscheidungsproblem für das Individuum dar. Je enger die Problemdefinition gewählt wird, desto kleiner wird die Menge der grundsätzlich in Frage kommenden Handlungsalternativen. Dadurch werden aber Alternativen, die zuvor auch zur Lösung des Problems in Frage gekommen wären, ausgeschlossen. Andererseits kann eine zu weit gesteckte Problemdefinition dazu führen, daß das Problem zu unscharf formuliert ist und so für die Suche nach Alternativen zuviel Ressourcen verwendet werden.

Im Beispiel der Produktionsanlage könnte etwa die Problemkonkretisierung folgendermaßen lauten: Wie kann die Zuverlässigkeit des Produktionsprozesses erhöht werden, ohne daß die damit verbundenen Kosten einen bestimmten Betrag überschreiten?

Zielsetzung

Ziel des Entscheidungsträgers ist es, eine möglichst umfassende Bedürfnisbefriedigung zu erreichen. Er bewertet die ihm zur Verfügung stehenden Handlungsalternativen anhand ihrer Möglichkeiten, seine Bedürfnisse zu befriedigen. Das Individuum wird hierzu mit Hilfe der ihm verfügbaren Informationen jeder Handlungsalternative ihre Vor- und Nachteile zuordnen. Anschließend wählt es die Alternative mit dem maximalen Nutzen.

Das Ziel der Nutzenmaximierung ist im allgemeinen aber für die Lösung des Entscheidungsproblems zu grob. Sie gibt dem Individuum keine expliziten Zielvorgaben und beschreibt den angestrebten Endzustand nur ungenau. Daher ist eine Präzisierung der Zielvorstellungen notwendig. Diese folgt aus der Problemformulierung. So ergibt sich das Ziel des Unternehmers als Erhöhung der Zuverlässigkeit des Produktionsprozesses unter Berücksichtigung der damit verbundenen Produktionskosten.

Alternativensuche

Im allgemeinen sind die Handlungsalternativen, die die derzeitige Situation in den angestrebten Zustand überführen sollen, nicht einfach gegeben. Ebenso sind auch die Auswirkungen der Alternativen auf die Zielerreichung nicht unmittelbar bekannt. Vielmehr ist davon auszugehen, daß das Individuum lediglich eingeschränkte Informationen über die möglichen Alternativen und deren Konsequenzen hat.

Aufgrund der Unvollständigkeit seines Wissens und der Schwierigkeiten der Bewertung zukünftiger Ereignisse ist das Individuum einer exogenen Unsicherheit ausgesetzt. Bezüglich seines Entscheidungsverhaltens tritt diese auf, weil das Individuum in der Regel keine vollständige Kenntnis über die Ausprägung aller relevanten exogenen Rahmenbedingungen des Entscheidungsproblems hat. Solche unvorhersehbaren Rahmenbedingungen betreffen Sachverhalte, die dem Individuum in ihrer Ausprägung zum Entscheidungszeitpunkt weder bekannt noch von ihm beeinflußbar sind.

Angenommen, der Unternehmer möchte sein Ziel durch die Investition in eine neue Anlage erreichen. Dann muß er zunächst einmal verschiedene Angebote alternativer Produktionsanlagen einholen. Er stellt dabei fest, daß es die benötigte Anlage in verschiedenen Ausführung gibt. Zur Bestimmung der Größe der neuen Anlage muß der Unternehmer daher Informationen über die erwartete Nachfrage in den nächsten Jahren ermitteln. Die Marktnachfrage wird er aber nicht exakt voraussagen können. Sie ist vielmehr von einer Reihe exogener Faktoren abhängig, wie dem Eintritt neuer Firmen in den Markt, veränderten Kundenbedürfnissen, der allgemeinen Wirtschaftslage oder der Entwicklung kostengünstiger Substitute für das Produkt. Um dennoch die Marktnachfrage zu evaluieren, kann der Unternehmer in diesem Fall beispielsweise die exogene Unsicherheit auf drei Szenarien reduzieren: Die Marktnachfrage steigt, bleibt unverändert oder fällt in den nächsten vier Jahren.

Da die Suche nach neuen Alternativen und die Ermittlung ihrer Konsequenzen für das Individuum Kosten verursachen, muß es über den Umfang der zusätzlich zu beschaffenden Informationen entscheiden. Die folgende Abbildung illustriert, wie Kosten und Nutzen gegeneinander abgewogen werden:

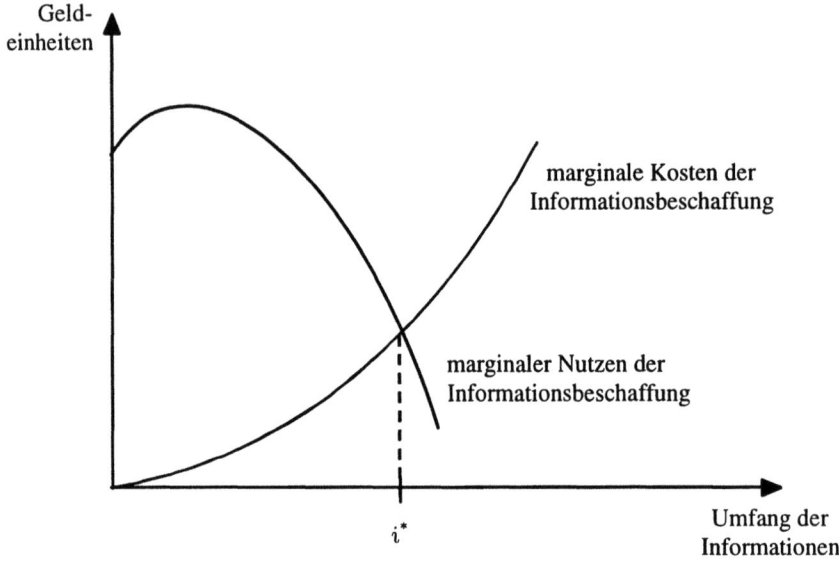

Abbildung 5.3: Marginale Kosten und Nutzen von Informationen

Die Nutzen und Kosten der Informationen sind je nach Person und Situation verschieden, sie müssen also in ihrer Höhe individuell bestimmt werden. In manchen Fällen ist ein geringer Umfang an Informationen optimal, in anderen Fällen lohnt es, sich genauer zu informieren. Die obige Abbildung zeigt hier die subjektiven Einschätzungen des Individuums bezüglich der Kosten und des Nutzens zusätzlicher Informationen.

Dabei ist angenommen, daß die Informationen alle den gleichen Informationswert haben.[3] Die marginalen Kosten der Informationssammlung sind somit um so höher, je mehr Informationen das Individuum sammelt. Dies reflektiert den Umstand, daß das Individuum zunächst diejenigen Informationen sammelt, die einfach zugänglich sind, also geringere Kosten verursachen. Um jedoch dann zusätzliche Informationen zu gewinnen, muß es immer mehr Zeit und Geld investieren. Auf der anderen Seite ist der marginale Nutzen von Informationen nicht stetig ansteigend.

Zusätzliche Informationen werden hier zu Anfang den Informationsstand wesentlich verbessern, da diese Informationen dem Entscheidungsträger helfen, das Entscheidungsproblem zu strukturieren und zu präzisieren. Weitere Informationsgewinnung führt aber dann zu einer ständigen Duplizierung bestehender Informationen, so daß der Grenznutzen der Information ab einem gewissen Informationsstand abnimmt.

Der optimale Umfang der Informationsbeschaffung i^* ist dann durch die Übereinstimmung der marginalen Kosten der Informationsbeschaffung und des marginalen Nutzens der Informationen bestimmt: Würde das Individuum weniger Informationen als i^* gewinnen, wäre der marginale Nutzen eines zusätzlichen Bits Information größer als die damit verbundenen marginalen Kosten, so daß es vorteilhaft wäre, weitere informationsgewinnende Aktivitäten durchzuführen. Eine Informationssammlung, die über den Umfang i^* hinausgeht, ist hingegen nachteilig, da hier der zusätzliche Nutzen geringer ist als die dabei entstehenden zusätzlichen Kosten.

Im Beispiel des Unternehmers wird dieser zur Beurteilung der Marktnachfrage zunächst Informationen sammeln, die innerhalb der Unternehmung verfügbar sind. In einem nächsten Schritt könnte er auf allgemeine Marktstudien zurückgreifen, die kommerziell von anderen Unternehmungen angeboten werden. Teurer wäre es, wenn er in einem weiteren Schritt eine Unternehmensberatung mit der Erstellung einer spezifischen Marktstudie beauftragen würde.

Alternativenbewertung

Die obigen Ausführungen machen bereits deutlich, daß die zur Alternativensuche und -bewertung notwendigen Aktivitäten ähnlich sind. In beiden Fällen kennt das Individuum nicht alle entscheidungsrelevanten Informationen. Im Fall der Alternativensuche muß es Handlungsalternativen ermitteln, im Fall der Alternativenbewertung muß es die Konsequenzen abschätzen, die mit diesen Alternativen verbunden sind.

Aufgrund der mit der Alternativensuche und -bewertung verbundenen Informationskosten kann es zudem sinnvoll sein, die Aktivitäten der Alternativensuche und -bewertung eng miteinander zu koppeln. Grundsätzlich sind hierbei zwei Bewertungsverfahren möglich:

- Simultane Alternativenbewertung: In diesem Fall hat das Individuum den Schritt der Alternativensuche abgeschlossen und bewertet nun alle ihm zur Verfügung stehenden Handlungsalternativen.

- Sequentielle Alternativenbewertung: Statt die Suche und Bewertung von Alternativen in zwei getrennten Schritten durchzuführen, geht das Individuum in diesem Fall jeweils sequentiell vor. Zunächst überprüft es die erste gefundene Alternative auf ihre Zielerreichung. Je nach Ergebnis dieser Bewertung verwirft es dann die Alternative und nimmt den Suchvorgang wieder auf, oder es wählt die Alternative als Problemlösung aus und stellt den Suchvorgang ein. Bei diesem sequentiellen Vorgehen weiß das Individuum also nicht a priori, welche Handlungsalternativen ihm überhaupt zur Verfügung stehen.

Welches Verfahren das Individuum für die Suche und Bewertung von Alternativen auswählt, ist insbesondere von seinen Informationskosten abhängig: Je geringer die Kosten der Informationssammlung und -verarbeitung sind, desto eher wird das Individuum alle grundsätzlich möglichen Handlungsalternativen zur Problemlösung in Betracht ziehen. Bei kostenloser Informationsbeschaffung würde es dann die beste Alternative unter allen auswählen. Sind hingegen seine Informationskosten sehr hoch, wird es eher sukzessive Alternativen suchen und bewerten. Dies hat den Vorteil, bereits bei einer akzeptablen Alternative die Alternativensuche beenden zu können.

Bei der sequentiellen Vorgehensweise stellt sich dabei die Frage, nach welchen Kriterien das Individuum seine Suche und Bewertung beenden soll oder nach einer weiteren Alternative forschen soll. Auf Simon (1955) geht die Idee des Anspruchsniveaus zurück: Ein Individuum bildet sich ein **Anspruchsniveau,** das ihm als Meßlatte für die Bewertung von Alternativen dient. Sobald es nun eine Alternative gefunden hat, die diesem Anspruchsniveau gerecht wird, bricht es seine Suche ab, ansonsten setzt es sie fort.[4]

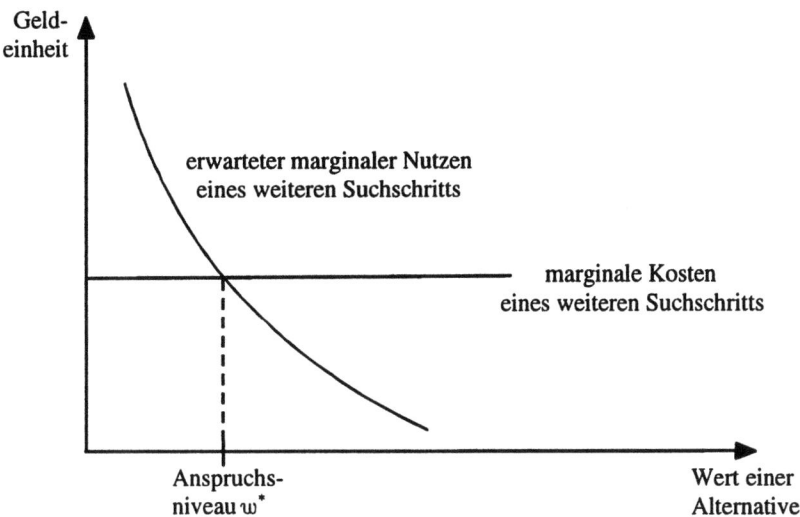

Abbildung 5.4: Marginale Kosten und Nutzen der sequentiellen Alternativenbewertung

Die obige Abbildung stellt dar, wie sich das Anspruchsniveau eines Individuums aufgrund seiner individuellen Nutzenmaximierung ergibt. Dabei sind wir zur Vereinfachung davon ausgegangen, daß die marginalen Kosten der Alternativensuche, und somit die Opportunitätskosten für einen weiteren Suchschritt, konstant sind. Der erwartete marginale Nutzen aus einem zusätzlichen Suchschritt ist als fallend angenommen. Dies bringt zum Ausdruck, daß es immer unwahrscheinlicher wird, in einem weiteren Suchschritt eine bessere Alternative zu finden, je größer der Wert ist, den die bisher beste Alternative zur Lösung des Entscheidungsproblems beiträgt. Das optimale Anspruchsniveau w^* für den Wert, den eine Alternative als Lösung des Entscheidungsproblem haben sollte, ist dann wieder durch die Übereinstimmung der marginalen Kosten und Nutzen eines zusätzlichen Suchschritts bestimmt.

In unserem Beispiel könnte der Unternehmer die simultane und sequentielle Alternativenbewertung auch miteinander koppeln: In einem ersten Schritt formuliert er zunächst ein Anspruchsniveau, das von der neuen Produktionsanlage auf jeden Fall erfüllt werden soll. Diesem Anspruchsniveau wird er beispielsweise eine Mindestauslastung der Anlage, einen Mindestertrag der Investition oder andere Zielgrößen zugrunde legen. Hierzu wird er den drei Marktszenarien – steigende, gleichbleibende und fallende Marktnachfrage – verschiedene Erwartungen zuordnen. In einem zweiten Schritt wird er dann die bisher eingeholten Angebote über die verschiedenen Anlagen simultan bewerten. Erfüllt eine der Anlagen sein Anspruchsniveau, wird er diese Alternative präferieren. Erfüllt hingegen keine der Anlagen sein Anspruchsniveau, wird er in einem nächsten Schritt eine Reihe weiterer Angebote einholen und diese anhand seines Entscheidungskriteriums bewerten.

Alternativenwahl

Die Auswahl aus den durch die Alternativensuche gefundenen Handlungsalternativen nimmt das Individuum aufgrund seiner Zielsetzung vor. Diesem Schritt kommt innerhalb des Entscheidungsprozesses eine wesentliche Bedeutung zu: Durch den expliziten Akt der Wahl bindet sich das Individuum an eine bestimmten Lösung des Entscheidungsproblems.
Das Individuum benutzt die bisherigen Ergebnisse aus der Alternativensuche und -bewertung und wählt diejenige Alternative aus, die seinen Nutzen maximiert. Bei einer simultanen Alternativenbewertung wird es dabei auf der Grundlage der Vor- und Nachteile aller Alternativen auswählen. Bei der sequentiellen Alternativenbewertung wird es diejenige Alternative auswählen, die seinem Anspuchsniveau an eine Lösung am ehesten genügt.

Entscheidungsimplementierung

Die Auswahl einer Handlungsalternative garantiert noch nicht deren Umsetzung. Erst wenn das Individuum Ressourcen in die tatsächliche Implementierung der Handlungsalternative investiert, verpflichtet es sich, den bisherigen, intellektuellen Auswahlprozeß auch tatsächlich in einen Umsetzungsprozeß zu überführen.

Da der Informationsstand des Individuum bei der Auswahl seiner Handlungsalternative aufgrund der exogenen Unsicherheit in der Regel unvollständig ist, wird die ausgewählte Alternative noch nicht sämtliche Details der eigentlichen Problemlösung a priori festlegen. Vielmehr wird das Individuum die Präzisierung der Alternative erst im Zuge ihrer Durchsetzung nach Realisierung entsprechender exogener Faktoren vornehmen. Daher ist es notwendig, zusätzliche Einführungs- und Umsetzungsmaßnahmen unter Berücksichtigung der jeweiligen tatsächlichen Gegebenheiten zu treffen. Auch die Auswahl dieser Maßnahmen stellt für das Individuum ein Entscheidungsproblem dar.

Bei unserem Beispiel der Entscheidung eines Unternehmers für eine neue Anlage muß so nach der Entscheidung über den Kauf der Anlage entschieden werden, zu welchem Zeitpunkt in Abhängigkeit von der Auftragslage die alte Anlage abgebaut und die neue installiert werden soll. Als Umsetzungsmaßnahmen müssen weiterhin Schulungs- und Informationsveranstaltungen für die Mitarbeiter durchgeführt werden.

Handlungsergebnis und Konsequenzen

Da das Individuum die Auswahl der Handlungsalternative und die während der Implementierung getroffenen Maßnahmen jeweils nur auf der Basis eines eingeschränkten Informationsstands getroffen hat, ist unklar, inwieweit die A-priori-Lösung des Entscheidungsproblems tatsächlich zur Problemlösung führt. Daher muß das Resultat der Entscheidungsimplementierung, also das eingetretene Handlungsergebnis, auf die Erfüllung der mit der Problemlösung verbundenen Ziele überprüft werden.

So wird der Unternehmer die Auslastung der Anlage ständig überprüfen. Wenn sich die Marktnachfrage entsprechend seinen Vorstellungen entwickelt, ist er mit der Investition in die große Anlage zufrieden.

Die nachträgliche Kontrolle des Handlungsergebnisses ermöglicht es dem Individuum, erforderliche Korrektur- oder Anpassungsmaßnahmen einzuleiten. Die Entscheidung hierüber wird abhängig von der Bewertung der bisherigen Zielerreichung sein. Interpretiert man die durch diesen Vergleich gewonnenen Informationen als Signale, die zu einer Modifikation der bisherigen Erwartungen des Individuums an die Problemlösung führen, dann kann durch diese Rückkopplung ein neuer Entscheidungsprozeß in Gang gesetzt werden.

Grundsätzlich stehen dem Individuum zwei verschiedene Möglichkeiten der Korrektur zur Verfügung. Zum einen kann es zu dem Schluß kommen, daß es die Handlungsalternative selbst richtig ausgewählt hat, daß allerdings bei der Implementierung nicht die richtigen Umsetzungsmaßnahmen durchgeführt wurden. In diesem Fall wird es also dieselbe Alternative allerdings mit modifizierten Umsetzungsmaßnahmen wählen. Zum anderen kann das Individuum aber auch die ausgewählte Handlungsalternative selbst als falsch verwerfen. In diesem Fall wird es mit den Erfahrungen und gewonnenen Informationen aus dem bisherigen Entscheidungsprozeß erneut einen Entscheidungsprozeß mit einer Situationsanalyse durchführen. Welche dieser beiden möglichen Konsequenzen das Individuum aus der Kontrolle des Handlungsergebnisses zieht, ist wiederum ein Entscheidungsproblem.

In der Darstellung des prozessualen Modells des individuellen Entscheidungsverhaltens haben wir die einzelnen Aktivitäten während des Entscheidungsprozesses in sequentieller Systematik besprochen. Unsere Ausführungen machen aber bereits deutlich, daß die einzelnen Aktivitäten nicht Schritt für Schritt vom Individuum abgearbeitet werden, sondern daß vielfältige Interdependenzen zwischen den einzelnen Teilschritten bestehen. So haben wir gesehen, daß bei einer sequentiellen Alternativenbewertung die Suche und Bewertung von Alternativen eng miteinander gekoppelt ist. Auch die Problemformulierung kann in der Regel nur dann sinnvoll durchgeführt werden, wenn zugleich Überlegungen zur Zielpräzisierung angestellt werden. Auch der Einbezug von Vorüberlegungen zur Alternativensuche oder Implementierung ist im allgemeinen bei der Problemformulierung angebracht.

Darüber hinaus sind aber auch nicht alle Aktivitäten innerhalb des Entscheidungsprozesses entscheidungsrelevant. So kann ein Individuum beispielsweise die Phase der Situationserfassung überspringen und gleich mit der Situationsanalyse starten, wenn ihm das Entscheidungsproblem vertraut vorkommt. Oder der Prozeß besteht nur aus der Phase der Handlung, wenn z.B. durch das Entscheidungsproblem ein Routineverhalten ausgelöst wird und die Notwendigkeit für eine vertiefende Situationsanalyse nicht besteht. Je nach der Höhe der mit der Situationserfassung und -analyse verbundenen Informationssammlungs- und Verarbeitungskosten können wir zwei Typen von Entscheidungen unterscheiden:

(1) Programmierte Entscheidungen: Wenn eine bestimmte Situation wiederholt auftritt, kann es ökonomisch sinnvoll sein, nicht in jedem Fall eine umfassende Alternativensuche und -bewertung durchzuführen. Eine programmierte Entscheidung in Form einer Routine oder einer Daumenregel kann hier die Entscheidungskosten drastisch reduzieren. Allerdings muß das Individuum dabei berücksichtigen, daß seine Problemlösung nicht notwendigerweise optimal sein wird.

(2) Nichtprogrammierte Entscheidungen: Diese Form der Entscheidungsfindung beinhaltet eine aktive Alternativensuche und -bewertung. Der Entscheidungsprozeß umfaßt daher sämtliche oben dargestellten Einzelaktivitäten innerhalb der drei Phasen des individuellen Entscheidungsverhaltens.

5.2.2 Strategisches Entscheidungsverhalten

Ein Individuum, das eine Transaktion mit einem anderen Partner eingeht, verspricht sich davon Vorteile. Welche Vorteile ihm tatsächlich aus der Transaktion erwachsen, hängt nicht nur vom eigenen Handeln sondern auch von dem des anderen Transaktionspartners ab. Die Transaktionspartner befinden sich somit in einer interdependenten Entscheidungssituation.

Im Unterschied zu unserer bisherigen Betrachtung des individuellen Entscheidungsverhaltens ist in einer interdependenten Entscheidungssituation der Entscheidungsprozeß des Individuums nicht nur einer exogenen Unsicherheit ausgesetzt. Vielmehr muß eine Partei die zusätzliche strategische Unsicherheit mit einbeziehen, die aufgrund der Interaktion mit der anderen Partei entsteht. **Strategische Unsicherheit** resultiert aus der Unsicherheit hinsichtlich des Verhaltens des anderen Partners. Als **strategisches Entscheidungsverhalten** bezeichnen wir ein individuelles Entscheidungsverhalten, das das Verhalten anderer Parteien im Entscheidungsprozeß mit berücksichtigt.

Die Berücksichtigung der strategischen Unsicherheit im individuellen Entscheidungsverhalten ist von wesentlicher Bedeutung, da das Individuum im allgemeinen das Verhalten des anderen Transaktionspartners nicht als gegeben voraussetzen kann. Nur in Ausnahmefällen wird es hier dessen Verhalten als feste Größe in die eigene Entscheidung einbeziehen können. Ist dies der Fall, dann reduziert sich seine Entscheidungsfindung unter strategischer Unsicherheit auf ein Entscheidungsproblem unter exogener Unsicherheit, das strategisches Entscheidungsverhalten entspricht dem oben diskutierten individuellen Entscheidungsverhalten.

Im allgemeinen wird das Verhalten des anderen Transaktionspartners jedoch nicht vollständig determiniert sein. Vielmehr ist davon auszugehen, daß auch dieser bei der Abwägung seiner Handlungsalternativen seine individuellen Präferenzen berücksichtigt und die Maximierung seiner Bedürfnisbefriedigung anstrebt. Somit kann das Individuum aber a priori nicht exakt voraussagen, wie sich der andere in der Situation verhalten wird. Vielmehr muß es die andere Partei sowohl in ihren individuellen Zielvorstellungen als auch in ihrem möglichen Verhalten bei der eigenen Entscheidungsfindung umfassend berücksichtigen. Strategisches Entscheidungsverhalten setzt also voraus, daß das Individuum die Wechselwirkung seiner Interaktionen mit dem anderen Transaktionspartner in sein Entscheidungskalkül einbezieht.

Lincoln Electric und das strategische Verhalten einer Schreibkraft

Die Lincoln Electric Company ist ein erfolgreiches Unternehmen bei der Herstellung von Elektro-Schweißgeräten. Strategisch war das Unternehmen immer auf die Beibehaltung seiner Kostenführerschaft ausgerichtet, wobei die Effizienzvorteile zu einem großen Teil auf das Anreizsystem zurückgeführt wurden. Ein Baustein dieser Anreize lag darin, Löhne wenn möglich vom Stück-Output abhängig zu machen. Dieses System sollte auch auf Schreibkräfte ausgeweitet werden, indem Zähler an jeder Schreibmaschine angebracht wurden, die die Anzahl der Anschläge registrierten.

Tatsächlich erreichte man mit dieser Lösung eine Steigerung des Output. Das System wurde allerdings wieder abgeschafft, als das strategische Verhalten einer Mitarbeiterin aufgedeckt wurde: Sie "arbeitete" die Mittagspausen durch, indem sie mit einer Hand aß und mit der anderen unsinnige Buchstabenkombinationen eintippte, um ihr Gehalt aufzubessern.

Quelle: Berg und Fast (1975)

Im folgenden wollen wir zunächst die grundsätzlichen Probleme aufzeigen, die bei einer Transaktion aufgrund der strategischen Unsicherheit auftreten können. Dabei werden wir insbesondere die begrenzte Rationalität des individuellen Verhaltens berücksichtigen. Wir werden dann die Bedeutung der strategischen Unsicherheit für den individuellen Entscheidungsprozeß darstellen.

Für die Diskussion der Auswirkungen der strategischen Unsicherheit auf eine Transaktion können vier verschiedene Typen von Problemen unterschieden werden:

Adverse Selektion

In vielen Transaktionen hat eine der Parteien Informationen, die für die Durchführung des Leistungsaustauschs relevant sind, jedoch nur ihr zur Verfügung stehen. Eine solche Partei besitzt demnach private Informationen, ihr Partner in der Transaktion besitzt ein Informationsdefizit. So kann beispielsweise ein Versicherungsnehmer die objektive Wahrscheinlichkeit eines Versicherungsunfalls besser beurteilen als der Versicherungsgeber. Der Versicherungsnehmer hat demnach private Informationen über seine Schadenwahrscheinlichkeiten, die der Versicherungsgeber nicht besitzt.

In solchen Situationen besteht die Gefahr der **adversen Selektion**: Bietet der Versicherungsgeber einheitliche Versicherungsverträge an, deren Prämiengestaltung auf einer durchschnittlichen Schadenwahrscheinlichkeit beruht, dann werden Versicherungsnehmer mit niedriger Unfallwahrscheinlichkeit tendenziell weniger Versicherungsleistungen nachfragen als solche mit hohen Schadenwahrscheinlichkeiten. Daraus ergibt sich im Durchschnitt aber eine positive Korrelation von Versicherungsnachfrage und Schadenwahrscheinlichkeit, so daß sich für den Versicherungsgeber das durchschnittliche Verhältnis von Prämieneinnahmen und Versicherungsleistungen ungünstiger gestaltet, als aufgrund der durchschnittlichen Schadenwahrscheinlichkeit zu erwarten wäre. Aus Sicht des Versicherers entspricht das Verhalten der Versicherungsnehmer einer adversen Selektion.

Moralisches Risiko

Selbst wenn eine der Parteien vor der Transaktion keine privaten Informationen besitzt, die hierfür von Bedeutung sind, kann es im Verlaufe der Transaktion zu einem Informationsdefizit bei einer der Parteien kommen: Wenn der Transformationsprozeß keine eindeutige Zuordnung der Handlungsergebnisse auf die Handlungen einer Partei zuläßt, kann die andere Partei nicht mit Sicherheit sagen, ob die im Vertrag festgelegten Beiträge auch tatsächlich geleistet wurden. So ist es beispielsweise einem Versicherungsunternehmen nicht möglich, bei einem KFZ-Schaden das Fahrverhalten des beteiligten Versicherungsnehmers vollständig zu beurteilen.

Bei Transaktionen, bei denen eine Partei nur unvollständig weiß, welche Beiträge der andere Transaktionspartner geleistet hat, besteht die Gefahr des **moralischen Risikos**: Der informierte Transaktionspartner könnte seinen Informationsvorsprung zu seinem eigenen Vorteil nutzen. So kann ein Versicherungsgeber im allgemeinen nicht feststellen, ob sich der Versicherungsnehmer entsprechend den Versicherungsbedingungen verhält. Tut er dies nicht und provoziert einen Schadenfall, muß der Versicherungsgeber ungerechtfertigt leisten. Das moralische Wagnis besteht also darin, daß die Unbeobachtbarkeit des Handelns einen Anreiz für Aktivitäten liefert, die die Gegenpartei schädigen.

Holdup

Auch bei einer Transaktion, bei der keine der Parteien ein Informationsdefizit gegenüber der anderen Partei hat, kann trotz einer vertraglichen Vereinbarung für eine Partei ein Entscheidungsspielraum bestehen, der nicht vertraglich festgelegt ist. Dies kann insbesondere dann für die andere Vertragspartei problematisch sein, wenn sie hohe transaktionsspezifische Investitionen getätigt hat, um die Wertschöpfung der Transaktion zu steigern. Sind diese Investitionen nämlich einmal getätigt, stellen sie sunk costs dar, also Kosten, die nicht rückgängig gemacht werden können. Dadurch entsteht eine einseitige Abhängigkeit der Partei vom anderen Transaktionspartner.

Ein Transaktionspartner, der solche transaktionsspezifischen Investitionen durchgeführt hat, setzt sich aber der Gefahr des **Holdup** aus: Da nicht für alle Eventualitäten die Beiträge zur und die Ansprüche aus der Transaktion geregelt sind, kann die unabhängige Partei diesen Verhaltensspielraum opportunistisch nutzen und eine einseitige Beendigung der Transaktion androhen, wenn die abhängige Partei einer Wiederverhandlung der Beiträge und Ansprüche nicht zustimmt. So kann ein Zulieferer der Automobilindustrie, der sich in der Nähe einer Automobilfabrik niederläßt, von einem Automobilhersteller ausgenutzt werden, indem dieser nach der standortspezifischen Investition des Zulieferers auf Preissenkungen besteht.

Wortbruch

Für die Maximierung der Wertschöpfung einer Transaktion kann es notwendig sein, daß einer der Transaktionspartner sich im Vorhinein auf eine Handlung festlegt, da sein Handeln ohne diese Verpflichtung für die andere Partei nicht glaubwürdig wäre. Beim Bau eines Hauses wäre es so z.B. vorteilhaft, wenn das Bauunternehmen den Bauherrn glaubwürdig davon überzeugen könnte, daß es den Rohbau innerhalb einer vorher vereinbarten Bauzeit fertigstellen wird. Ohne eine solche Verpflichtung würde sich der Bauherr unter Umständen überhaupt nicht auf eine Geschäftsbeziehung mit dem Bauunternehmen einlassen.

Durch die Verpflichtung zu einem speziellen Verhalten kann eine Partei versuchen, die Erwartungen des anderen Transaktionspartners zu beeinflussen und somit dessen Verhalten zu ändern. Kann eine Partei eine solche Verpflichtung nicht glaubwürdig eingehen, können zwei Arten von Problemen entstehen: Erstens, der andere Transaktionspartner hält das angekündigte Verhalten für nicht glaubwürdig und ändert somit sein Verhalten nicht. Das Nichtzustandekommen des Vertrages zwischen dem Bauherrn und dem Bauunternehmen wäre hierfür ein Beispiel. Und zweitens, der andere Transaktionspartner glaubt dem Versprechen und ändert sein Verhalten. Die andere Partei hält sich dann aber nicht an das Versprechen, das sie gegeben hat. Dies tritt beispielsweise auf, wenn ein Mitglied einer Arbeitsgruppe versprochen hat, immer vorbereitet zu den Sitzungen zu erscheinen, dann aber unvorbereitet erscheint und die Gruppe aufhält.

Alle Problemtypen entstehen aufgrund von Informationsdefiziten der Transaktionspartner. Die Problemtypen können dabei natürlich auch gemeinsam bei einer Transaktion auftreten. Bezüglich der Informationsdefizite der beiden Transaktionspartner und dem Zeitpunkt der Relevanz des Problems während der Transaktion können wir folgende Klassifizierung vornehmen:

Die Probleme der adversen Selektion und des moralischen Risikos sind dabei auf eine asymmetrische Informationsverteilung zwischen beiden Partnern zurückzuführen. Man spricht von einer Beziehung mit **asymmetrischer Information**, wenn eine der Parteien über mehr Informationen verfügt als die andere Partei. Diese Informationen sind also grundsätzlich vorhanden und lediglich ungleich zwischen den Partnern verteilt. Die Probleme des Wortbruchs und des Holdup treten hingegen auch in Situationen mit symmetrischer Information auf. **Symmetrische Information** liegt in einer Beziehung vor, wenn keine der Parteien mehr Informationen hat als die andere.

Bezüglich des Zeitpunkts, zu dem die strategische Unsicherheit während der Transaktion auftreten kann, können wir folgende Unterscheidung treffen: Das Problem der adversen Selektion tritt ex ante auf, also in der Phase, in der die beiden Parteien die Leistungen und Gegenleistungen des Vertrages vereinbaren. Die Probleme des moralischen Risikos, des Holdup und des Wortbruchs treten hingegen ex post auf, nachdem die einzelnen Beiträge und Ansprüche der Parteien vertraglich festgelegt sind.

Strategische Unsicherheiten	Adverse Selektion	Moralisches Risiko	Holdup	Wortbruch
Problemursachen	Private Informationen	Unbeobachtbarkeit des Handelns	Transaktionsspezifische Investition	Mangelnde Bindungsfähigkeit
Informationsstand der Transaktionspartner	asymmetrisch	asymmetrisch	symmetrisch	symmetrisch
Zeitbezug zur Transaktion	ex ante	ex post	ex post	ex post

Abbildung 5.5: Klassifizierung der strategischen Unsicherheit, die mit einer Transaktion verbunden ist

Da in einer Organisation davon auszugehen ist, daß die Transaktionen zwischen zwei Organisationsteilnehmern in der Regel einen eher komplexen Leistungsaustausch darstellen, wird die Durchführung der Transaktion im allgemeinen immer mit Informationsdefiziten zumindest einer Partei verknüpft sein. So werden beispielsweise bei einer Arbeitsbeziehung die Aufgaben eines Mitarbeiters nicht für jede Eventualität geregelt, sondern vielmehr wird dem Vorgesetzten das Recht eingeräumt, die spezifischen Aufgaben des Mitarbeiters laufend zu konkretisieren.

Um die Konsequenzen der strategischen Unsicherheit für den individuellen Entscheidungsprozeß zu diskutieren und deren Bedeutung für das strategische Entscheidungsverhalten aufzuzeigen, betrachten wir folgendes Beispiel: Aufgrund des Großauftrags eines ausländischen Kunden muß der Leiter der Entwicklungsabteilung eines Anlagenbauers einen seiner Mitarbeiter in der Sprache des Auftraggebers ausbilden lassen. Bevor sich nun der Vorgesetzte endgültig für die Investition in das Humankapital des Mitarbeiters entscheidet, wird er das strategische Verhalten des Mitarbeiters bei der Implementierung dieser Maßnahme berücksichtigen. Inwieweit diese Investition nämlich tatsächlich den gewünschten Erfolg bringt, ist aus strategischer Perspektive mit einer Reihe von Unsicherheiten für den Vorgesetzten verbunden. Im Idealfall wird der Mitarbeiter erfolgreich die Ausbildung beenden und das erworbene Wissen der Unternehmung zur Verfügung stellen. Ungünstiger wäre eine Situation, in der der Mitarbeiter ebenfalls die Ausbildung erfolgreich beendet und sein Wissen danach einbringt, dann allerdings eine überdurchschnittliche Lohnerhöhung für seine Spezialkenntnisse fordert. Vorstellbar wäre auch, daß der Mitarbeiter nach erfolgreicher Ausbildung seinen Arbeitsvertrag kündigt und mit dieser Zusatzausbildung eine neue Stelle sucht. Oder, der Mitarbeiter nutzt die Ausbildung zur Entspannung und schließt diese erfolglos ab.

Strategisches Entscheidungsverhalten des Vorgesetzten erfordert hier, daß er solche möglichen Konsequenzen bei seiner Investitionsentscheidung berücksichtigt und gegebenenfalls entsprechende Sicherungsmaßnahmen vor der Ausbildung des Mitarbeiters trifft. Dies kann beispielsweise bedeuten, daß der Mitarbeiter eine Kündigungsklausel unterschreiben muß oder daß seine Lohnentwicklung an die Dauer seiner Betriebszugehörigkeit gekoppelt ist. Genauso gut ist es möglich, daß der Mitarbeiter einen Teil seiner Ausbildungskosten selbst tragen muß oder daß er im Fall einer erfolglosen Ausbildung für die entstandenen Kosten selbst aufkommen muß.

5.2.3 Organisatorisches Entscheidungsverhalten

Bisher sind wir in der Betrachtung des individuellen und strategischen Entscheidungsverhaltens davon ausgegangen, daß ein und dasselbe Individuum die einzelnen Teilaktivitäten innerhalb des Entscheidungsprozesses eigenständig durchführt. Derjenige, der das Problem wahrnimmt, ist auch derjenige, der das Problem analysiert und der die Lösung implementiert.

Die Vorteile, die sich aus dem Prinzip der Arbeitsteilung für die Wertschöpfung der Organisation als Ganzes ergeben, übertragen sich aber unmittelbar auf die Wertschöpfung des einzelnen Individuums im Rahmen seines Entscheidungsprozesses:

- Manche der damit verbundenen Tätigkeiten können so anspruchsvoll und komplex sein, daß ein einzelner Organisationsteilnehmer nicht die Fähigkeiten besitzt, diese alleine zu bewältigen. Dies gilt insbesondere für die Aktivitäten, die mit der Situationsanalyse und der Implementierung der Lösung verbunden sind.

Die Entwicklung und Ausführung des Apollo Raumfahrtprogramms im zweiten Kapitel ist hierfür ein Beispiel.

- Zudem erfordern die einzelnen Tätigkeiten innerhalb des Entscheidungsprozesses unterschiedliche Fähigkeiten. Ein Bauherr, der die Entscheidung getroffen hat, ein Haus zu bauen, wird im allgemeinen einen Architekten mit der Planung des Haus beauftragen. Die Umsetzung des Bauvorhabens wird schließlich von einem Bauunternehmen durchgeführt.
- Daneben gibt es Vorteile aufgrund von Lerneffekten. Der Mitarbeiter in einer Marketingabteilung wird besser wissen, wie er an Informationen über Kunden gelangt oder wie er genauere Prognosen über die Wirkung von Werbemaßnahmen erstellt, wenn er sich auf Werbemaßnahmen spezialisiert hat.

Insbesondere bei komplexen Entscheidungsproblemen wird eine Organisation somit stets einen arbeitsteiligen Entscheidungsprozeß in Erwägung ziehen, um die Vorteile der Arbeitsteilung zur Wertmaximierung zu nutzen. Das Verhalten, das aus der Arbeitsteilung bei der Entscheidungsfindung resultiert, bezeichnen wir als **organisatorisches Entscheidungsverhalten**.

Die Vorteile aus der Arbeitsteilung werden jedoch nur dann realisiert, wenn die Einzelentscheidungen der beteiligten Organisationsteilnehmer geeignet aufeinander abgestimmt sind und diese im Hinblick auf das Organisationsziel auch tatsächliche konforme Einzelentscheidungen treffen. Der "Architektur" des organisatorischen Entscheidungsverhaltens kommt also für die Maximierung der Wertschöpfung eine entscheidende Rolle zu. Hier sind auch die Kosten der Arbeitsteilung zu berücksichtigen.

Grundsätzlich kann für jede der Aktivitäten innerhalb des Entscheidungsprozesses eine andere Person zuständig sein. Sind mehrere Personen beteiligt, dann müssen die Einzelaktivitäten und somit das individuelle Entscheidungsverhalten jeder dieser Personen auf das Organisationsziel hin gelenkt werden.

Organisatorisches Entscheidungsverhalten bedingt daher für den am Entscheidungsprozeß Beteiligten immer auch strategisches Entscheidungsverhalten: Zum einen ergeben sich aufgrund der Durchführung einer Teilaktivität innerhalb des organisatorischen Entscheidungsprozesses immer auch Interdependenzen mit anderen am Prozeß beteiligten Organisationsteilnehmern. Die Lösung des Gesamtproblems ist nämlich nicht nur von den eigenen Aktivitäten innerhalb des Entscheidungsprozesses abhängig, sondern wird auch von den anderen Beteiligten bestimmt. Zum anderen kann es aber auch zu einer Divergenz der Interessen der Beteiligten mit dem Organisationsziel oder mit den Interessen der anderen am Entscheidungsprozeß Beteiligten kommen. Neben dem Problem, daß die individuellen Ziele der einzelnen Personen nicht mit den organisatorischen Zielen übereinstimmen müssen, können hier auch strukturellen Rahmenbedingungen der Organisation zu unterschiedlichen Interessen der beteiligten Entscheidungsträger führen: Beispielsweise wird ein Marketingleiter die baldige Einführung eines neuen Produktes unter verkaufsspezifischen Gesichtspunkten begrüßen, wohingegen der Produktionsleiter auf absehbare Zeit Kapazitätsengpässe sieht. Oder der Betriebsbeauftragte für Umweltschutz wird die Investition in eine umweltfreundliche Anlage befürworten, während der Controller vor den damit verbundenen Kosten in diesem Rechnungsjahr warnt. Neben solchen Interessengegensätzen aufgrund der organisatorischen Rollen, die den einzelnen Entscheidungsträgern zugeordnet sind, können sich zudem unterschiedliche Interessen aufgrund des jeweiligen organisatorischen Status ergeben. Wenn beispielsweise ein Abteilungsleiter zuviele Mitarbeiter hat, aber seinen organisatorischen Status wahren möchte, wird er diese Informationen sicher nicht ohne weiteres an seinen Vorgesetzten weitergeben.

Im folgenden wollen wir das organisatorische Entscheidungsverhalten unter dem Aspekt der Arbeitsteilung näher diskutieren und dabei die einzelnen Schritte des organisatorischen Entscheidungsverhaltens detailliert betrachten. Wir zeigen dabei insbesondere auf, welche Konsequenzen sich aus den Interessen des Einzelnen für die Durchführung des organisatorischen Entscheidungsprozesses ergeben:

Problemwahrnehmung

Inwieweit ein Organisationsteilnehmer ein Problem wahrnimmt, ist entscheidend von seiner organisatorischen Rolle innerhalb der Organisation abhängig. Je nach der Aufgabe, die er in der Organisation durchführt, kann er direkt oder indirekt dafür verantwortlich sein, Signale aus der Umwelt wahrzunehmen. Ein Mitarbeiter, der regelmäßig Marktanalysen durchführt, ist unmittelbar dafür verantwortlich, Veränderungen in den Nachfragegewohnheiten der Konsumenten festzustellen. Es ist deshalb viel wahrscheinlicher, daß dieser Mitarbeiter die Notwendigkeit zur Problemformulierung sieht, als dies bei einem Mitarbeiter der Fall ist, der für den regionalen Verkauf der Produkte zuständig ist. Auch letzter könnte über die Interaktion mit seinen Kunden Signale einer Veränderung der Nachfragegewohnheiten wahrnehmen, allerdings ist dies nicht seine primäre Aufgabe.

Inwieweit ein Organisationsteilnehmer ein Signal tatsächlich als Anlaß zum Handeln interpretiert, ist auch abhängig von seinen individuellen Zielen. Für seine Problemwahrnehmung ist dabei insbesondere auch sein organisatorischer Status von Bedeutung. So kann ein Mitarbeiter, der aufgrund seiner Position in einer Unternehmung besondere Führungsprivilegien hat, ein Signal eher als Anlaß zum Handeln einschätzen, als ein Mitarbeiter, der aufgrund seines geringen Status nur Signale wahrnimmt, die direkt in sein Wirken fallen. Ebenso wird ein Mitarbeiter, der in seinem Fachbereich Experte ist, ein Signal eher als eine Gelegenheit nutzen, seine Fähigkeiten unter Beweis zu stellen als ein Mitarbeiter, dem dieses Expertenwissen fehlt.

Problemformulierung

Auch die Problemformulierung ist abhängig von den individuellen Interessen des hierfür zuständigen Organisationsteilnehmers. Wenn im Extremfall eine absehbare Lösung des Problems seinen eigenen Interessen entgegensteht, wird er möglicherweise überhaupt keinen Handlungsbedarf für die Organisation sehen. Der Abteilungsleiter, der feststellt, daß die Mitarbeiter in seiner Abteilung seit einiger Zeit nicht ausgelastet sind, wird daraus wohlmöglich keinen Handlungsbedarf ableiten, da eine Verkleinerung seiner Abteilung nicht in seinem Interesse ist.

Darüber hinaus kann in der Phase der Problemformulierung ein komplexeres Entscheidungsproblem auf verschiedene Organisationsteilnehmer verteilt werden. Die damit verbundene Zerlegung des Entscheidungsproblems in kleinere Teilprobleme kann durch Strukturierung und Segmentierung erfolgen: Die **Strukturierung** eines Entscheidungsproblems beschreibt die Zerlegung des Problems in Teilprobleme, die sequentiell analysiert werden können. Auf jeder Stufe wird dabei das Entscheidungsproblem für die nächste Stufe strukturiert. Bei der Erstellung eines Hauses als Gesamtproblem beauftragt die Bauleitung zuerst die Maurer mit dem Erstellen des Rohbaus, die damit das Problem für die Zimmerleute strukturieren. Nach der Fertigstellung des Dachstuhls folgt als letztes Teilproblem des Innenausbau. Die **Segmentierung** eines Entscheidungsproblems zerlegt das Problem in simultan analysierbare Teilprobleme. Jedes Teilproblem stellt ein Segment des Gesamtproblems dar. Diese Teilprobleme können bis zu einem gewissen Grade unabhängig voneinander bearbeitet werden. So kann beim Hausbau der Heizungsmonteur parallel zum Glaser arbeiten.

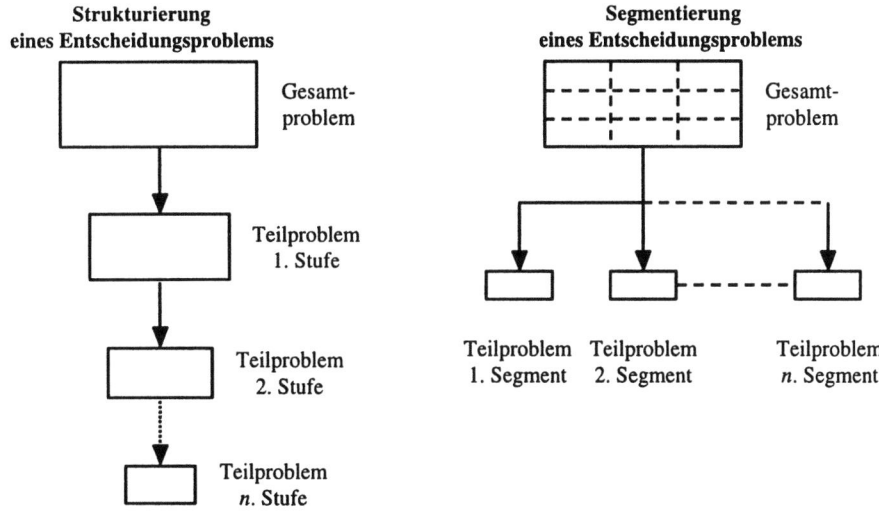

Abbildung 5.6: Strukturierung und Segmentierung eines Entscheidungsproblems

Die Strukturierung und Segmentierung eines Entscheidungsproblems orientiert sich im allgemeinen an der Arbeitsteilung der Organisation. Die Teilprobleme werden dann von den dafür zuständigen organisatorischen Einheiten bearbeitet. Die Strukturierung eines Problems kann z.B. entsprechend dem hierarchischen Aufbau einer Unternehmung erfolgen: Zuerst wird ein Teilproblem vom Leiter der Marketingabteilung gelöst, der seine Problemlösung an den Leiter der Werbeabteilung weitergibt und dieser wiederum an den Mitarbeiter für Fernsehwerbung. Die Segmentierung eines Problems kann z.B. auf den Tätigkeitsbereichen innerhalb der Organisation basieren. So wird ein Problem als ein Marketingproblem und ein Produktionsproblem formuliert, die von beiden Abteilungen unabhängig voneinander bearbeitet und gelöst werden können.

Für die Bearbeitung eines Entscheidungsproblems, das durch Strukturierung und Segmentierung in kleinere Teilprobleme zerlegt wurde, spielen dann wiederum die individuellen Interessen der beteiligten Organisationsteilnehmer eine entscheidende Rolle. Ein Produktionsleiter, der entscheidet, welche Produkte er in welchen Mengen im nächsten Monat produzieren wird, benötigt hierzu Informationen über die entsprechenden erwarteten Verkäufe. Er könnte hier grundsätzlich auf die Verkaufsprognosen des Marketingleiters zurückgreifen. Selbst wenn er wüßte, daß dieser die benötigten Informationen bereits besitzt, könnte es für ihn vorteilhaft sein, seine eigenen Prognosen durchzuführen. Dies kann beispielsweise dann der Fall sein, wenn er erwartet, daß der Marketingleiter zu optimistische Prognosen abgibt und er für die Überproduktion verantwortlich gemacht würde.

Je nach der Komplexität eines Entscheidungsproblem können auch verschiedene Organisationsteilnehmer gemeinsam in die Problemformulierung involviert sein und zusammen die Präzisierung und die Prioritäten des Problems vereinbaren. Innerhalb einer Unternehmung bestimmt auch hier die Arbeitsteilung, welche Mitarbeiter hieran beteiligt sind. Unter Umständen können auch externe Organisationsteilnehmer wie einflußreiche Konsumenten, Banken oder Gewerkschaften in diese Aktivitäten einbezogen sein.

Die Beteiligung verschiedener Parteien an der Problemformulierung kann vorteilhaft sein, wenn dadurch die Grenzen des beschränkt rationalen Individuums überwunden werden. Bei komplexen Problemen reichen nämlich im allgemeinen die intellektuellen Kapazitäten des einzelnen, seine Zeit und andere Ressourcen nicht aus, um alle Facetten des Problems adäquat zu identifizieren. Die Einbeziehung von Personen, die relevante Informationen für die Problemformulierung haben oder an der Lösung des Problems ein Interesse besitzen, kann hier die Problemdefinition verbessern.

Die Einbindung mehrerer Personen kann aber auch nachteilig für die Lösung des Entscheidungsproblems sein. Aufgrund unterschiedlicher Interessen, Erfahrungen und Meinungen können hier die beteiligten Parteien zu unterschiedlichen Präzisierungen und Prioritäten des Problems kommen. Dies kann zu langwierigen Verzögerungen bei der Problemformulierung führen, zu Kompromißlösungen, die dem Problem nicht gerecht werden oder, im Extremfall bei einer Nichteinigung, sogar zu einem Abbruch des Entscheidungsprozesses.

Arp Instruments und die Unstimmigkeiten bei der Entscheidungsfindung

Die Firma Arp Instruments, in den späten 60er Jahren von Alan Pearlman gegründet, wurde schnell zum Marktführer für Synthesizer, die von Stars wie Stevie Wonder, Paul McCartney, Elton John und anderen namhaften Künstlern benutzt wurden. Mitte der 70er hatte Arp einen Marktanteil von 40 Prozent.

Im Management von Arp trafen drei Individualisten aufeinander: Pearlman, zuständig für Technologie und Planungsaufgaben, Louis Pollock, ein Entrepreneurtyp, der neue Produkte vorantrieb, und David Friend, ein technisches und musikalisches Genie. Die drei gerieten aufgrund ihrer unterschiedlichen Persönlichkeiten und divergierender Ziele häufig aneinander. Man konnte sich nicht auf Produkte einigen, in die man investieren wollte, war uneins über die Nachfrage nach Synthesizern im Markt für Discomusik und hatte auch Differenzen hinsichtlich der Verteilung von Budgets. Im Laufe der Zeit wurden die Querelen größer. Das Problem trat offen zutage, als man trotz Uneinigkeiten einen Gitarrensynthesizer auf den Markt brachte, obwohl man bislang nur Erfahrung mit Tasteninstrumenten hatte und sich erheblichen Nachfrageunsicherheiten gegenüber sah. Das Produkt floppte. In der Folge wurden weitere Meinungsunterschiede in schlechte Kompromisse umgesetzt, die zu weiteren Rückschlägen führten. Das schlechte Management führte in den frühen 80er Jahren zur Auflösung von Arp Instruments.

Quelle: zitiert nach Daft (1989, S.367f)

Zielsetzung

Die Strukturierung und Segmentierung des Entscheidungsproblems in verschiedene Teilprobleme impliziert, daß die Zielsetzung für jedes dieser Teilprobleme konkretisiert werden muß. Dies kann entweder von einem Organisationsteilnehmer für alle Teilprobleme durchgeführt werden oder von verschiedenen Teilnehmern. In letzterem Fall wird bei einer sequentiellen Analyse der Teilprobleme im allgemeinen der Organisationsteilnehmer, der das Problem auf einer vorgelagerten Stufe analysiert, die Zielsetzung des Teilproblems auf der nachgelagerten Stufe präzisieren.

Sind mehrere Organisationsteilnehmer in die Problemformulierung eingebunden gewesen, dann werden diese Personen in der Regel auch die Konkretisierung der

Zielsetzung kollektiv durchführen. Die oben dargestellten Vor- und Nachteile eines solchen Vorgehens übertragen sich auf diesen Schritt des Entscheidungsprozesses.

Alternativensuche und -bewertung

Die bei der Problemformulierung durchgeführte Zerlegung des Problems in Teilprobleme und die Zuweisung dieser Teilprobleme auf dafür spezialisierte organisatorische Einheiten bestimmt in der Regel auch, wer für die Alternativensuche und -bewertung zuständig ist. Bei einem Problem, das als ein Marketingproblem definiert wurde, werden so Mitarbeiter der Marketingabteilung Alternativen zur Problemlösung sammeln und ausarbeiten.

Je nach Komplexität und Häufigkeit der Problemstellungen können für die Alternativensuche und -bewertung auch spezielle organisatorische Einheiten eingebunden werden. Dies kann dann der Fall sein, wenn ein Organisationsteilnehmer für die Problemlösung verantwortlich ist, selbst aber keine ausreichenden Kapazitäten hat, alle Aktivitäten der Situationsanalyse selbst durchzuführen, wie es typischerweise für Vorstandsmitglieder zutrifft. In diesem Fall kann er durch Bildung einer zusätzlichen organisatorischen Einheit, einer sogenannten Stabsstelle, entlastet werden.

Wahl einer Alternative

Je nach der Bedeutung der Entscheidung für die Organisation liegt die letztendliche Auswahl einer Alternative in der Hand spezieller Organisationsteilnehmer. Waren daher bei der Alternativensuche und -bewertung andere organisatorischen Einheiten involviert, werden in diesem Schritt die Kriterien und Gewichtungen, die bei der Evaluation benutzt wurden, im allgemeinen genau durchleuchtet. Das Ergebnis dieser Prüfung bestimmt, ob möglicherweise Aktivitäten einer vorangehenden Phase noch einmal durchgeführt werden müssen.

Liegt die Wahl einer Lösung für das Entscheidungsproblem bei mehreren Personen, treten dieselben Vor- und Nachteile auf, die bereits bei der Problemformulierung thematisiert wurden. Das Konfliktpotential, das aufgrund divergierender Interessen der beteiligten Organisationsteilnehmer entstehen kann, ist jedoch im allgemeinen noch größer als bei der Problemformulierung.

Entscheidungsimplementierung

Wenn eine Entscheidung getroffen ist, wird die Implementierung der Entscheidung im allgemeinen an einen Organisationsteilnehmer gegeben, der für die Umsetzung unmittelbar verantwortlich ist. Häufig wird dies derjenige sein, der das Problem auch wahrgenommen hat.

Da diese Person im allgemeinen nicht an der eigentlichen Entscheidung beteiligt ist, kann nicht automatisch davon ausgegangen werden, daß die ausgewählte Alternative auch tatsächlich ihren eigenen Interessen bei der Lösung des Problems entgegenkommt. Vielmehr können divergierende Interessen auftreten zwischen demjenigen, der die Entscheidung getroffen hat und demjenigen, der die Entscheidung implementiert. Deshalb kann der Entscheidungsträger a priori nicht davon ausgehen, daß der Implementierende die Entscheidung adäquat umsetzt. Ersterer muß also sicherstellen, daß letzterer die ausgewählte Alternative auch tatsächlich entsprechend realisiert. Diese Aufgabe wird er entweder selbst durchführen oder an einen Dritten delegieren, der dann die adäquate Implementierung sicherstellen soll.

Handlungsergebnis und Konsequenzen

Der Organisationsteilnehmer, der für die Überprüfung der Implementierung zuständig ist, wird im allgemeinen auch kontrollieren, inwieweit das Resultat der Entscheidungsimplementierung tatsächlich zur Problemlösung beiträgt. Zudem wird er auch für die Durchführung von Korrektur- oder Anpassungsmaßnahmen verantwortlich sein, die nachträglich erforderlich sind.

5.2.4 Opportunismus als zentraler Ansatz der ökonomischen Analyse

Die bisherigen Ausführungen zum Entscheidungsverhalten in Organisationen machen klar, daß jedes Individuum eine spezifische Struktur an Bedürfnissen besitzt und nach deren Befriedigung strebt. A priori ist also nicht davon auszugehen, daß der einzelne Organisationsteilnehmer seine Entscheidungen ausschließlich im Sinne der organisatorischen Ziele trifft.

Aus der Modellierung des individuellen Verhaltens als Streben nach Bedürfnisbefriedigung lassen sich noch keine eindeutigen Gestaltungsempfehlungen ableiten. So kann die Annahme, daß die Bedürfnisse des Individuums einem ständigen Wandel unterliegen, unterschiedlich ausgelegt werden: Es kann beispielsweise angenommen werden, daß Organisationsteilnehmer vor allem nach Selbstverwirklichung oder nach der Anerkennung durch andere Personen streben. Oder sein Verhalten ist trotz der möglichen Existenz von Interessengegensätzen mit den organisatorischen Zielen dadurch bestimmt, daß er seine Aufgabe – aus Pflichtbewußtsein etwa – wie vorgegeben erfüllt. Für die Gestaltung der Organisation würden sich je nachdem andere Konsequenzen ableiten lassen.

Für die ökonomische Analyse von Organisationen wählen wir einen allgemeineren Ansatz: Wir gehen davon aus, daß die Architektur einer Organisation so gestaltet werden muß, als seien die Organisationsteilnehmer primär an der Befriedigung ihrer eigenen Bedürfnisse interessiert, unabhängig davon, welche Bedürfnisse der Einzelne tatsächlich hat. In diesem Fall kann also stets ein Interessengegensatz zwischen den individuellen und organisatorischen Zielen bestehen. Ziel der Organisationsgestaltung muß es also sein, diesen Interessengegensatz zu überwinden und das Verhalten der Organisationsteilnehmer so zu beeinflussen, daß es zum Erreichen des Organisationszieles beiträgt.

Zusätzlich muß dabei berücksichtigt werden, daß sich der Organisationsteilnehmer strategisch gegenüber Anreizsystemen verhält. Er wird jede Gelegenheit nutzen, seine eigenen Interessen durchzusetzen. Dies kann unter Umständen sogar bedeuten, daß er gegen organisatorische Regeln verstößt, falsche Informationen weitergibt oder Vereinbarungen bricht, wenn es zu seinem eigenen Vorteil wäre. Mit Williamson (1975, S.26) wollen wir im folgenden ein solches strategisches Verhalten als **Opportunismus** bezeichnen: "Opportunism extends the conventional assumption that economic agents are guided by considerations of self-interest seeking to make allowance for strategic behavior."

Steuervermeidung und der Wettlauf zwischen Hase und Igel

Die Umgehung eines Steuergesetzes ist ein Verhalten, bei dem ein Steuerpflichtiger sein Handeln so anpaßt, daß eine Gesetzesvorschrift, die ihn eigentlich zur Zahlung einer Steuer verpflichten würde, nicht mehr anwendbar ist. Diese Steuerumgehung entspricht somit opportunistischem Verhalten.

In der Praxis des deutschen Steuerrechts gibt es eine Reihe von Beispielen für sol-

che Umgehungen des Steuergesetzes: So kann der Eigentümer eines Grundstückes z.B. bei dessen Verkauf Steuern vermeiden, indem er mit dem Erwerber eine Gesellschaft gründet, das Grundstück einbringt und später aus der Gesellschaft ausscheidet. Oder der Eigentümer will das Grundstück an seinen Bruder verschenken. In diesem Fall kann er einen niedrigeren Steuersatz und höhere Freibeträge ausnutzen, wenn er das Grundstück zuerst seinem Vater schenkt, der das Grundstück dann an den Bruder weiterschenkt.

Zur Vermeidung solcher steuerrechtlichen Umgehungsversuche hat der Gesetzgeber zahlreiche Spezialbestimmungen erlassen. Damit versucht er, Steuerlücken zu schließen oder von vornherein auszuschließen, öffnet auf diese Weise aber zwangsläufig neue Möglichkeiten der Steuerumgehung. Die Notwendigkeit einer wortgetreuen Auslegung führt, so Fischer (1996, S.660) "zu einem „unwürdigen Schachspiel" zwischen Gesetzgeber und der tax avoidance industry. Dieses „Spiel" führt seinerseits zu einer Komplizierung des Rechts..." Nach Sarrazin (1994, S.295) "gleicht der Versuch der Bekämpfung unerwünschter Steuergestaltungen oft dem Wettlauf des Hasen mit dem Igel. Es ist ein Rennen ohne Ende, weil der Steuerpflichtige und seine Berater mit ihrer Gestaltungsphantasie dem Gesetzgeber immer eine Nasenlänge voraus sind."

Quelle: Sarrazin (1994) und Fischer (1996)

Dieser Ansatz für die ökonomische Analyse von Organisationen impliziert nicht, daß wir davon ausgehen, daß sich grundsätzlich jeder Organisationsteilnehmer strategisch verhält. Wir nehmen vielmehr an, daß sich Individuen möglicherweise opportunistisch verhalten könnten und daß es a priori – also vor der eigentlichen Durchführung einer Transaktion – schwierig bzw. unmöglich ist, festzustellen, ob sich ein anderer Partner opportunistisch verhalten wird oder nicht.

Bei der Organisationsgestaltung gehen wir daher im allgemeinen von einem strategischen Verhalten aus und abstrahieren so vom tatsächlichen Verhalten der Organisationsteilnehmer. Die Architektur soll so konzipiert sein, daß sie unabhängig von den Persönlichkeitseigenschaften der tatsächlich agierenden Personen ist. Die Organisation soll effizient sein, egal ob Herr Müller oder Frau Meier bei gleicher Qualifikation die Stelle des Buchhalters einnimmt.

Der ökonomische Ansatz zur Analyse von Organisationen erlaubt es uns so, präzise Aussagen über die Gestaltung der Organisation abzuleiten und bestehende institutionelle Arrangements zu erklären. Das Beispiel von Milgrom und Roberts (1992, S.42) ist hierfür prägnant: "A bank has guards, vaults, and audits because it would otherwise be robbed; this explanation of practices is unaffected by the observation that many honest people would not rob an unguarded bank." Solange sich alle Leute ehrlich verhielten, wären die Sicherheitsvorkehrungen einer Bank gar nicht notwendig. Will man jedoch solche Institutionen auf ihre Effizienz untersuchen, ist es notwendig, daß man ein opportunistisches – oder sogar böswilliges – Verhalten unterstellt.

Dies bedeutet allerdings nicht, daß die Gestaltung der Organisations- und Anreizstruktur grundsätzlich nur unter diesem Blickwinkel betrachtet werden kann. Sobald es um einen bestimmten Organisationsteilnehmer geht, müssen seine spezifischen Persönlichkeitseigenschaften und Verhaltensweisen berücksichtigt werden. Dies gilt insbesondere für den Einsatz von Motivationsinstrumenten. Der Vorgesetzte kann so durch direkte Mitarbeiterführung nur dann erfolgreich das Verhalten eines ihm unterstellten Mitarbeiters beeinflussen, wenn er die entsprechenden Einblicke in dessen persönliche Verhaltenseigenschaften hat. Hier macht es also sehr wohl einen Unterschied, ob Frau Meier oder Herr Müller Mitarbeiter des Vorgesetzten der Buchhaltung sind.

5.3 Zusammenfassung

Die ökonomische Analyse von Organisationen rückt die beiden fundamentalen Bausteine jeder Organisation in den Mittelpunkt der Untersuchungen:

Das Individuum als Teilnehmer der Organisation ist der erste Baustein. Sein Handeln ist charakterisiert durch die Wohldefiniertheit seiner individuellen Präferenzen, seine Nutzenmaximierung sowie seine begrenzte Rationalität.

Die Transaktion zwischen zwei Organisationsteilnehmern stellt den zweiten Baustein von Organisationen dar. Transaktionen können durch fünf Merkmale charakterisiert werden: die **Spezifität** der zur Durchführung der Transaktion notwendigen Investitionen; die **Unsicherheit**, die mit der Umwelteinbettung der Transaktion verbunden ist; die **Häufigkeit der Transaktion**; die **Meßbarkeit der durch die Transaktion geschaffenen Werte**; die **Interdependenzen mit anderen Transaktionen**.

Die Art und Weise, wie ein Individuum Entscheidungen trifft, wird durch sein individuelles Entscheidungsverhalten bestimmt. Aus prozessualer Perspektive läßt sich das Entscheidungsverhalten in die Phasen der **Situationserfassung**, der **Situationsanalyse** und der **Handlung** gliedern. Innerhalb jeder Phase können dann weitere Teilaktivitäten identifiziert werden.

Das Handeln eines Organisationsteilnehmers in einer Transkation rückt sein strategisches Entscheidungsverhalten in den Vordergrund. Dabei können Probleme der **adversen Selektion**, des **moralischen Risikos**, des **Holdup** sowie des **Wortbruchs** auftreten.

Organisatorisches Entscheidungsverhalten als Verhalten, das aus der Arbeitsteilung bei der Entscheidungsfindung in einer Organisation resultiert, muß dieses strategische Entscheidungsverhalten des einzelnen Organisationsteilnehmers berücksichtigen. Dabei spielt die Strukturierung bzw. Segmentierung eines organisatorischen Entscheidungsproblems eine entscheidende Rolle: Je nach Zerlegung des Entscheidungsproblems ergeben sich nämlich unterschiedliche Interdependenzen zwischen den Entscheidungsträgern.

5.4 Literaturhinweise

Die Wurzeln des ökonomischen Ansatzes zur Erklärung individuellen Verhaltens finden sich bereits bei Adam Smith (1776). Wegweisend für die Anwendung dieses Ansatzes auf allgemeine gesellschaftliche Fragen sind die Arbeiten von Gary Becker, deren wichtigste in einem Aufsatzband gesammelt sind, Becker (1976). Speziell zur Anwendung der Ökonomie auf die Untersuchung von Organisations- und Managementproblemen siehe Jensen (1983), Rumelt, Schendel und Teece (1991) oder Saloner (1991). Hirshleifer (1985) und Kirchgässner (1991) bieten eine grundsätzliche Auseinandersetzung mit den Möglichkeiten und Grenzen des ökonomischen Ansatzes. Siehe auch Binmore (1987), der kritisch hinterfragt, inwieweit reale Probleme überhaupt einer ökonomischen Modellierung zugänglich sind.

Die Theorie der individuellen Nutzenmaximierung geht auf Gossen (1853) zurück. In seinem Buch über die "Entwicklung der Gesetze des menschlichen Verkehrs und der daraus fließenden Regeln für menschliches Handeln" geht er davon aus, daß der Nutzen eines Gutes grundsätzlich meßbar ist. Sein Ansatz wird daher auch als kardinale Nutzentheorie bezeichnet. Da der individuelle Nutzen als subjektive Größe einer Messung jedoch nicht zugänglich ist, setzte sich die ordinale Nutzentheorie durch: Diese geht lediglich davon aus, daß ein Individuum verschiedene Güter gemäß seinen Präferenzen ordnen kann. Eine Darstellung dieser Theorie findet sich in jedem Lehrbuch der Mikroökonomie, z.B. in Kreps (1990), Varian (1992) oder Feess (1997). Während in der Mikroökonomie das Konsumentenverhalten und somit die individuellen Präferenzen über Konsumgüter wie Kleidung oder Nahrungsmittel im Vordergrund stehen, kann die Analyse unmittelbar auch auf andere Güter wie Liebe, Prestige, Macht oder Selbstverwirklichung erweitert werden. Dies wird von Alchian und Allen (1964) und insbesondere von Becker (1976) hervorgehoben. Siehe hierzu auch den Aufsatz von Becker (1993), in dem er anläßlich seiner Nobelpreisverleihung auf die grundsätzlichen Möglichkeiten des ökonomischen Ansatz zur Erklärung individuellen Verhaltens eingeht. Die klassische Referenz für eine Darstellung der Einwände gegen diese Theorie ist Robinson (1972; 1980).

Der Begriff der beschränkten Rationalität wird von Simon (1957) in die ökonomische Literatur einführt. Eine eingehende Diskussion der beschränkter Rationalität als Verhaltensannahme findet sich bei z.B. in Simon (1965), Binmore (1987) oder Milgrom und Roberts (1992). Die für den ökonomischen Ansatz zentrale Annahme des Opportunismus und seine Kritik wird eingehend in Williamson (1993) diskutiert. Einen Vergleich des ökonomischen Verhaltensmodells mit alternativen Verhaltensannahmen findet sich bei Meckling (1976) oder Jensen und Meckling (1994).

Der Begriff der Transaktion wird von Commons (1934) in die ökonomische Literatur eingeführt und von Coase (1937) und insbesondere in den Arbeiten von Williamson weiter differenziert. Sein Buch von 1985 gibt eine Einführung in seinen Ansatz. Die verschiedenen Merkmale von Transaktionen gehen auf Williamson (1985) und auf Milgrom und Roberts (1992) zurück. Eine detaillierte Diskussion speziell zu transaktionsspezifischen Investitionen findet sich in Joskow (1985) oder Williamson (1991).

In der Literatur sind eine Reihe von konzeptionellen Ansätzen zur Strukturierung des individuellen Entscheidungsprozesses erarbeitet worden, siehe z.B. Mintzberg, Raisinghani und Théorêt (1976), Harrison (1987) oder Noorderhaven (1995). Der hier dargestellte ökonomische Ansatz des individuellen Entscheidungsverhaltens ist aus diesen Arbeiten entwickelt. Siehe auch Laux (1998) für eine Einführung in die Entscheidungstheorie. Speziell zum Suchverhalten bei Informationsdefiziten des Entscheidungsträgers siehe Stigler (1961) oder Lippman und McCall (1976). Die Rolle von Normen und Regeln im Rahmen des ökonomischen Verhaltensmodells diskutiert z.B. Kirchgässner (1993).

Die Probleme, die wir im Zusammenhang mit strategischem Entscheidungsverhalten diskutiert haben, wurden von verschiedenen Autoren in der ökonomischen Literatur eingeführt: Die Begriffe der adversen Selektion und des moralischen Risikos sind der Versicherungsliteratur entliehen, siehe Rothschild und Stiglitz (1976) bzw. Arrow (1963) und Pauly (1968). Der Begriff des Holdup geht auf Goldberg (1976) zurück. Siehe auch Alchian und Woodward (1988), die den Unterschied zwischen dem Problem des Holdup und des moralischen Risikos herausarbeiten.

Ein differenziertes Modell des organisatorisches Entscheidungsverhalten auf der Basis der eingeschränkten Rationalität wurde Cyert und March (1963) entwickelt. Grundlegend hierfür sind auch die Arbeiten von Barnard (1938) und March und Simon (1958), in denen eine Organisation als ein System von Entscheidungen interpretiert wird. Siehe hierzu auch die organisationstheoretischen Ansätze von Frese (1998) und Laux und Liermann (1993).

Zu einzelnen Aspekten des organisatorischen Entscheidungsverhaltens werden verschiedene empirische Arbeiten durchgeführt. So untersucht Connor (1992) den Einfluß der Größe der Organisation und der Umweltunsicherheit auf die Anzahl der am Entscheidungsprozeß beteiligten Organisationsteilnehmer. Der Einfluß des organisatorischen Status auf die Problemwahrnehmung wird in z.B. Jackson und Dutton (1988) behandelt. Die Zerlegung eines Entscheidungsproblems wurde von Mintzberg, Raisinghani und Théorêt (1976) empirisch überprüft. Siehe hierzu auch die Arbeit von Nutt (1993), der aufzeigt, wie strukturierte bzw. segmentierte Teilprobleme auf verschiedene organisatorische Einheiten übertragen werden.

6
Die Gestaltung ökonomischer Organisationen

This is not the end. It is not even the beginning of the end. But it is, perhaps, the end of the beginning. (Churchill, 1942)

Eine ökonomische Organisation ist nur dann effizient, wenn sie sowohl ihre Organisationsstrategie als auch ihre Organisationsarchitektur effizient gestaltet und beide aufeinander abstimmt. Nur dann wird sie eine maximale Bedürfnisbefriedigung aller ihrer Organisationsteilnehmer sichern können.

Die Bewertung der Effizienz einer Organisation setzt somit voraus, daß wir den einzelnen Organisationsteilnehmer und sein Verhalten, die Interaktion zwischen den Teilnehmern der Organisation, aber auch die Einflüsse der Organisationsumwelt auf die Organisation verstehen. Aufgrund der Komplexität bei der Gestaltung einer Organisation verwundert es nicht, daß in der wirtschaftswissenschaftlichen Literatur diese Thematik aus verschiedenen Perspektiven untersucht wird. Je nach spezifischer Problemsicht der wissenschaftlichen Disziplin werden so Organisationen unter einem bestimmten Betrachtungsaspekt und unter einem bestimmten Erkenntnisinteresse untersucht und erforscht. Grundsätzlich können wir diese Ansätze in drei Gruppen einteilen:

- Bei der **Mikroperspektive** steht der einzelne Organisationsteilnehmer in seiner unmittelbaren Arbeitsbeziehung im Mittelpunkt der Betrachtung. Welche Gründe sind ausschlaggebend für sein Verhalten in der Organisation? Wie kann die Organisation versuchen, einen Einfluß auf dieses Verhalten zu nehmen und es im Sinne der Organisation zu verändern? Aufbauend auf dem Verständnis des individuellen Verhaltens wird dann das Verhalten von größeren organisatorischen Einheiten und der Organisation als Ganzem untersucht. Die Mikroperspektive zielt daher vor allem auf die geeignete Gestaltung der Anreizstruktur einer Organisation und versucht, hiervon ausgehend Aussagen zur Organisationsstruktur abzuleiten. Die Forschungsrichtung wird als verhaltenswissenschaftlicher Ansatz, im Angelsächsischen auch als Organisational Behavior, bezeichnet.

- Im Unterschied dazu stehen bei der **Makroperspektive** die Interaktionen aller Organisationsteilnehmer im Vordergrund. Wie kann die Gesamtheit aller Interaktionen geeignet gestaltet werden, um das Organisationsziel möglichst umfassend zu erfüllen? Wie verändern sich die Interaktionen im Laufe der Zeit und welchen Einfluß haben die verschiedenen Umweltfaktoren auf deren Gestaltung? Die geeignete Struktur einer Organisation steht also bei der Organisationsgestaltung aus der Makroperspektive im Vordergrund. Darauf aufbauend wird das Verhalten der Organisation als Resultat der Organisationsstruktur interpretiert. Hier geht es dann um die Untersuchung organisatorischer Prozesse wie die Anpassung der Organisation an Umweltveränderungen oder der Auswirkung von Macht und Konflikten auf das Funktionieren der Organisation. Dieser Ansatz wird als Organisationstheorie, im Angelsächsischen auch als Organisational Theory, bezeichnet.

- Aus der **Metaperspektive** geht es dann um die Organisation als Einheit und ihr Agieren in der Organisationsumwelt. Welche Ziele soll die Organisation für ihre ökonomischen Aktivitäten festlegen? Inwieweit ist die Zielerreichung von der Organisationsumwelt abhängig und wie kann die Organisation aktiv ihre Umwelt beeinflussen? Die Beantwortung dieser Fragen ist Voraussetzung für eine geeignete Formulierung der Organisationsstrategie. Neben der Festlegung der organisatorischen Ziele ist dabei auch deren Umsetzung in der Organisation von Bedeutung. Welche personellen und strukturellen Konsequenzen ergeben sich aus den Zielsetzungen? Welche Abhängigkeiten bestehen zwischen der Umweltentwicklung und dem Wandel der Organisationsarchitektur? Dieser Forschungsansatz wird als strategisches Management oder als strategische Unternehmensführung bezeichnet.

Jeder dieser drei Ansätze betont einen für das Verständnis von Organisationen jeweils spezifischen Aspekt. Bei der Analyse eines Unternehmens wie beispielsweise der BASF würden wir unseren Untersuchungen je nach Perspektive andere Untersuchungsgegenstände zugrunde legen. Aus der Mikroperspektive würden wir die Instrumente untersuchen, die BASF zur Motivation seiner Mitarbeiter einsetzt, wie beispielsweise Bonussysteme oder Leistungsbeurteilungen. Bei einer Analyse aus Makroperspektive stünde die Koordination der einzelnen Aufgaben bei BASF im Vordergrund, also z.B. die Art der Spezialisierung oder der Entscheidungsfindung im Unternehmen. Die Metaperspektive schließlich würde uns Aussagen über die Techniken liefern, die BASF zur Umweltanalyse einsetzt und wie die Organisation eine Unternehmensstrategie entwickelt, um durch neue Produkte und Dienstleistungen wettbewerbsfähig zu bleiben.

Um ein umfassendes Verständnis über die Funktionsweise einer Organisation zu erlangen, muß die Organisation aus allen drei Perspektiven untersucht werden. In diesem Kapitel wollen wir aufzeigen, wie der ökonomische Ansatz zur Analyse der Gestaltung von Organisationen genutzt werden kann. In Abschnitt 6.1 werden wir zunächst das Grundproblem jeder Organisation darstellen. Entsprechend der in Kapitel 1 eingeführten Unterscheidung von Organisations- und Anreizstruktur werden wir das Organisationsproblem in die beiden Aspekte Koordination und Motivation gliedern. Wir schaffen zudem eine theoretische Grundlage zur systematischen Klassifikation der verschiedenen Instrumente, die zur Lösung des Organisationsproblems herangezogen werden können. In Abschnitt 6.2 stellen wir dann einen allgemeinen Rahmen für eine ökonomische Analyse der Organisationsgestaltung vor. Neben der Organisationsarchitektur berücksichtigen wir auch die Organisationsstrategie und Produktionstechnologie als weitere Komponenten der Organisationsgestaltung. Zudem beschreiben wir ein Vorgehen zur Analyse von Organisationen, das sukzessive die drei oben dargestellten Perspektiven in einem geschlossenen Analyserahmen integriert.

6.1 Das Organisationsproblem

Bei der Diskussion des Organisationsproblems abstrahieren wir von den eigentlichen Zielsetzungen einer Organisation. Die Zielsetzungen einer Organisation sind also nicht Teil des Organisationsproblems. Sie sind gegeben. Beim **Organisationsproblem** geht es vielmehr um die Frage, wie die organisatorischen Ziele durch eine Organisationsarchitektur so umfassend wie möglich umgesetzt werden können. Damit steht die Maximierung der Wertschöpfung durch die Organisationsarchitektur im Vordergrund der Betrachtung.

Daß die Frage nach der geeigneten Umsetzung der organisatorischen Ziele von entscheidender Bedeutung für die Maximierung der Wertschöpfung einer Organisation ist, haben wir bereits anhand des Beispiels der Stecknadel-Fabrikation von Adam Smith in Kapitel 2 gesehen: So bestimmt die Art und Weise der Arbeitsteilung, wieviele Stecknadeln tatsächlich produziert werden. Je nachdem, ob die Herstellung einer Stecknadel in einem, zwei oder mehreren Produktionsstufen erfolgt, ergeben sich andere Gesamtproduktionsmengen. Darüber hinaus bestimmt die Abstimmung zwischen den einzelnen Produktionsstufen der Stecknadelfabrikation, welche Werte auf der jeweiligen Stufe geschöpft werden.

Eine unproduktive Arbeitsteilung oder ein unzureichender Austausch zwischen den Produktionsstufen kann dazu führen, daß die Organisation das Wertschöpfungspotential nicht vollständig ausschöpfen kann:

- Probleme bei der Arbeitsteilung entstehen im allgemeinen durch eine unzureichende, zu weitgehende oder nicht sachgerechte Spezialisierung. Diese wiederum können auf zwei Ursachen zurückgeführt werden: Es können im Rahmen der Arbeitsteilung Tätigkeitsbereiche für den Einzelnen geschaffen werden, die keine umfassende Spezialisierung erlauben. Wenn beispielsweise ein Servicemitarbeiter einer Unternehmung regional für alle Kunden zuständig ist, unabhängig von deren Beanstandungen, kann er sich bei einer sehr breiten Produktpalette nicht auf die Wartung spezifischer Produkte konzentrieren. Dies reduziert die Möglichkeit, durch Lerneffekte seine Serviceleistungen schneller und für den Kunden kostengünstiger durchzuführen. Zweitens können durch die Arbeitsteilung für den Einzelnen auch Tätigkeitsbereiche entstehen, die eine zu weitgehende Spezialisierung erfordern. Neben physischer Belastung durch zu starke einseitige Tätigkeiten – Kopfschmerzen durch zu lange Bildschirmarbeit oder Haltungsschäden – können vor allem psychische Belastungen auftreten. Unzureichende Entfaltungsmöglichkeiten, zu geringe Anforderungen durch die Tätigkeit oder die fehlende Möglichkeit der Vollendung einer umfassenderen Aufgabe können hier für den Einzelnen zu einem verminderten Arbeitseinsatz oder zu Fehlleistungen führen.

- Probleme beim Austausch von Leistungen können trotz einer adäquaten Arbeitsteilung zu einer Verringerung der Wertschöpfung führen. Sie sind im allgemeinen auf eine unzureichende Kooperation zwischen den beteiligten Organisationsteilnehmern zurückzuführen. Zwei Gründe sind hier zu nennen: Zum einen kann die durch die Arbeitsteilung notwendig gewordene Abstimmung zwischen den Parteien mangelhaft sein. So können aufgrund der Arbeitsteilung Tätigkeitsbereiche entstehen, bei denen ein Mitarbeiter auf das Ergebnis der Tätigkeit eines anderen Mitarbeiters zurückgreifen muß. Fällt der vorgelagerte Mitarbeiter aus, so kann es aufgrund eines fehlenden Zwischenlagers oder des Fehlens eines Stellvertreters zu dem Arbeitsausfall des nachgeordneten Mitarbeiter kommen. Weiterhin kann aber auch die Kooperation zwischen den Parteien aufgrund der Verfolgung von Eigeninteressen gefährdet sein. Einem Zulieferer, der für die Herstellung eines Vorprodukts für eine Unternehmung spezifische Maschinen anschaffen mußte, können hohe Zusatzkosten entstehen, wenn er wegen mangelnder alternativer Abnehmer seiner Produkte von der Unternehmung zu einem Preisnachlaß erpreßt werden würde.

6.1.1 Koordination und Motivation

Die Ausführungen machen deutlich, daß zwei Bedingungen für eine effiziente Organisation erfüllt sein müssen: Der Grad der Arbeitsteilung muß so gewählt werden, daß die Organisation möglichst produktiv ist. Zudem muß die Weitergabe bzw. der Tausch der einzelnen Vor-, Zwischen- und Endprodukte möglichst reibungslos gestaltet und vollzogen werden. Beide Bedingungen beinhalten somit Anforderungen an die Art und Weise, wie eine Organisation ihre ökonomischen Aktivitäten optimal ausführen sollte. Diese Anforderungen können als optimale Koordination und optimale Motivation bezeichnet werden:

- Die durch eine Arbeitsteilung induzierte Spezialisierung hat zur Folge, daß jeder einzelne Organisationsteilnehmer eine spezifische Tätigkeit innerhalb der Organisation übernehmen muß. Die Erfüllung der gesamten Organisationsaufgabe erfordert nun einen Austausch der einzelnen, von den Organisationsteilnehmern erstellten Leistungen. Damit dieser Austausch problemlos erfolgen kann, müssen sich die Teilnehmer aufeinander abstimmen. Arbeitsteilung und Tausch innerhalb einer Organisation erfordern also eine Festlegung der Produktions- und Tauschaktivitäten der einzelnen Organisationsteilnehmer. Genau dies ist das **Koordinationsproblem**: Was ist im Hinblick auf die Wertmaximierung die produktivste Spezialisierung in Einzelaktivitäten und ermöglicht die reibungsloseste Abstimmung zwischen den Beteiligten? Oder, um es auf den einzelnen Organisationsteilnehmer zu übertragen: Welche Tätigkeiten sollen von wem, wie und wann am besten durchgeführt werden? Als Lösung dieses Koordinationsproblems ergibt sich ein Plan, der die Aktivitäten der einzelnen Teilnehmer entsprechend dem vorgegebenen Organisationsziel festlegt.

Koordination in diesem Sinne ist also mehr als die Abstimmung von Einzelaktivitäten. Es gilt hier nicht nur, die aufgrund der Spezialisierung entstandenen Teilaufgabenkomplexe des Einzelnen reibungslos aufeinander abzustimmen. Vielmehr umfaßt die Lösung des Koordinationsproblems auch den vorgelagerten Schritt der geeigneten Arbeitsteilung. Je nachdem wie die Arbeitsteilung in der Organisation durchgeführt wird, entstehen nämlich unterschiedliche Interdependenzen zwischen den Parteien. Unterschiedliche Interdependenzen erfordern jedoch einen unterschiedlichen Abstimmungsbedarf in der Organisation. Daher ist die Frage nach der produktivsten Spezialisierung von der Frage nach der reibungslosesten Abstimmung nicht zu trennen. Beide sind Gegenstand der Koordination.

- Neben einer optimalen Koordination erfordert eine Vermeidung der oben angesprochenen Probleme auch die Lösung des **Motivationsproblems**. Bisher sind wir nämlich implizit davon ausgegangen, daß jeder Organisationsteilnehmer die ihm übertragenen Aufgaben auch bereitwillig und bestmöglichst erledigt. Von einer solchen automatischen Befolgung der Vorgaben kann jedoch im allgemeinen nicht ausgegangen werden. Schließlich verfolgt jeder Organisationsteilnehmer mit seiner Teilnahme an der Organisation seine eigenen Ziele. Stehen diese in Konkurrenz zu den angestrebten organisatorischen Zielen, muß durch geeignete Anreize ein zielkonformes Verhalten induziert werden. Ein Organisationsteilnehmer wird nämlich bei divergierenden Zielen nur dann seine übernommenen Tätigkeiten adäquat ausführen, wenn er sich dadurch besser stellt als bei einer Verfolgung seiner eigenen Ziele. Dies setzt voraus, daß ihm Vorteile aus einem konformen Verhalten erwachsen. Anreize können hier dazu beitragen, daß es im Interesse des Einzelnen liegt, umfassend zur Wertschöpfung beizutragen.

Während also die Lösung des Koordinationsproblems in der Erstellung eines

Koordinationsplans liegt und dabei weitgehend von seiner Implementation und Umsetzung abstrahiert wird, ist dies gerade explizit Gegenstand des Motivationsproblems. Wie können die Durchführung der geplanten Einzelaktivitäten und die geplante Kooperation zwischen den Organisationsteilnehmern tatsächlich sichergestellt werden? Oder, auf den einzelnen Organisationsteilnehmer bezogen: Wie kann der Einzelne dazu bewegt werden, die ihm zugedachten Tätigkeiten auch im Sinne der Organisation durchzuführen? Die Lösung des Motivationsproblems muß also auf die individuellen Ziele der an der Organisation beteiligten Personen abstellen.

Werden die beiden Teilprobleme der Koordination und Motivation bei der Maximierung der Wertschöpfung einer Organisation gelöst, dann ist eine Lösung des Organisationsproblems gefunden. Eine optimale Koordination und Motivation sind somit Voraussetzung für eine effiziente Organisation.

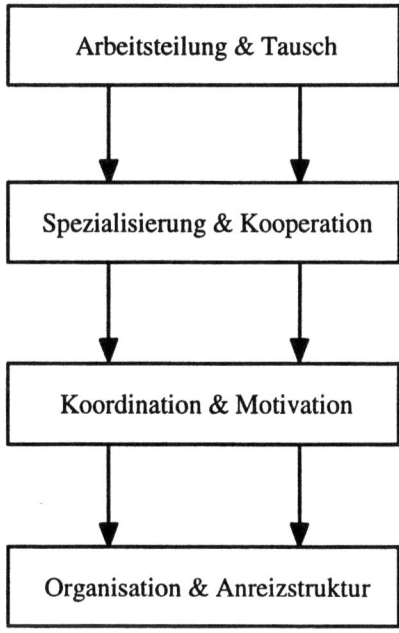

Abbildung 6.1: Koordination, Motivation und die Architektur einer Organisation

6.1.2 Instrumente der Koordination und Motivation

Zur Lösung des Organisationsproblems stehen eine Reihe von Instrumenten zur Verfügung, die wir analog zur Zerlegung des Organisationsproblems in Koordinations- und Motivationsinstrumente unterteilen können:

- **Koordinationsinstrumente** dienen der Lösung des Koordinationsproblems. Nach Arrow (1964, S.398) können sie als "operating rules to instructing the members of the organization how to act" bezeichnet werden. Sie bestimmen, welche Einzelaktivitäten jeder Organisationsteilnehmer durchführen soll und wie die Abhängigkeiten zwischen den verschiedenen Teilnehmern geregelt sind. Die Sprache oder das Geld mit seiner Tausch- und Wertaufbewahrungsfunktion können somit als Instrumente zur Koordination verstanden werden. In einer Unternehmung sind insbesondere die Festlegung der Tätigkeitsbereiche der einzelnen Mitarbeiter und die Regelung ihrer Entscheidungsbefugnisse, mit denen sie die ihnen gestellten Aufgaben durchführen können, als Koordinationsinstrumente von Bedeutung.

- **Motivationsinstrumente** sind die Instrumente zur Lösung des Motivationsproblems. Nach Arrow (1964, S.398) stellen sie die "enforcement rules to persuade or compel them to act in accordance with the operating rules" dar. Sie dienen dem Interessenausgleich zwischen der Organisation und den einzelnen Teilnehmern und sollen sicherstellen, daß sich die Einzelaktivitäten der verschiedenen organisatorischen Einheiten tatsächlich am konzipierten Koordinationsplan orientieren und ihre Beiträge zur Wertschöpfung in Richtung bestmöglicher Zielerfüllung gelenkt werden. Die staatliche Durchsetzung von Eigentumsrechten oder die Sanktionen und Anerkennungen, die mit dem gemeinsamen Wertesystem der Gesellschaft verbunden sind, können so als Motivationsinstrumente betrachtet werden. In einer Unternehmung können darüber hinaus beispielsweise die individuelle Karriereplanung oder finanzielle Anreize das zielkonforme Handeln des einzelnen Mitarbeiter fördern, genauso wie die direkte Mitarbeiterführung durch den jeweiligen Vorgesetzten hierzu beiträgt.

Koordinations- und Motivationsinstrumente zusammen bestimmen, wie eine Organisation ihre ökonomischen Aktivitäten durchführt. Die Instrumente der Koordination sowie die zur Motivation gesetzten Anreize bilden zusammen die Architektur einer Organisation: Koordinationsinstrumente legen die Organisationsstruktur fest, Motivationsinstrumente bestimmen die Anreizstruktur der Organisation.

Wie können wir nun die Vielzahl der Koordinations- und Motivationsinstrumente systematisieren? In welchem Bezug stehen die einzelnen Instrumente der Koordination bzw. der Motivation zueinander, also beispielsweise das Koordinationsinstrument Sprache zu dem Koordinationsinstrument Entscheidungsbefugnisse? Und welche Wechselwirkungen bestehen zwischen den Instrumenten der Koordination und denen der Motivation, also z.B. zwischen der Karriereplanung eines Mitarbeiters und der Abstimmung seiner Tätigkeiten mit denen seiner Kollegen?

Um diese Fragen zu beantworten, greifen wir auf die institutionenökonomische Literatur und den dort verwendeten Begriff der Institution zurück. Nach North (1981, S.201f) ist eine **Institution** "a set of rules, compliance procedures, and moral and ethical norms designed to constrain the behavior of individuals". Eine Institution ist demnach ein System von formellen oder informellen Regeln einschließlich der für ihre Durchsetzung notwendigen Vorkehrungen. Zweck einer Institution ist es, das Handeln eines oder mehrerer Individuen in eine bestimmte Richtung zu steuern.

Eine Institution kann sich auf ein einzelnes Individuum beziehen und so beispielsweise das Handeln eines bestimmten Mitarbeiters in einer Unternehmung festlegen, sie kann sich auch auf eine größere Einheit beziehen und beispielsweise dem Militär die Aufgabe der Staatssicherheit zuweisen oder sie kann sich an die gesamte Gesellschaft richten und etwa die gesellschaftlichen Vorstellungen zur Gleichberechtigung der Frau beeinflussen.

Die Sanktionierbarkeit von Regelverstößen ist für die Beeinflussung des Verhaltens der Adressaten der Regel wesentlich. Ohne ein Sanktionierungspotential und die Glaubwürdigkeit seiner Nutzung ist nicht damit zu rechnen, daß sich eine Verhaltensänderung der Adressaten erzielen läßt.

In der Terminologie dieses Buches sind Institutionen nichts anderes als eine Menge von Koordinations- und Motivationsinstrumenten zur Lösung des Organisationsproblems.[1] Dieser Zusammenhang wird deutlich, wenn wir die detaillierte Definition einer Institution von Ostrom (1990, S.51) heranziehen:

"Institutions can be defined as the sets of working rules that are used to determine who is eligible to make decisions in some arena, what actions are allowed or constrained, what aggregation rules will be used, what procedures must be followed, what information must or must not be provided, and what payoffs will be assigned to individuals dependent on their action.... All rules contain prescriptions that forbid, permit, or require some action or outcome. Working rules are those actually used, monitored, and enforced when individuals make choices about the actions they will take."

Neben den Regelungen, die durch die Organisations- und Anreizstruktur in einer Unternehmung definiert sind, können auch andere Regeln und Normen als Institutionen interpretiert werden. So sind beispielsweise staatliche Gesetze und Vorschriften Institutionen, die der Gesetzgeber zur Beeinflussung der Normadressaten festlegt und die im Falle eines Normverstoßes gerichtlich sanktioniert werden. Auch die Sprache ist eine Institution in diesem Sinne, da sie Regeln einer Gesellschaft an die Art und Weise der Kommunikation und des zwischenmenschlichen Umgangs festlegt und bei Abweichungen, z.B. bei der Verwendung von Schimpfworten, mit sozialem Druck bis hin zur gesellschaftlichen Isolation droht.

Brennan und Buchanan (1985) haben nun ein Konzept erarbeitet, das uns bei der Systematisierung der Vielzahl von Koordinations- und Motivationsinstrumenten helfen kann. Ausgangspunkt dieser Überlegungen ist die Vorstellung einer **Institutionenhierarchie**: Institutionen werden in übergeordnete und untergeordnete Institutionen gegliedert. Institutionen auf einer untergeordneten Ebene der Hierarchie leiten sich aus übergeordneten Institutionen ab. Die Gesamtheit der Regelungen einer Unternehmung sind als Institution somit der Institution des Arbeitsrechts und des Gesellschaftsrechts nachgeordnet, da eine Unternehmung unmittelbar auf diesen Rechtskonstrukten basiert.

Auf der obersten Ebene der Institutionenhierarchie sind die grundlegenden oder fundamentalen Institutionen einer Gesellschaft angesiedelt. Sie weisen jedem Gesellschaftsmitglied seine grundlegenden Rechte und Pflichten zu. Hierzu gehören seine Menschenrechte, die Verfassung der Gesellschaft und andere gesellschaftliche Grundregeln. Solche fundamentalen Institutionen bilden die Grundlage für die Institutionen auf den nächsten Hierarchieebene.

Durch die Legitimation der Institutionen auf einer bestimmten Ebene wird der Gestaltungsspielraum für nachgeordnete, abgeleitete Institutionen eingeschränkt. Die Tarifautonomie garantiert so den Gewerkschaften und Arbeitgeberverbänden, eigenständig Tarifverträge abzuschließen. Rechtsgrundlage der Tarifverträge bildet das Tarifvertragsgesetz, das die Gestaltungsmöglichkeiten der Tarifverträge einschränkt. Die Tarifautonomie ist selbst Bestandteil des Grundgesetzes, also der Verfassung. Je weiter man sich so in der Institutionenhierarchie nach unten bewegt, desto geringer wird der Spielraum, der für die Gestaltung der nachgeordneten Institutionen verbleibt.

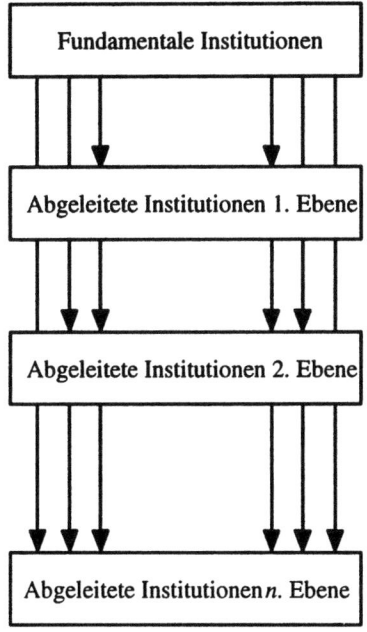

Abbildung 6.2: Die Institutionenhierarchie

Grundsätzlich steht eine Vielzahl von Institutionen innerhalb dieser Institutionenhierarchie als Koordinations- und Motivationsinstrumente für die Lösung des Organisationsproblems zur Verfügung und könnten auf ihre Effizienzwirkung hin untersucht werden. So ist beispielweise die Sprache für die Koordination von erheblicher Bedeutung, ebenso wie das gesellschaftliche Wertesystem das grundsätzliche Verhalten von Organisationsteilnehmern entscheidend bestimmt.

In den folgenden Ausführungen werden wir allerdings nicht alle diese Institutionen untersuchen. Vielmehr werden wir uns bei der Diskussion der Koordinations- und Motivationsinstrumente auf die von den Organisationsteilnehmern gestaltbaren Instrumente beschränken. Die Autonomie der Organisation legt also fest, welche Instrumente für die nachfolgenden Untersuchungen relevant sind. Wir werden uns also beispielsweise nicht mit den fundamentalen Institutionen auf der obersten Ebene der Institutionenhierarchie beschäftigen. Auch die Bedeutung des Arbeitsrechts, des Tarifrechts oder anderer Rechtsgebiete wird zur Lösung des Organisationsproblems nicht thematisiert. Solche übergeordneten Institutionen, die von den Organisationsteilnehmern nicht selbst gestaltbar sind, werden für die nachfolgenden Untersuchungen als gegeben vorausgesetzt und nicht auf ihre optimale Gestaltung hin untersucht.

Indem wir solche übergeordneten Institutionen im folgenden nicht behandeln, negieren wir aber nicht die Rolle, die beispielsweise rechtliche, soziale und kulturelle Regeln für die Lösung des Organisationsproblems haben. Da eine Organisation als soziales Interaktionssystem immer eingebettet ist in das Netzwerk der sozialen Beziehungen der Gesellschaft, kann dieses einen entscheidenden Einfluß auf die Gestaltung und die Effizienz der Organisation haben. Die Bedeutung von Freundschaft, Vertrauen, Anstand und Sitte sind hier z.B. soziale Werte der Gesellschaft, die wesentlich mitbestimmen, in welchem Umfang eine Organisation zusätzliche Instrumente einsetzen muß, um ihr Organisationsproblem zu lösen. So kann z.B. das Motivationsproblem durchaus bereits aufgrund sozialer Normen und traditioneller Standards wirksam gelöst sein. Auch die Ausgestaltung des Vertragsrechts oder die politischen Rahmenbedingungen – z.B. das Steuersystem oder staatliche Technologieförderungsprogramme – prägen die geeignete Wahl der Koordinations- und Motivationsinstrumente innerhalb einer Organisation.

6.1.3 Wechselwirkungen zwischen Koordinations- und Motivationsinstrumenten

Die Einteilung der Instrumente zur Lösung des Koordinations- und Motivationsproblems in Koordinations- und Motivationsinstrumente bedeutet nicht, daß keine Wechselwirkungen zwischen diesen beiden Typen von Instrumenten bestehen können:

- So haben zwar Koordinationsinstrumente primär Auswirkungen auf die Bildung von organisatorischen Einheiten und deren Interdependenzen, sekundär beeinflussen sie aber auch die Motivation der Parteien, diesem Koordinationsplan zu verfolgen. Hat beispielsweise aufgrund des vorgesehenen Plans ein Mitarbeiter in einer Unternehmung nur einen geringen eigenen Entscheidungsspielraum bei der Bearbeitung seiner Aufgaben, dann schränkt dies seine Entfaltungsmöglichkeiten am Arbeitsplatz ein. Führt dies zu einer Unzufriedenheit des Mitarbeiters, ist nicht sicher, inwieweit er die ihm gestellten Aufgaben mit dem notwendigen Engagement durchführt.

- Andererseits haben auch Motivationsinstrumente Auswirkungen auf die Koordination der Aktivitäten der einzelnen Organisationsteilnehmer. Will nämlich beispielweise der Vorgesetzte dem Mitarbeiter, der aufgrund eines zu geringen Entscheidungsspielraums unzufrieden ist, einen größeren Kompetenzbereich zuweisen, um so seine Motivation für eine adäquate Aufgabendurchführung zu fördern, dann bedeutet dies notwendigerweise auch eine Änderung des Koordinationsplans: Derjenige, der bisher diese Entscheidungen getroffen hat – dies wird im allgemeinen der Vorgesetzte selbst sein – gibt diese Kompetenz in einem gewissen Umfang an seinen Mitarbeiter ab.

Um diese Interdependenzen zwischen den Lösungen des Koordinations- und denen des Motivationsproblems zu illustrieren, betrachten wir die Organisation staatlicher Umweltregulierung: Bei jedem Produktionsprozeß in einer Unternehmung werden Ressourcen der natürlichen Umwelt genutzt. Diese Ressourcen haben häufig den Charakter öffentlicher Güter, d.h., niemand kann von ihrer Nutzung ausgeschlossen werden. So ist beispielsweise Luft ein öffentliches Gut, das kostenlos für die Produktion eingesetzt werden kann. Einzelne Produktionsprozesse verändern nun jedoch die Qualität dieses Gutes, etwa durch Schadstoffausstoß. Dadurch wird der Nutzen, den andere Mitglieder der Gesellschaft aus diesem Gut ziehen können, beeinträchtigt.

Die nachfolgende Abbildung zeigt den Zusammenhang zwischen den Kosten, die für die Anwohner in der Umgebung einer Unternehmung je nach Schadstoffausstoß entstehen sowie die zugehörigen Kosten, die einer Unternehmung für die Reinhaltung der Luft entstehen: Einerseits sind die erwarteten Schäden für die Anwohner aufgrund der Luftverschmutzung um so geringer, je mehr Vorsorgemaßnahmen die Unternehmung betreibt. Andererseits steigen die Kosten der Unternehmung mit dem Umfang ihrer Vorsorgemaßnahmen zur Reinhaltung der Luft. Die sozialen

Gesamtkosten sind die Summe aus den Kosten für Vorsorgemaßnahmen und dem Erwartungswert der Schäden.

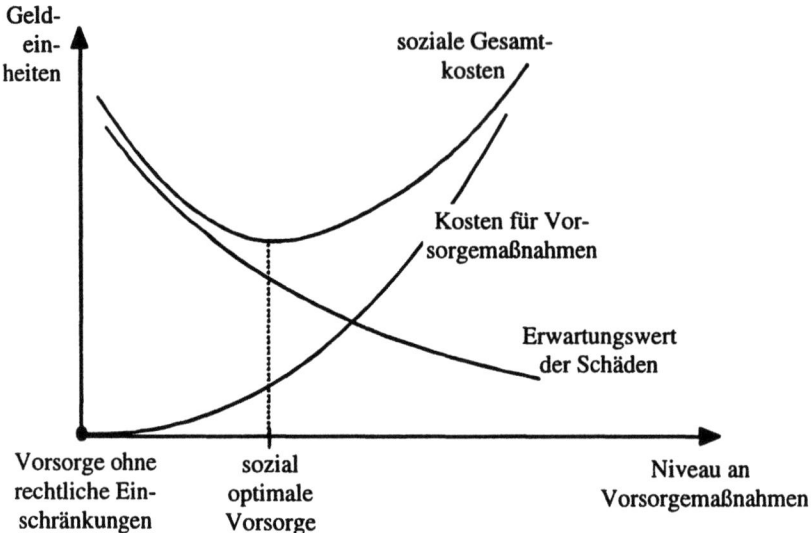

Abbildung 6.3: Kosten und Nutzen von unternehmerischen Vorsorgemaßnahmen zur Reinhaltung der Luft

Nehmen wir an, unser fiktiver Kleinstaat bestünde aus der Unternehmung und den Anwohnern und hätte das Ziel, die sozialen Gesamtkosten zu minimieren. Aus staatlicher Perspektive ergäbe sich nun folgendes (Organisations-) Problem: Bei einer kostenlosen Nutzung des Umweltgutes Luft wird die Unternehmung die Auswirkungen ihrer Produktionsentscheidungen auf die Luftverschmutzung im allgemeinen nur unzureichend berücksichtigen – gemäß obiger Abbildung würde sie keine Vorsorgemaßnahmen betreiben. Dadurch entsteht eine Luftverschmutzung, die aus Sicht des Staates zu hoch ist.

Angenommen, der Staat möchte durch eine gesetzliche Regelung erreichen, daß die Unternehmung die Kosten der Luftverschmutzung für die Anwohner in ihr Entscheidungskalkül miteinbezieht. Dann muß der Staat entscheiden, welche Steuerungsinstrumente er zur Lösung dieses Problems einsetzen sollte. Hierzu hat er zunächst zwei grundlegende Fragen zu beantworten:

- Erstens, in welchem Umfang muß die Unternehmung Vorsorgemaßnahmen ergreifen, damit die Luftverschmutzung auf einem sozial verträglichen Niveau bleibt? Dies ist das Koordinationsproblem des Gesetzgebers.
- Zweitens, wie kann die Unternehmung dazu angehalten werden, diese Maßnahmen zur Vermeidung der Luftverschmutzung tatsächlich zu ergreifen? Dies ist das Motivationsproblem des Gesetzgebers.

Nachfolgend wollen wir zwei Instrumente hinsichtlich ihrer Koordinations- und Motivationswirkung diskutieren, mit denen der Staat die Unternehmung zu einer Verbesserung der Luftreinhaltung bewegen kann. Das ist gleichbedeutend mit dem Ziel, die sozialen Kosten zu minimieren:

- Der Gesetzgeber kann der Unternehmung Auflagen bezüglich ihres maximal zulässigen Schadstoffausstoßes machen. Um diese Auflage zu erfüllen, müßte die Unternehmung bei ihrer Produktionsentscheidung die Luftverschmutzung berücksichtigen und entsprechende Vorsorgemaßnahmen ergreifen. Nach der obigen Abbildung würde der Gesetzgeber in diesem Fall eine Emissionsnorm einführen, die dem sozial optimalen Niveau an Vorsorgemaßnahmen entsprechen würde. Damit wäre grundsätzlich das Koordinationsproblem gelöst.

  Allerdings ist a priori nicht davon auszugehen, daß sich die Unternehmung auch tatsächlich an die gesetzlichen Auflagen hält. Daher wird der Gesetzgeber zur Durchsetzung der Ausstoßgrenzen Kontrollen durchführen müssen. Bei Nichteinhaltung der Auflage wird die Unternehmung dann sanktioniert.

  Inwieweit diese Kontrollen die Unternehmung zu einer Einhaltung der Emissionsnorm motivieren, hängt unter anderem von der Kontrollhäufigkeit und den möglichen Sanktionen ab. Je häufiger kontrolliert wird und je schwerwiegender die möglichen Sanktionen sind, desto eher wird die Unternehmung die Auflagen erfüllen. Die Effizienz der Emissionsnorm als Koordinationsinstrument ist also ganz wesentlich von der Lösung des damit einhergehenden Motivationsproblems abhängig.[2]

- Als alternatives Koordinationsinstrument könnte der Staat eine Haftungsregel festlegen, beispielsweise eine Gefährdungshaftung. Bei einer Gefährdungshaftung haftet die Unternehmung bei einem entstandenen Schaden immer, unabhängig von ihren Vorsorgemaßnahmen. Da sie jeden entstandenen Schaden ersetzen muß, wird sie die erwarteten Schäden, die sich durch ihre unternehmerischen Aktivitäten möglicherweise ergeben, vollständig bei ihren Produktionsentscheidungen mitberücksichtigen.

In der obigen Abbildung entsprechen die sozialen Gesamtkosten den Kosten, die die Unternehmung in Abhängigkeit von ihren Vorsorgemaßnahmen tragen muß. Die erwarteten Schäden werden also vollständig in das Handlungskalkül der Unternehmung miteinbezogen. Bei der Gefährdungshaftung wird die Unternehmung somit das sozial optimale Vorsorgeniveau wählen, da dieses Niveau an Vorsorgemaßnahmen ihre Gesamtkosten minimiert.

Die Gefährdungshaftung löst somit genauso wie eine Umweltauflage das betrachtete Koordinationsproblem. Da allerdings die Unternehmung aus eigenen Motiven heraus das sozial optimale Vorsorgeniveau wählt, ist gleichzeitig auch das Motivationsproblem gelöst. Grundsätzlich muß der Gesetzgeber in diesem Fall also keine weiteren Steuerungsinstrumente einsetzen.[3]

Das Beispiel zur Organisation staatlicher Umweltregulierung macht deutlich, daß es erhebliche Interdependenzen zwischen den Koordinations- und Motivationsinstrumenten gibt. Diese Wechselwirkungen müssen bei der Lösung eines gegebenen Organisationsproblems berücksichtigt werden. Es bietet sich daher an, bei der Bearbeitung eines Organisationsproblems schrittweise vorzugehen:

(1) In einem ersten Schritt muß das Koordinationsproblem gelöst, also eine Organisationsstruktur entworfen werden. Dieser Schritt ist sinnvoll, da erst bei einem vorgegebenen Koordinationsplan das Verhalten der Organisationsteilnehmer untersucht und entsprechend gesteuert werden kann. Da eventuell auftretende Motivationsprobleme die Effizienz des Koordinationsplans beeinflussen können, müssen bei der Lösung des Koordinationsproblems zwei Aspekte berücksichtigt werden: Erstens muß für jedes Koordinationsinstrument antizipiert werden, welche Motivationswirkungen davon auf die Organisationsteilnehmer ausgehen. Diese Auswirkungen müssen bei der Gestaltung der Organisationsstruktur berücksichtigt werden. Zweitens ist es nicht sinnvoll, das Koordinationsproblem vollständig zu lösen, da die Behandlung des Motivationsproblems unter Umständen eine Anpassung der Koordinationsinstrumente erforderlich macht.

(2) In einem zweiten Schritt wird dann das Motivationsproblem bearbeitet und somit die Anreizstruktur der Organisation gestaltet. Aufbauend auf dem bereits erarbeiteten Koordinationsplan wird hier untersucht, wie das Verhalten der Organisationsteilnehmer auf die Implementation der Organisationsstruktur hin gesteuert werden kann. Da bei der Gestaltung der Organisationsstruktur nicht alle Elemente detailliert festgelegt wurden, können auftretende Motivationsprobleme auch durch eine Anpassung einzelner Koordinationsinstrumente gelöst werden. Wenn beispielsweise der Staat in unserem obigen Beispiel eine Emissionsnorm als Koordinationsinstrument in einem ersten Schritt festgelegt hat, können Vollzugsprobleme durch mangelnde Kontrollmöglichkeiten auftreten. Diesen Motivationsproblemen kann z.B. durch eine bewußte Höhersetzung der Norm begegnet werden. Hier führt die Lösung des Motivationsproblems zu einer Anpassung des Koordinationsinstruments.

Obwohl somit dieser zweite Schritt primär der Lösung des Motivationsproblems dient, wird erst mit diesem Schritt das Koordinationsproblem vollständig gelöst. Die endgültige Kalibrierung der Organisationsstruktur wird also erst mit der Gestaltung des Anreizstruktur vorgenommen.

6.2 Ein allgemeiner Rahmen zur Analyse der Organisationsgestaltung

Im Mittelpunkt der bisherigen Diskussion stand die Frage, wie eine Organisation die Vorteile, die sich aus einer Arbeitsteilung ergeben, für eine entsprechende Steigerung ihrer Wertschöpfung nutzen kann. Wir haben aufgezeigt, in welcher Weise hier eine systematische Gestaltung der Organisationsarchitektur zu einer Lösung dieses Organisationsproblems beitragen kann.

Im Hinblick auf die Maximierung der Wertschöpfung einer Organisation haben wir uns damit aber lediglich auf einen Teilaspekt der effizienten Organisationsgestaltung konzentriert: Wir sind von einer gegebenen Organisationsstrategie ausgegangen und haben die geeignete Umsetzung der organisatorischen Ziele durch eine entsprechende Organisationsarchitektur untersucht. Implizit haben wir dabei auch unterstellt, daß die Art und Weise, wie die Güter oder Dienstleistungen von der Organisation bereitstellt werden, gegeben ist. So haben wir weder untersucht, welche Inputfaktoren im Wertschöpfungsprozeß eingesetzt werden sollen noch wie die Transformation unter produktionstechnischen Aspekten effizient durchgeführt werden sollte.

Neben einer effizienten Organisationsarchitektur müssen wir daher für die Gestaltung einer effizienten Organisation zwei weitere Aspekte berücksichtigen: Einerseits ist die Wahl der Organisationsstrategie entscheidend dafür, welche Werte die Organisation überhaupt realisieren kann. Andererseits bestimmt die eingesetzte Produktionstechnologie, welche Werte in der Phase des Transformationsprozesses der Organisation geschaffen werden.

Im folgenden wollen wir einen analytischer Rahmen für eine umfassende Betrachtung dieser drei Teilaspekte der Organisationsgestaltung vorstellen. Ausgangspunkt unserer Diskussion muß der in Kapitel 3 eingeführte Effizienzbegriff einer Organisation sein: Wir hatten dort die realisierte Wertschöpfung einer Organisation definiert als Differenz zwischen dem Konsumentennutzen und den Gesamtkosten für die Bereitstellung eines Produktes. Da die Wertschöpfung einer Organisation durch ihre Organisationsgestaltung bestimmt wird, ist die Maximierung der realisierten Wertschöpfung einer Organisation unmittelbar einem Kosten-Nutzen Kalkül zugänglich: Die Kosten und der Nutzen einer bestimmten Organisationsgestaltung müssen bestimmt werden und mit den entsprechenden Größen alternativer Gestaltungen der Organisation verglichen werden. Diejenige Organisationsgestaltung ist dann effizient, welche die größte Differenz zwischen Nutzen und Kosten gewährleistet.

Bei der Bewertung der Kosten und Nutzen, die mit einer bestimmten Organisationsgestaltung verbunden sind, müssen wir entsprechend unseren bisherigen Ausführungen drei Determinanten berücksichtigen:

- Die Organisationsstrategie: Sie bestimmt, welchen Nutzen die Konsumenten aus dem Kauf der Produkte bzw. der Inanspruchnahme der Dienstleistungen haben, die von der Organisation bereitgestellt werden. Bei der Bewertung des Konsumentennutzens sind dabei nicht nur die Produkteigenschaften und Serviceleistungen von Bedeutung, sondern auch die alternativen Konsummöglichkeiten der Nachfrager. Insbesondere spielt hier also die bestehende Marktstruktur, die

Dynamik des Wettwerbs oder die strategische Positionierung der Unternehmung bei der Bewertung der Organisationsstrategie eine entscheidende Rolle.
- Die Produktionstechnologie: Sie bestimmt, welche Kosten bei der Produktion der bereitgestellten Güter für die Organisation anfallen. Diese **Produktionskosten** ergeben sich dabei aus den Mengen der eingesetzten Faktoren und deren Preisen sowie den rein technischen Produktionsmöglichkeiten, die durch die Produktionstechnologie festgelegt werden. Bei der Beurteilung der Produktionstechnologie sind so z.B. die Entwicklungen auf den Faktormärkte oder die technischen Möglichkeiten, die aufgrund des momentanen technischen Wissens zur Verfügung stehen, zu berücksichtigen.
- Die Organisationsarchitektur: Sie bestimmt, welche Kosten für die Organisation im Zusammenhang mit dem Organisationsproblem auftreten. In der Literatur werden diese Kosten auch als **Transaktionskosten** bezeichnet. Bezogen auf eine einzelne Transaktion erfassen die Transaktionskosten die Kosten, die für die Abwicklung der Transaktion entstehen. Bei einer Organisation umfassen die Transaktionskosten also die Kosten für die Einrichtung und Erhaltung bzw. Veränderung der Organisation sowie deren laufende Kosten des Betriebs. Insbesondere sind sie also abhängig von der Lösung des Koordinations- und Motivationsproblems. Daher sind Faktoren wie die spezifischen Form der Koordination der ökonomischen Aktivitäten oder die materiellen und immateriellen Bedürfnisse der Organisationsteilnehmer bei der Sicherstellung ihrer Kooperation für die Bewertung der Organisationsarchitektur von Bedeutung.

Da sich die Gesamtkosten der Organisation aus den Produktions- und Transaktionskosten zusammensetzen, ergibt sich die realisierte Wertschöpfung also aus der Differenz zwischen den für die Konsumenten geschaffenen Werten und den hierfür notwendigen Produktions- und Transaktionskosten. Die folgende Abbildung faßt den Zusammenhang zwischen der Minimierung der Transaktions- und Produktionskosten und der Effizienz einer Organisation zusammen:

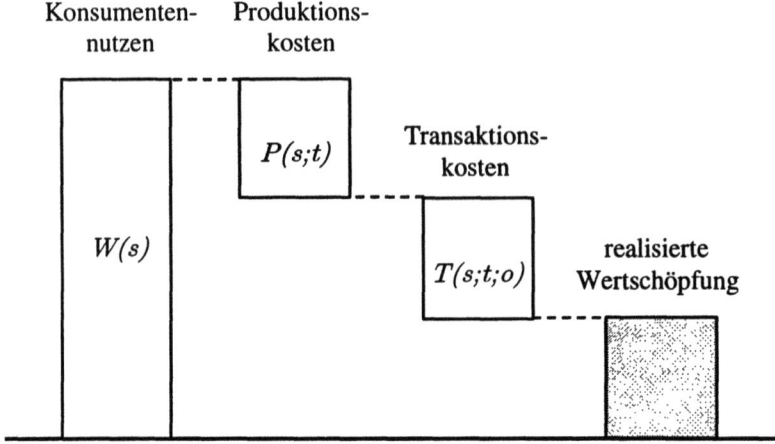

Abbildung 6.4: Die Effizienz einer Organisation und die Minimierung der Transaktions- und Produktionskosten

Bei der Minimierung der Produktions- und Transaktionskosten gehen wir davon aus, daß zunächst die effiziente Produktionstechnologie und anschließend die effiziente Organisationsarchitektur zu bestimmen ist. Dies ist gerechtfertigt, da im allgemeinen die Organisationsarchitektur durch einen gegebene Technologie nicht vollständig festgelegt ist. Eine Technologie schränkt vielmehr die Menge der möglichen Organisations- und Anreizstrukturen ein. Die Minimierung der Transaktionskosten bei gegebener Technologie bezieht sich dann auf die Wahl einer geeigneten Organisationsarchitektur.

Die Produktionskosten einer Organisation sind daher von der Organisationsstrategie und der eingesetzten Produktionstechnologie abhängig. Die Transaktionskosten sind außer von der Organisationsstrategie und der Produktionstechnologie auch durch die Organisationsarchitektur bestimmt. Da der Konsumentennutzen lediglich von der Organisationsstrategie abhängig ist, ergibt sich für die Maximierung der realisierten Wertschöpfung folgendes Kalkül:

Sei $W(s)$ der Nutzen der Konsumenten aus dem von der Organisation bereitgestellten Güter oder Dienstleistungen, $P(s,t)$ die hierfür notwendigen Produktionskosten und $T(s,t,o)$ die Transaktionskosten, wobei s die Organisationsstrategie, t die eingesetzte Produktionstechnologie und o die gewählte Organisationsarchitektur bezeichnet. Dann führt folgende Logik zur Maximierung der realisierten Wertschöpfung der Organisation:

1. Schritt: Für eine gegebene Organisationsstrategie s und Produktionstechnologie t wähle diejenige Organisationsarchitektur o, die die Transaktionskosten $T(s, t, o)$ minimiert. Diese optimale Organisationsarchitektur ist dann abhängig von der gegebenen Organisationsstrategie und Produktionstechnologie, $o = o^*(s, t)$.

2. Schritt: Für eine gegebene Organisationsstrategie s wähle diejenige Produktionstechnologie t, die bei optimaler Organisationsarchitektur die Produktions- und Transaktionskosten $P(s,t) + T(s, t, o^*(s, t))$ minimiert. Diese optimale Produktionstechnologie ist dann abhängig von der gegebenen Organisationsstrategie, $t = t^*(s)$.

3. Schritt: Die maximale realisierte Wertschöpfung ergibt sich dann bei derjenigen Organisationsstrategie s^*, für die die geschaffenen Werte abzüglich der Produktions- und Transaktionskosten bei optimaler Produktionstechnologie und Organisationsarchitektur maximal sind. s^* ist also Lösung des Maximierungsprogramms $W(s) - P(s, t^*(s)) - T(s, t^*(s), o^*(s, t^*(s)))$.

Im folgenden wollen wir nun darlegen, wie aus ökonomischer Perspektive die geeignete Gestaltung von Organisationen untersucht werden kann. Aufgrund der Komplexität des Problems bietet sich hierfür ein schrittweises Vorgehen an. Dabei können wir fünf Teilschritte unterscheiden:

Organisation und Koordination

In einem ersten Schritt wird das Organisationsproblem aus der Makroperspektive betrachtet. Damit steht die Frage nach der geeigneten Koordination ökonomischer Aktivitäten im Zentrum der Untersuchungen. Ausgangspunkt der ökonomische Analyse sollte dabei die Wirkungsweise des Preismechanismus sein. Die Ergebnisse der Mikroökonomie zeigen hier, daß unter gewissen Annahmen die marktliche Koordination von Aktivitäten sowohl das Koordinations- als auch das Motivationsproblem vollständig löst. Nicht-marktliche Koordinationsformen wie Unternehmungen oder zwischenbetriebliche Kooperationsformen können daher aufgrund eines Versagens des Preismechanismus erklärt werden. Die Analyse von Transaktionen unter Berücksichtigung der damit verbundenen Produktions- und Transaktionskosten kann hier dazu herangezogen werden, unter welchen Umständen deren Abwicklung eher durch Kooperation mit anderen Marktparteien oder unternehmensintern erfolgen sollte. Da bei einem Versagen des Marktes insbesondere Motivationsprobleme zwischen den Parteien auftreten können, müssen diese entsprechend dem oben dargestellten Vorgehen bei der Analyse des Organisationsproblems antizipiert und bei der Lösung des Koordinationsproblems berücksichtigt werden. Daher geht es in diesem ersten Schritt vorallem um eine Diskussion der Vor- und Nachteile, die mit dem Einsatz von Koordinationsinstrumenten verbunden sind.

Organisation und Motivation

Der zweite Schritt dient der Betrachtung des Organisationsproblem aus der Mikroperspektive. Dementsprechend ist der einzelne Organisationsteilnehmer mit seinem ökonomischen Verhalten Ausgangspunkt der Analysen. Eine umfassende Berücksichtigung seines Verhaltens macht es dabei erforderlich, insbesondere Erkenntnisse aus der Psychologie und Soziologie in die Untersuchungen miteinfließen zu lassen. Die Psychologie zeigt hier auf, daß es eine Vielfalt von Unterschieden in der Persönlichkeit verschiedener Organisationsteilnehmer gibt, so daß eine geeignete Lösung des Motivationsproblems immer individuell auf die jeweils betrachtetet Person abgestimmt sein muß. Die Soziologie wiederum weist darauf hin, daß das individuelle Verhalten eines Organisationsteilnehmers nicht lösgelöst von seinem sozialen Umfeld betrachtet kann. Daher müssen bei der Steuerung des Einzelnen immer auch die sozialen Interaktionen berücksichtigt werden, die dieser mit anderen Personen hat. Da die Analyse des interdependenten Verhaltens verschiedener Parteien eine besonderes Analysemethodik erfordert, geht in diesem zweiten Schritt vornehmlich um die Diskussion der Vor- und Nachteile, die mit dem Einsatz verschiedener Motivationsinstrumenten verbunden sind.

Strategisches Konfliktmanagement

Das strategische Konfliktmanagement in Organisationen bildet die Brücke zwischen den bisher weitgehend isolierten Betrachtungen des Koordinations- bzw. Motivationsproblems. Konfliktsituation bezeichnen dabei interdependente Entscheidungssituationen, in denen zwischen den interagierenden Parteien Interessengegensätze bestehen können. Aufgabe des strategischen Konfliktmanagements ist es, eine Konfliktsituation so zu gestalten, daß das strategische Verhalten der Organisationsteilnehmer im Einklang mit den Zielen der Organisation steht. Formuliert man das Koordinations- und Motivationsproblem in dieser konflikttheoretischen Terminologie, dann können wir sagen: Bei der Lösung des Koordinationsproblems müssen die Interdependenzen zwischen den verschiedenen organisatorischen Einheiten so gestaltet werden, daß die Erfüllung der ihnen zugewiesenen Teilaufgaben die Erfüllung des Organisationsziels gewährleistet. Bei der Lösung des Motivationsproblems müssen die Interessengegensätze, die zwischen den organisatorischen Einheiten und dem Organisationsziel bzw. zwischen verschiedenen organisatorischen Einheiten auftreten können, so beeinflußt werden, daß die Erfüllung des Organisationsziels gewährleistet wird. Somit kann strategische Konfliktmanagement als Ansatz zur Lösung des Organisationsproblems verstanden werden. Methodische Grundlagen des strategischen Konfliktmanagements bildet dabei die Spieltheorie, die sich als wissenschaftlicher Ansatz mit strategischem Handeln in Situationen beschäftigt, in denen mehrere Parteien miteinander interagieren.

Strategische Organisation

In diesem vierten Schritt steht die Untersuchung der Organisationsgestaltung aus der Metaperspektive im Vordergrund. Hier geht es zunächst einmal um eine ökonomische Fundierung strategischer Fragestellungen. Neben der Analyse einer geeigneten marktorientierten Organisationsstrategie muß dabei auch die langfristige Sicherung von Wettbewerbsvorteilen durch den Aufbau von Kernkompetenzen berücksichtigt werden. Weiterhin muß auch die Beziehung zwischen der Organisationsstrategie und der Organisationsarchitektur näher untersucht werden. Die Analyse dieser Wechselwirkungen sollte in zwei Richtungen erfolgen: Erstens muß berücksichtigt werden, daß die Organisations- und Anreizstruktur der Implementation der Organisationsstrategie dienen. Diese Sichtweise lag unserer obigen Darstellung des Organisationsproblems zugrunde. Mithilfe der im dritten Schritt erarbeiteten Grundlagen über strategisches Verhalten kann dabei das Koordinations- und Motivationsproblem einer Organisation simultan behandelt werden. Zweitens ist aber auch zu beachten, daß die Gestaltung der Organisationsarchitektur ein strategischer Faktor für eine Unternehmung darstellen kann. Hier ist zu untersuchen, welche Auswirkungen Organisations- und Anreizstrukturen auf die Marktaktivitäten von Unternehmungen haben können.

Strategisches Human Resource Management

Der letzte Schritt bei der Analyse der Organisationsgestaltung rückt den einzelnen Mitarbeiter als strategische Ressource einer Unternehmung in den Vordergrund der Betrachtung. Ziel ist es, den Einsatz von Mitarbeitern in einer Unternehmung im Hinblick auf ihre Wertschöpfung geeignet zu steuern. Dabei können wir ein strategisches Human Ressource Management unter zwei Aspekten betrachten: Erstens müssen die verschiedenen personalwirtschaftlichen Instrumente ökonomisch untersucht werden, die in einzelnen Phasen der Arbeitsbeziehung von der Anbahnung des Arbeitsverhältnisses bis zu dessen Beendigung zur Verfügung stehen. Die Bewertung personalpolitischer Maßnahmen erfordert dabei die Berücksichtigung möglicher Interessengegensätze zwischen Mitarbeiter und Unternehmung, die durch Unterschiede in den individuellen und organisatorischen Zielen verursacht werden können. Die im dritten Schritt entwickelten Grundlagen des strategischen Handelns können daher unmittelbar auf das Management der individuellen Arbeitsbeziehung angewendet werden. Zweitens sollte im Rahmen des strategischen Human Ressource Managements aber auch die Bedeutung des Mitarbeiters für die strategische Ausrichtung der Unternehmung untersucht werden.

Die folgende Abbildung faßt das Vorgehen bei der ökonomischen Analyse von Organisationen zusammen und stellt die Verbindungen zwischen den einzelnen Teilschritten dar:

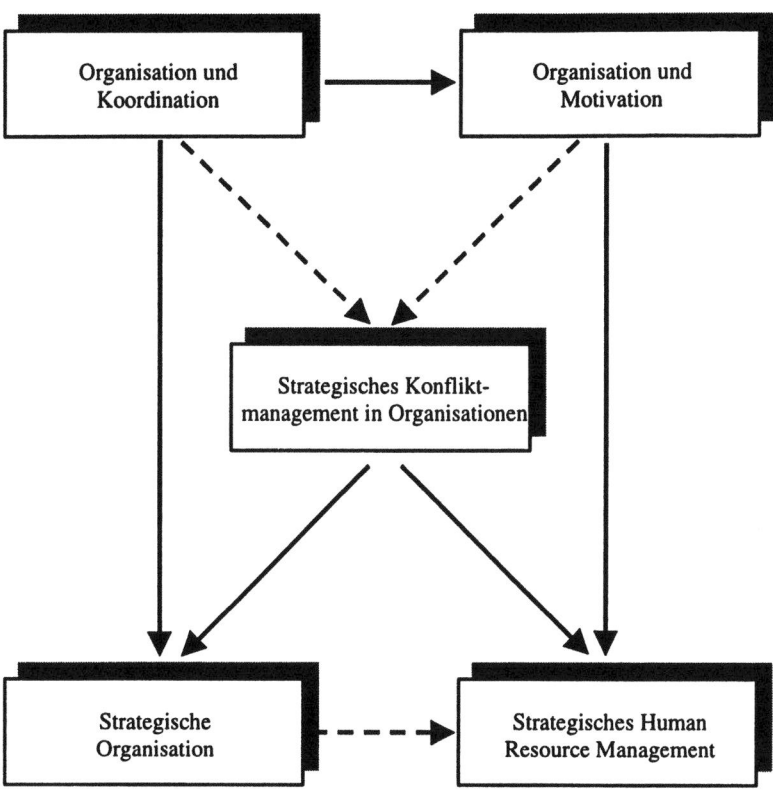

Abbildung 6.5: Das Vorgehen bei der ökonomischen Gestaltung von Organisationen

6.3 Zusammenfassung

Die Gestaltung einer Organisation kann aus drei Perspektiven betrachten werden: Bei der Mikroperspektive ist der einzelne Organisationsteilnehmer Ausgangspunkt bei Untersuchungen, die Makroperspektive stellt die Interaktionen aller Organisationsteilnehmer in den Vordergrund und aus der Metaperspektive geht es um die Interaktionen der Organisation als ökonomischer Akteur mit anderen Organisationen bzw. Personen aus ihrer Umwelt. Für eine geeignete Organisationsgestaltung ist es notwendig, eine Organisation aus allen drei Perspektiven zu untersuchen. Der ökonomische Ansatz kann hierzu die Grundlage bilden.

Im Zusammenhang mit dem Organisationsproblem haben wir dabei zunächst die Frage betrachtet, wie die Ziele einer Organisation durch eine Organisationsarchitektur geeignet umgesetzt werden können. Die sich daraus ergebenden Anforderungen an die Organisationsarchitektur können in die Teilprobleme der Koordination und der Motivation gegliedert werden: Beim Koordinationsproblem geht es darum, die produktivste Spezialisierung der Organisationsteilnehmer sowie deren reibungsloseste Abstimmung in Form eines Koordinationsplans festzulegen. Beim Motivationsproblem geht es dann um die Implementation dieses Koordinationsplans, also die Frage, wie die Durchführung der Einzelaktivitäten der Organisationsteilnehmer sowie deren Kooperation sichergestellt werden kann.

Die Koordinations- und Motivationsinstrumente zur Lösung des Koordinations- bzw. Motivationsproblems bestimmen die Organisations- bzw. Anreizstruktur einer Organisation. Versteht man die Gesamtheit aller Instrumente als Institutionen, dann können diese Instrumente mit Hilfe der Institutionenhierarchie systematisiert werden: Übergeordnete Institutionen bestimmen den Gestaltungsspielraum nachgeordneter Institutionen, so daß die Auswahl der Koordinationsinstrumente die geeignete Gestaltung der Motivationsinstrumente bestimmt. Dabei muß berücksichtigt werden, daß zwischen Koordinations- und Motivationsinstrumenten Wechselwirkungen bestehen. Daher kann die Lösung des Motivationsproblems unter Umständen eine Anpassung der Koordinationsinstrumente erforderlich machen. Die endgültige Gestaltung der Organisationsstruktur wird also erst durch die Gestaltung der Anreizstruktur festgelegt.

Für eine umfassende Analyse der Organisationsgestaltung müssen wir neben dem bisher betrachteten Organisationsproblem zwei weitere Probleme untersuchen: Zum einen geht es dabei um die geeignete Wahl einer Organisationsstrategie, zum anderen muß auch die Produktionstechnologie der Organisation effizient werden. Im Hinblick auf die Wertschöpfung einer Organisation bestimmt dabei die Organisationsstrategie die Höhe des Konsumentennutzens, die Produktionstechnologie legt die Produktionskosten fest und die Organisationsarchitektur entscheidet über die Transaktionskosten der Organisation. Produktions- und Transaktionskosten zusammen bilden die Gesamtkosten der Organisation, so daß sich die realisierten Wertschöpfung einer Organisation aus der Differenz zwischen den für die Konsumenten geschaffenen Werten und den hierfür notwendigen Produktionskosten und Transaktionskosten ergibt.

6.4 Literaturhinweise

Die Differenzierung des Organisationsproblems in ein Koordinations- und Motivationsproblems findet sich bereits bei Barnard (1938). Den gleichen Ansatz verfolgen auch Milgrom und Roberts (1992) oder Frese (1995).

Der in diesem Kapitel eingeführte Institutionenbegriff geht auf Schmoller (1900) zurück, wird allerdings in der institutionenökonomischen Literatur nicht einheitlich verwendet. Siehe hierzu auch die im Text erwähnten Quellen. Für eine Interpretation von Koordinations- und Motivationsinstrumenten als Institutionen vergleiche insbesondere Buchanan (1975), der im Rahmen der Konstitutionenökonomie zwischen Regulierungsregeln und Implementationsregeln unterscheiden. Auf die Wechselwirkung zwischen Koordinations- und Motivationsinstrumenten geht er in diesem Kontext in einer späteren Arbeit ein, in der er alle Regeln als "relatively absolute absolutes" bezeichnet, siehe Buchanan (1989).

Für die Bedeutung, die übergeordnete Institutionen für die Lösung des Organisationsproblems haben können, siehe z.B. Donaldson (1990), Alchian und Woodward (1988) oder Ouchi (1980). Die Autoren argumentieren, daß diese Lösung des Motivationsproblems einer Unternehmung ganz entscheidend von den gesellschaftlichen Rahmenbedingungen geprägt ist. Siehe hierzu auch Imai und Itami (1984), die am Beispiel von Japan und USA aufzeigen, welchen Einfluß institutionelle Rahmenbedingungen auf die Koordination haben.

Die Bedeutung der Transaktionskosten für die Gestaltung der Organisation wird in Jost (1999) ausführlich diskutiert. Grundlegend hierfür ist der klassischen Aufsatz von Coase (1937), der die Koordination ökonomischer Aktivitäten durch die Minimierung der Transaktionskosten untersucht. Für die Weiterentwicklung dieses Ansatz sind ebenfalls die Arbeiten von Williamson ein Muß. Sein Buch von 1985 gibt hier eine exzellenten Überblick über seine wichtigsten Beiträge. Weitere Literaturhinweise zu diesem Thema finden sich in Jost (1999). Auch die Wechselwirkungen zwischen Produktions- und Transaktionskosten werden in Jost (1999) diskutiert. Siehe hierzu auch die Arbeit von Williamson (1991) oder die Untersuchungen von North (1981) zur Entwicklung der US-amerikanischen Wirtschaft.

Das Buch von Milgrom und Roberts (1992) deckt eine Reihe von Fragegestellung ab, die wir im Zusammenhang mit der ökonomischen Gestaltung von Organisationen thematisiert haben. Neben einer Diskussion des Koordinations- und Motivationsproblems in Organisationen behandelt es beispielsweise auch Aspekte des Human Ressource Managements oder der Finanzierungsentscheidungen in Unternehmungen. Während dieses Buch ein fundiertes ökonomisches Methodenwissen voraussetzt, enthält das Buch von Acs und Gerlowski (1996) eine breitere Einführung in die ökonomischen Grundlagen. Brickley, Smith und Zimmerman (1997) stellen in ihrem Lehrbuch die Gestaltung der Organisationsarchitektur in den Vordergrund und behandeln insbesondere auch solche organisatorischen Fragestellungen, die aus einer praktischen, betriebswirtschaftlicher Perspektive relevant sind.

In der deutschsprachigen Literatur sind in den letzten Jahren die Lehrbücher von Picot, Dietl und Franck (1997), Neus (1998) und Kräkel (1999) erschienen, die die ökonomische Theorie auf betriebswirtschaftliche Fragestellungen anwenden. Das erste Buch wendet den institutionenökonomischen Ansatz auf Organisationsfragen an. Das Lehrbuch von Neus (1998) gibt eine ökonomisch fundierte Einführung in die Betriebswirtschaftslehre und Kräkel (1999) wendet in seinem Buch den ökonomischen Ansatz auf interne Organisationsprobleme an und erklärt die Entstehung von Organisationen aus ökonomischer Sicht.

Zu den einzelnen Schritten gibt es darüber hinaus verschiedene Literaturhinweise: Die beiden Lehrbücher "Organisation und Koordination", Jost (1999), und "Strategisches Konfliktmanangement in Organisation", Jost (1998a), decken den ersten und dritten Schritt ab. Der Aspekt der Motivation wird aus ökonomischer Perspektive in der Literatur zur Ökonomischen Psychologie angesprochen. Die Sammelbände von MacFayden und MacFayden (1986) und Raaij, Veldhoven und Wärneryd (1988) oder das Buch von Lea, Tarpy und Webley (1987) geben einen guten Überblick über dieser Forschungsrichtung. Eine ökonomische Betrachtung strategischer Fragestellungen gibt Besanko, Dranove und Shanley (1995). Für eine Anwendung ökonomischer Methoden auf den Bereich des Human Ressource Managements siehe Lazear (1998) oder Baron und Kreps (1999).

Endnoten

1 Der Organisationsbegriff

1 Neben den sozialen Interaktionen ist eine Organisation im allgemeinen auch durch die Interaktion von Mensch und Maschine gekennzeichnet, beispielsweise in einem Industrieunternehmen. Eine Organisation kann in diesem Sinne auch als soziotechnisches System verstanden werden, siehe Trist (1990). Die Unterschiede zwischen sozialen Systemen und anderen Systemen diskutiert Boulding (1965) im Rahmen einer allgemeinen Systemtheorie.

2 Grundsätzlich können neben solchen Tauschbeziehungen auch andere Formen der Interaktion zwischen Individuen in ökonomischen Organisationen betrachtet werden. Boulding (1968; 1973) unterscheidet hier beispielsweise zwischen Liebe, Drohung und Tausch.

3 Im Unterschied zum methodologischen Individualismus geht der Kollektivismus oder Holismus davon aus, daß es eigenständige Prinzipien über das Verhalten von Organisationen gibt, die sich isoliert von dem einzelnen Individuum und seinen Interaktionen erschließen lassen, siehe Hayek (1943).

2 Grundprinzipien ökonomischer Organisationen

1 Im Unterschied zur Organisationsrente bezeichnet die Produzentenrente den zusätzlichen Wert, den der Verkauf des Wagens für den Automobilhersteller, also den Eigenkapitalgeber der Unternehmung, hat. Hätten wir die Gesamtkosten für die Bereitstellung des Wagens nicht aus der Sicht der Organisation sondern aus Sicht des Automobilherstellers betrachtet – statt der Beiträge der einzelnen Organisationsteilnehmer wären dann die Kosten des Automobilherstellers, also die Lohnkosten der Mitarbeiter oder die Einkaufspreise für Rohmaterialien oder Vorprodukte der Lieferanten zu berücksichtigen – dann wäre die Produzentenrente gerade die Differenz zwischen Marktpreis und den so definierten Gesamtkosten.

2 Diese Argumentation zeigt auch, daß Tausch nicht deshalb stattfindet, weil die Personen zuviel von gewissen Gütern produziert haben und daher das, was sie selbst nicht konsumieren können, an andere verkaufen. Vielmehr findet dann ein Tausch statt, wenn der Käufer einem Gut einen größeren Wert zuordnet als der Verkäufer.

3 Pareto-Effizienz und das Wertmaximierungsprinzip

1 Diese Sichtweise entspricht den Prämissen, die Ausgangspunkt der verhaltenswissenschaftlichen Entscheidungstheorie sind, siehe March und Simon (1958), Cyert und March (1963). Dort wird postuliert, daß die Ziele einer Organisation durch einen Verhandlungsprozeß der Stakeholder bestimmt werden. Die Verhandlungsmacht eines Stakeholder bestimmt dabei, inwieweit seine Interessen berücksichtigt werden.

2 Mathematisch ergibt sich die effiziente Allokation aus der Maximierung der Gesamtwerte der beiden Stakeholder-Gruppen

$$\max_{x} \left[40\,(100-x) + \int_0^x \left(70 - \frac{1}{2}t\right) dt \right],$$

wobei die Ärzterente mit

$$40\,(100-x) + x\left(70 - \frac{1}{2}x\right)$$

und die Patientenrente mit

$$\int_0^x \left(70 - \frac{1}{2}t\right) dt - x\left(70 - \frac{1}{2}x\right)$$

eingeht.

Eine Gesellschaft, in der die Ärzte über den Standort ihrer Praxis selbst entscheiden können, würde zu derselben Pareto-effizienten Allokation führen: Würden weniger als 60% der Ärzte in der Stadt behandeln, würde es sich lohnen, ebenfalls eine Stadtpraxis zu eröffnen. Dies gilt solange, bis das Einkommen in der Stadt dem auf dem Land entspricht.

3 Die effiziente Allokation ergibt sich in diesem Fall durch Maximierung der Ärzterente

$$40(100-x) + x(70 - \frac{1}{2}x).$$

4 Die Konkretisierung des Wertmaximierungsprinzips

1 Im Rahmen des Managements interner Organisationskonflikte können wir zwischen einem vertikalen und lateralen Konfliktmanagement unterscheiden. Im ersten Fall geht es um die Beziehung zwischen einem Vorgesetzten und seinem Mitarbeiter. Für den Vorgesetzten stellt sich hier das Problem, wie er eine adäquate Aufgabenerfüllung des ihm unterstellten Mitarbeiters sicherstellen kann. Beim lateralen Konfliktmanagement geht es um Beziehungen zwischen organisatorischen Einheiten, die in der Organisationshierarchie einander nicht nachgeordnet sind. Im Unterschied zum vertikalen Konfliktmangement ist hier die übergeordnete Instanz nicht unmittelbar in die Konfliktsituation involviert. Vielmehr versucht sie, die Konfliktsituation zwischen den involvierten Einheiten so zu gestalten, so daß deren Zusammenarbeit in diesem Rahmen konform mit dem Organisationsziel stattfinden kann. Für die einzelnen Maßnahmen des vertikalen bzw. lateralen Konfliktmanagements siehe Jost (1998a).

2 Maßnahmen des Konfliktmanagements können demnach in strukturelle bzw. personelle unterschieden werden: Strukturelle Maßnahmen dienen der Gestaltung der Interaktion. Die Interdependenzen zwischen organisatorischen Einheiten sollen dabei so gestaltet werden, daß sich die bestehenden Interessengegensätze nicht in einem Konflikt manifestieren, der dem Organisationsziel abträglich ist. Personelle Maßnahmen des Konfliktmanagements dienen der Steuerung des Verhaltens der Konfliktparteien. Die Interessen der organisatorischen Einheiten sollen hier so beeinflußt werden, daß die Konfliktsituation bei bestehenden Interdependenzen nicht in einen organisationsschädigenden Konflikt mündet.

5 Die Grundelemente der ökonomischen Analyse

1 Die marginalen Kosten, auch Grenzkosten genannt, geben an, inwieweit sich durch eine zusätzliche, sehr kleine Änderung in der Entscheidungsvariable die Kosten der Entscheidung ändern. Analog gibt der marginale Nutzen, der auch Grenznutzen genannt wird, an, welcher Nutzenzuwachs aus einer zusätzlichen, sehr kleinen Änderung in der Entscheidungsvariablen resultiert. Wenn Entscheidungen diskreter Natur sind – also ein Auto kaufen oder nicht – dann beschreiben die inkrementellen Kosten und Nutzen die Vor- und Nachteile, die sich aus dieser Entscheidung ergeben.

2 Im Unterschied zu Commons (1934, S.58), der eine Transaktion aus rechtlicher Perspektive als Übertragung von Eigentumsrechten an phyischen Gütern versteht, steht bei unserer Definition allerdings die allgemeine Übergabe von Ressourcen wie Güter oder Informationen im Vordergrund.

3 Man könnte genauso gut annehmen, daß der Informationswert der Informationen unterschiedlich ist. Dann würde das Individuum zunächst einmal die Informationen beschaffen, die es für essentiell hält, und erst dann die Informationen mit den niedrigsten Kosten bei gleichem Informationswert beschaffen.

4 Dieses Konzept wird von Simon auch als "satisficing" bezeichnet. Er betont, daß "utility maximization, as I showed, was not essential to the search scheme – fortunately, for it would have required the decision maker to be able to estimate the marginal costs and returns of search in a decision situation that was already too complex for the exercise of global rationality", Simon (1979, S.503). Da wir in unserem ökonomischen Ansatz wie Simon von einer beschränkten Rationalität des Individuums ausgehen, beziehen sich die marginalen Kosten und Nutzen auf subjektiv erwartete Größen, die vom Indivium unter Berücksichtigung seiner gegebenen Informationen gebildet werden. Bei seiner Nutzenmaximierung muß es somit seine Informationskosten ebenso wie die Kosten seiner Entscheidungsfindung berücksichtigen. Damit ist "satisficing ... equivalent to maximizing subject to such costs", siehe Meckling (1976, S.549). Siehe auch Day (1967), der die Äquivalenz des "satisficing" mit einer langfristigen Nutzenmaximierung diskutiert.

6 Die Gestaltung ökonomischer Organisationen

1 Organisationen können demnach als Institutionen einschließlich ihrer Organisationsteilnehmer verstanden werden, siehe North (1990, S.4f). Diese Begriffsbildung unterscheidet sich von der anderer Autoren, z.B. Etzioni (1964, S.13), Parsons (1975, S.97) oder Vanberg (1982, S.32). Diese bezeichnen neben Regeln auch Organisationen als Institutionen.

2 Empirische Untersuchungen zum Umweltvollzug zeigen, daß sich Unternehmen durchaus zugunsten einer Nichtbefolgung der ihnen gesetzten Umweltauflagen entscheiden und dabei mögliche Sanktionen in Kauf nehmen, siehe hierzu beispielsweise die Studie von Terhard (1986). Zu den Problemen bei der Durchsetzung öffentlich-rechtlicher Regelungen siehe Jost (1998b, S. 210ff).

3 Bei der praktischen Umsetzung des Umwelthaftungsrechts können nichtsdestotrotz Vollzugsprobleme auftreten. So kann unter Umständen das Kapital der Unternehmung nicht ausreichen, um einen entstandenen Schaden vollständig zu ersetzen. Ist dies der Fall, dann wird die Unternehmung bei ihrer Produktionsentscheidungen auch nicht die gesamten damit verbundenen Schäden berücksichtigen. Somit wird der Umfang ihrer Vorsorgemaßnahmen aber unterhalb des sozial optimalen Niveaus bleiben.

Neben diesem Insolvenzproblem kann auch die eindeutige Zuordnung eines Schadens ein Problem sein: Dies gilt sowohl bezüglich des Nachweises, daß ein Schaden entstanden ist, der eindeutigen Bestimmung der Schadenshöhe sowie der Kausalität zwischen dem eingetretenen Schaden und den Emissionen einer bestimmten Unternehmung – falls noch andere Unternehmungen den Schaden verursacht haben könnten.

Zu den Vollzugsproblemen, die bei einer Gefährdungshaftung auftreten können, siehe Jost (1998b, S.80ff).

Literaturverzeichnis

ALCHIAN, A. 1950. Uncertainty, Evolution and Economic Theory. *Journal of Political Economy* 58:211-221.

ALCHIAN, A. und A. ALLEN. 1964. *Exchange and Production, Theory in Use.* Belmont, California: Wadsworth.

ALCHIAN, A. und H. DEMSETZ. 1972. Production, Information Costs, and Economic Organization. *American Economic Review* 62:777-795.

ALCHIAN, A. und S. WOODWARD. 1988. The Firm is Dead; Long Live the Firm. A Review of Oliver E. Williamson's 'The Economic Instutions of Capitalism'. *Journal of Economic Literature* 26:65-79.

ARGYRIS, C. 1964. *Integrating the Individual and the Organization.* New York: Wiley.

ARROW, K. 1963. Uncertainty and the Welfare Economics of Medical Care. *American Economic Review* 53:941-73.

ARROW, K. 1964. Control in Large Organizations. *Management Science* 10:397-408.

BARNARD, C. 1938. *The Functions of the Executive.* Cambridge, Mass.: Harvard University Press.

BARON, J. und D. KREPS. 1999. *Strategic Human Resource.* New York: Wiley.

BAYER AG. 1999. *Unternehmenspolitische Grundsätze.* http://www.bayer.de/bayer/ueberblick/grundsaetze.htm.

BECKER, G. 1976. *The Economic Approach to Human Behavior.* Chicago: Chicago University Press.

BECKER, G. 1993. Nobel Lecture: The Economic Way of Looking at Behavior. *Journal of Political Economy* 101:385-409.

BENSON, C. und B. FAHERTY. 1978. Moonport: A History of Apollo Launch Facilities and Operations. *A Nasa Special Publication – 4204 in the Nasa History Series.*

BERG, N. und N. FAST. 1975. *The Lincoln Electric Company.* Harvard Business School, Case #376-028.

BESANKO, D., D. DRANOVE und M. SHANLEY. 1995. *Economics of Strategy.* New York: Wiley.

BINMORE, K. 1987. Why Game Theory "Doesn't Work". In P. Bennet: *Analysing Conflict and its Resolution. Some Mathematical Contributions.* Oxford: Clarendon Press.

BLAU, P. 1964. *Exchange and Power in Social Life.* New York: Wiley.

BOULDING, K. 1965. General Systems Theory: The Skeleton of Science. *Management Science* 2:197-207.

BOULDING, K. 1968. *Beyond Economics, Essays of Society, Religion, and Ethics.* Ann Arbor: University of Michigan Press.

BOULDING, K. 1973. *The Economy of Love and Fear, A Preface to Grants Economics.* Belmont, California Wadsworth.

BRADY, F. 1975. *Hefner: An unauthorised biography.* London: Weidenfeld & Nicolson.

BRENNAN, G. und J. BUCHANAN. 1985. *The Reasons of Rules. Constitutional political economy.* New York: Cambridge University Press.

BUCHANAN, J. 1975. *The Limits of Liberty. Between Anarchy and Leviathan.* Chicago: University of Chicago Press.

BUCHANAN, J. 1989. *Essays on the political economy.* Honolulu: University of Hawaii Press.

CAROLL, P. 1993. *Big Blues: The Unmaking of IBM.* New York: Crown.

CHANDLER, A. 1956. Management Decentralization. A Historical Analysis. *The Business History Review.* 30:111-174.

CHANDLER, A. 1962. *Strategy and Structure: Chapters in the History of the Industrial Enterprise.* Cambridge, Mass.: MIT Press.

CHEUNG, ST. 1969. Transaction Costs, Risk Aversion, and the Choice of Contractual Arrangements. *Journal of Law and Economics* 12:23-42.

CHURCHILL, W. 1942. *Speech given at the Lord Mayor's Luncheon.* Mansion House, London: 10. November 1942.

COASE, R. 1937. The Nature of the Firm. *Economica* 4:386-405.

COMMONS, J. 1934. *Institutional economics. Its place in political economy.* New Brunswick/London: Transaction Publ.

CONNOR, P. 1992. Decision-Making Participation Patterns: The Role of Organizational Context. *Academy of Management Journal.* 35:218-231.

CUNNINGHAM, J. 1978. A System Resource Approach for Organization and Effectiveness. *Human Relations* 31:631-656.

CYERT, R. und J. MARCH. 1963. *A behavioral Theory of the Firm.* Englewood Cliffs, N.J.: Prentice-Hall.

DAFT, R. 1989. *Organization Theory and Design.* New York: West Publishing Company.

DAHRENDORF, R. 1959. *Sozialstruktur des Betriebes – Betriebssoziologie.* Wiesbaden: Gabler.

DARWIN, C. 1859. The Origin of Species. London: Watts & Co.

DAY, R. 1967. Profits, Learning, and the Covergence of Satisficing to Marginalism. *Quarterley Journal of Economics* 81:302-311

DELAMARTER, R. 1986. *Big Blue: IBM's Use and Abuse of Power.* New York: Dodd, Mead.

DEMSETZ, H. 1969. Information and Efficiency: Another Viewpoint. *Journal of Law and Economics* 12:1-22.

DILL, W. 1958. Environment as an influence on managerial autonomy. *Administrative Science Quarterly* 3:409-443.

DONALDSON, L. 1990. The ethernal hand: Organizational economics and management theory. *Academy of Management Review* 15:369-381.

DYER, J. 1994. Dedicated Assets: Japan's Manufacturing Edge. *Harvard Business Review* 6:174-178.

ETZIONI, A. 1964. *Modern organizations.* Englewood Cliffs, N.Y.: Prentice-Hall.

FAMA, E. 1980. Agency Problems and the Theory of the Firm. *Journal of Political Economy* 88:288-307.

FAMA, E. und M. JENSEN. 1983. Seperation of Ownership and Control. *Journal of Law and Economics* 26:310-325.

FARMER, R. und B. RICHMAN. 1965. *Comparative management and economic progress.* Homewood, Ill.: Irwin.

FERGUSON, C. und C. MORRIS. 1994. *Computer Wars: The Fall of IBM and the Future of Global Technology.* New York: Times Books.

FEESS, E. 1997. *Mikroökonomie. Eine spieltheoretisch- und anwendungsorientierte Einführung*. Marburg: Metropolis.

FISCHER, P. 1996. Die Umgehung des Steuergesetzes. *Der Betrieb* 13:644-653.

FREEMAN, R. 1984. *Strategic Management. A Stakeholder Approach*. London: Pitman.

FRESE, E. 1998. *Grundlagen der Organisation*. Wiesbaden: Gabler.

FRIEDMAN, M. 1953. *Essays in Positive Economics*. Chicago: University of Chicago Press.

FRIEDMANN, G. 1959. *Grenzen der Arbeitsteilung*. Frankfurt a.M.: Europäische Verlagsanstalt.

GOLDBERG, V. 1976. Regulation and Administered Contracts. *Bell Journal of Economics* 7:426-448.

GOSSEN, H. 1854. *Entwicklung der Gesetze des menschlichen Verkehrs und der daraus fließenden Regeln für menschliches Handeln*. Braunschweig.

GRANGER, C. 1964. Special analysis of economic time series. Princeton, NJ.: Princeton University Press.

GROCHLA, E. 1972. *Unternehmensorganisation*. Reinbeck b. Hamburg: Rowohlt.

GUTENBERG, E. 1951. *Grundlagen der Betriebswirtschaftslehre Bd.1: Die Produktion*. Berlin: Springer.

HALL, R. 1972. *Organizations: Structure and Process*. Englewood Cliffs, N.J.: Prentice Hall.

HAMMOND, T. 1994. *Structure, Strategy, and the Agenda of the Firm*. Boston: Harvard Business School Press.

HARRISON, E. 1987. *The Managerial Decision-Making Process*. Boston: Houghton Mifflin.

HAYEK, F. 1945: The Use of Knowledge in Science. *American Economic Review* 35:519-530.

HIRSHLEIFER, J. 1985. The Expanding Domain of Economics. *American Economic Review* 75:53-68.

HOMANS, G. 1950. *The Human Group*. New York: Harcount, Brace and Company.

HOMANS, G. 1958. Social Behavior as Exchange. *American Journal of Sociology* 62:606-62.

IMAI, M. und H. ITAMI. 1984. Interpenetration of Organization and Market. *International Journal of Industrial Organisation* 2:285-310.

JACKSON, S. und J. DUTTON. 1988. Discerning threats and opportunities. *Administrative Science Quarterly* 33:370-387.

JENSEN, M. 1983. Organization Theory and Methodology. *Accounting Review* 58:319-339.

JENSEN, M. und W. MECKLING. 1976. Theory of the Firm: Managerial Behavior, Agency Cost and Ownership Structur. *Journal of Financial Economics* 3:305-360.

JENSEN, M. und W. MECKLING. 1994. The Nature of Man. *Journal of Applied Corporate Finance* 7:4-19.

JONES, G. 1995. *Organizational Theory*. New York: Addison-Wesley.

JOSKOW, P. 1985. Vertical Integration and Long-term Contracts: The Case of Coal-Burning Electricity Genereating Plants. *Journal of Law, Economics and Organization* 1:33-80.

JOST, P.-J. 1998a. *Strategisches Konfliktmanagement in Organisationen*. Wiesbaden: Gabler.

JOST, P.-J. 1998b. *Effektivität von Recht*. Berlin: Duncker & Humblot.

JOST, P.-J. 1999. *Organisation und Koordination*. Wiesbaden: Gabler.

KATZ, D. und R. KAHN. 1966. *The social psychology of organizations*. New York: Wiley.

KEIDEL, R. 1984. Baseball, Football, and Basketball: Models for Business. *Organizational Dynamics* 17:5-19.

KIRCHGÄSSNER, G. 1991. *Homo Oeconomicus: Das ökonomische Modell individuellen Verhaltens und seine Anwendung in den Wirtschafts- und Sozialwissenschaften*. Tübingen: Mohr Siebeck.

KIRCHGÄSSNER, G. 1993. Hält sich der Homo Oeconomicus an Regeln? – Einige Bemerkungen zur Rolle von Normen und Regeln im Rahmen der Konzeption des ökonomischen Verhaltensmodells. *Jahrbuch für neue politische Ökonomie* 12:181-209.

KLUGE, A. 1974. *Lernprozesse mit tödlichen Ausgang*. Frankfurt a.M.: Suhrkamp.

KOSIOL, E. 1962. *Organisation der Unternehmung*. Wiesbaden: Gabler.

KREPS, D. 1990. *A Course in Microeconomic Theory.* London: Harverster Weatsheaf.

LAUX, H. 1998. *Entscheidungstheorie.* Berlin: Springer.

LAUX, H. und F. LIERMANN. 1993. *Grundlagen der Organisation.* Berlin: Springer.

LAZEAR, E. 1998. *Personnal Economics for Managers.* New York: Wiley.

LEA, S., R. TARPY und P. WEBLEY. 1987. *The Individual in the Economy.* New York: Cambridge University Press.

LIKERT, R. 1967. *The Human Organization.* New York: Mac Graw-Hill.

LIPPMAN, S. und J. MCCALL. 1976. The economics of job search: a survey – Part 2. *Economic Inquiry* 14:347-359.

LUHMANN, N. 1984. *Soziale Systeme. Grundriß einer allgemeinen Theorie.* Frankfurt a.M.: Suhrkamp.

LUYKEN, R. 1996. Die Protestmaschiene. *Die Zeit, 06. September.*

MACFAYDEN, A. und H. MACFAYDEN. 1986. *Economic Psychology: Intersections in Theory and Application.* New York: Elsevier Science Publishers.

MACHIAVELLI, N. 1966. *Gedanken über Politik und Staatsführung.* Stuttgart: Kröner.

MAHONEY, T. und W. WEITZEL. 1969. Models of Organizational Effectiveness. *Administrative Science Quarterly* 14:357-365.

MARCH, J. und H. SIMON. 1958. *Organizations.* New York: Wiley.

MAYNTZ, R. 1963. *Soziologie der Organisation.* München: Rowohlt.

MECKLING, W. 1976. Values and the Choice of the Model of the Individual in the Social Sciences. *Schweizerische Zeitschrift für Volkswirtschaft* 4:545-560.

MILGROM, P. und J. ROBERTS. 1992. *Economics, Organization and Management.* Englewood Cliffs, N.J.: Prentice Hall.

MINTZBERG, H. 1979. *The Structuring of Organizations.* Englewood Cliffs, N.J.: Prentice-Hall.

MINTZBERG, H. 1983. *Power in and around organizations.* Englewood Cliffs, N.J.: Prentice-Hall.

MINTZBERG, H., D. RAISINGHANI und A. THÉORÊT. 1976. The Structure of Unstructured Decision Processes. *Administrative Science Quarterly* 21:246-275.

MORGAN, G. 1986. *Images of organization.* Thousand Oaks, Cal.: Sage.

NOORDERHAVEN, N. 1995. *Strategic Decision Making*. New York: Addison Wesley.

NORDSIECK, F. 1934. *Grundlagen der Organisationslehre*. Stuttgart: Poeschel.

NORTH, D. 1981. *Structure and Change in Economic History*. New York: Norton.

NORTH, D. 1990. *Institutions, Institutional Change, and Economic Performance*. Cambridge, Mass.: Cambridge University Press.

NUTT, P. 1993. The formulation process and tactics used in organizational decision making. *Organization Science* 29:226-251.

OSTROM, E. 1990. *Governing the Commons*. The Evolution of Institutions for Collective Action. Cambridge: Cambridge University Press.

OUCHI, W. 1980. Markets, bureaucracies, and clans. *Administrative Science Quarterly* 25:129-141.

PARSONS, T. 1951. *The social system*. Glencoe, Ill.: Free Press.

PARSONS, T. 1960. *Structure and Process in Modern Societies*. Glencoe, Ill.: Free Press.

PARSONS, T. 1975. *Social Structur and the Symbolic Media of Exchange*. Approaches to the Study of Social Structure. New York: Free Press.

PASSMORE, W., C. FRANCIS und J. HALDEMAN. 1982. Sociotechnical Systems: A North American Reflection on the Empirical Studies of the 70's. *Human Relations* 35:1179-1204.

PAULY, M. 1968. The Economics of Moral Hazard. *American Economic Review* 58:31-58.

PENROSE, E. 1952. Biological Analogies in the Theory of the Firm. *American Economic Review* 42:804-819.

PERROW, C. 1961. The analysis of goals in complex organizations. *American Sociological Review* 26:854-866.

PERROW, C. 1986. *Complex Organizations: A Critical Essay*. New York: Random House.

PFEFFER, J. und G. SALANCIK. 1978. *The external control of organizations*. New York: Harper Row.

PORTER, M. 1985. *Competitive advantage*. New York: Free Press.

PRICE, J. 1968. *Organizational effectiveness. An inventory of propositions*. Homewood, Ill.: Irwin.

RAAIJ, W., G. VELDHOVEN und K. WÄRNERYD. 1988. *Handbook of Economic Psychology.* Norwell, Ma.: Kluwer.

RAPPAPORT, A. 1986. *Creating Shareholder-Value – The New Standard for Business Performance.* New York: Free Press.

ROBBINS, L. 1962. *The Nature and Significance of Economic Science.* London: Macmillan.

ROBEY, D. und C. SALES. 1994. *Disigning Organizations.* Burr Ridge, Ill.: Irwin.

ROBINSON, J. 1972. Doktrinen der Wirtschaftswissenschaften. München: Beck.

ROBINSON, J. 1980. Ökonomische Theorie als Ideologie. Über einige altmodische Fragen der Wirtschaftstheorie. Frankfurt a.M.: Europäische Verlagsanstalt.

ROTHSCHILD, M. und J. STIGLITZ. 1976. Equilibrium in Competitive Insurance Markets: An Essay on the Economics of Imperfect Information. *Quarterly Journal of Economics* 90:629-649.

RUMELT, R., D. SCHENDEL und D. TEEECE. 1991. Strategic management and economics. *Strategic Management Journal* 12:5-29.

SALONER, G. 1991. Modeling, game theory, and strategic management. *Strategic Management Journal* 12:119-136.

SARRAZIN, V. 1995. Bekämpfung unerwünschter Steuergestaltungen. *Deutsche Steuer-Zeitung* 82:289-295.

SAVAGE, G., T. NIX, C. WHITEHEAD und J. BLAIR. 1992. Strategies for Assessing and Managing Organizational Stakeholders. *Academy of Management Executive* 5.61-75.

SCHLEICHER, K. 1996. *Ein Lehrbeispiel für die Umweltbildung.* Hamburg: Institut für Vergleichende Erziehungswissenschaften.

SCHLEIFER, A. und R. VISHNY. 1988. Value Maximization and the Acquisition Process. *Journal of Economic Perspectives* 2:7-20.

SCHMOLLER, G. 1900. *Grundriß der Allgemeinen Volkswirtschaftslehre.* Düsseldorf: Verlag für Wirtschaft und Finanzen.

SCHUMPETER, J. 1912. *Theorie der wirtschaftlichen Entwicklung.* Leibzig: Duncker & Humblot.

SCOTT, K. 1987. Reflection on the Theory of The Firm. *Journal of Institutional and Theoretical Economics* 143:137-142.

SIMMEL, G. 1900. *Philosophie des Geldes.* Leipzig: Duncker & Humblot.

SIMON, H. 1945. *Administrative Behavior.* New York: Free Press.

SIMON, H. 1955. A behavior model of rational choice. *Quarterly Journal of Economics* 69:99-118.

SIMON, H. 1957. *Models of Man.* New York: Wiley.

SIMON, H. 1965. The Architecture of Complexity. *General Systems* 10:63-76.

SIMON, H. 1972. *Theories of Bounded Rationality.* In C. McGuire und R. Radner, *Decision and Organizations.* Amsterdam: North Holland.

SIMON, H. 1979. Rational Decision Making in Business Organizations. *American Economic Review* 69:493-513.

SJÖSTRÖM, T. und M. WEITZMAN. 1996. Competition and the Evolution of Efficiency. *Journal of Economic Behavior and Organization* 30:25-43.

SMITH, A. 1776. *An Inquiry into the Nature and Causes of the Wealth of Nations.* zitiert nach 1976, Oxford: Clarendon Press.

STIGLER, G 1962. The Economics of Information. *Journal of Political Economy* 69:213-225.

TERHARD, K. 1986. *Die Befolgung von Umweltschutzauflagen als betriebswirtschaftliches Entscheidungsproblem.* Berlin: Duncker & Humblot.

THOMPSON, J. 1967. *Organizations in action.* New York: Mac Graw-Hill.

TRIST, E. 1990. Sozio-technische Systeme. Ursprünge und Konzepte. *Organisationsentwicklung* 9:10-26.

TWAIN, M. 1944. *The Adventures of Tom Sawyer.* Racine, Wi.: Whitman.

VANBERG, V. 1982. *Markt und Organisation. Individualistische Sozialtheorie und das Problem korporativen Handelns.* Tübingen: Mohr.

VARIAN, H. 1992. *Microeconomic analysis.* New York: Norton.

WHU KOBLENZ. 1998. *Mission Statement.* http://www.whu.edu/info/mission.htm.

WILLIAMSON, O. 1975. *Markets and Hierarchies. Analysis and Antitrust Implications.* New York: Free Press.

WILLIAMSON, O. 1985. *The Economic Institutions of Capitalism.* New York: Free Press.

WILLIAMSON, O. 1991. Comparative Economic Organization: The Analysis of Discrete Structural Alternatives. *Administrative Science Quarterly* 36:269-296.

WILLIAMSON, O. 1993. Opportunism and its Critics. *Managerial and Decision Economics* 14:97-107.

WÖHE, G. 1996. *Einführung in die Allgemeine Betriebswirtschaftslehre.* München: Vahlen.

WOMACK, J., D. JONES und D. ROOS. 1991. *The Machine that Changes the World: The Story of Lean Production.* Cambridge: MIT Press.

YUCHTMAN E. und S. SEASHORE. 1967. A System Resource Approach to Organization Effectiveness. *Administrative Science Quarterly* 12:377-395.

ZAMMUTO, R. 1984. A Comparison of Multible Constituency Models of Organizational Effectiveness. *Academy of Management Review* 9:606-616.

ZENTRALINSTITUT FÜR DIE KASSENÄRZTLICHE VERSORGUNG IN DER BUNDESREPUBLIK DEUTSCHLAND. 1997. *Der Arzt in der vertragsärztlichen Versorgung.* Köln: Deutscher Ärzte-Verlag.

Index

Adverse Selektion, **153**
Alternativenbewertung
   sequentielle, 146
   simultane, 145
Anreizstruktur, **26**
Anspruchsniveau, **146**
Arbeitsteilung, **42**
Asymmetrische Information, *siehe* Information, asymmetrische

Bausteine einer Organisation, 121
   Individuum, 17, 121
   Transaktion, 17, 128
Bedürfnisse, *siehe* Präferenzen

Effizienz, *siehe* Organisationseffizienz, *siehe* Pareto-Effizienz, *siehe* externer Ressourcen-Ansatz, *siehe* interner Prozeß-Ansatz, *siehe* technischer Ansatz
Entscheidung
   nichtprogrammierte, 150
   programmierte, 150
Entscheidungsproblem, 138
   Segmentierung, 160
   Strukturierung, 160
Entscheidungsverhalten
   individuelles, 138
   organisatorisches, 158
   prozessuale Perspektive, 138
   strategisches, 151
   strukturelle Perspektive, 138
exogene Unsicherheit, *siehe* Unsicherheit, exogene
Externer Ressourcen-Ansatz, **86**

Gestaltung einer Organisation, 173
   Makroperspektive, 174
   Metaperspektive, 174
   Mikroperspektive, 173
Gut, **123**
   öffentliches, 185

Häufigkeit der Transaktion, 135
Holdup, **154**

Information
   asymmetrische, 155
   private, 153
   symmetrische, 155
Informationsübermittlung, 127
Informationsaufnahme, 127
Informationssammlung, 144
Informationsverarbeitung, 127
Institution, **181**
Institutionenhierarchie, 182
Interdependenzen von Transaktionen, 136
Interner Prozeß-Ansatz, **86**
Investition, transaktionsspezifische, **129**
   abnehmerspezifische, 132
   anlagespezifische, 131
   humankapitalspezifische, 132
   reputationsspezifische, 132
   standortspezifische, 131

Kaldor-Hicks-Kriterium, **74**
Konfliktmanagement
   externer Organisationskonflikt, 111
   interner Organisationskonflikt, 110
Konsumentenrente, **39**
Koordinationsinstrumente, **180**
Koordinationsproblem, **177**

Meßbarkeit geschaffener Werte, 135

Methodologischer Individualismus, **18**
Moralisches Risiko, 153
Motivationsinstrumente, **180**
Motivationsproblem, **178**

Nutzenmaximierung, 123

Öffentliches Gut, *siehe* Gut, öffentliches
Ökonomische Organisation, *siehe* Organisation, **12**
   Markt, 14
   Unternehmung, 13
Ökonomischer Darwinismus, **29**
Ökonomisches Verhalten, 121
Opportunismus, 166
Opportunitätskosten, **124**
Organisation
   Bausteine, *siehe* Bausteine einer Organisation
   effiziente Einheit, **26**
   Gestaltung, *siehe* Gestaltung einer Organisation
   Grenzen, **28**
   Individuum als Grundbaustein, 121
   Nexus von Verträgen, 20
   ökonomischer Akteur, **24**
   offenes System, 19
   Ort ökonomischer Aktivitäten, **23**
   soziales Interaktionssystem, 17
   System von Entscheidungen, **137**
   Transaktion als Grundbaustein, 128
Organisationsarchitektur, **24**
   Determinanten der Wertschöpfung, 46
   Wechselwirkung mit Organisationsstrategie, 46
Organisationseffizienz, 75
Organisationsmitglieder, **28**
Organisationsproblem, **175**
   Lösungsansatz, 188

Organisationsrente, **39**
Organisationsstrategie, **27**
   Determinanten der Wertschöpfung, 46
   Wechselwirkung mit Organisationsarchitektur, 46
Organisationsstruktur, **25**
Organisationsteilnehmer, **12**
   externer, 28
   formelle Rolle, 18
   informelle Rolle, 18
   interner, 28
   organisatorische Rolle, **18**
Organisatorische Einheit, **14**
Organisatorischer Status, *siehe* Status, organisatorischer

Pareto-Effizienz, **72**
Präferenzen, 122

Rationalität, 125
   begrenzte, **128**
   globale, **125**
Risiko, moralisches, *siehe* moralisches Risiko

Selektion, adverse, *siehe* adverse Selektion
Stakeholder, organisatorische, **62**
Status, organisatorischer, **122**
Strategische Unsicherheit, *siehe* Unsicherheit, strategische
Strategisches Entscheidungsverhalten, *siehe* Entscheidungsverhalten, strategisches
Sunk costs, 154
Symmetrische Information, *siehe* Information, symmetrische

Tausch, 38
Technischer Ansatz, **86**
Transaktion
   Merkmale, 129

Transaktionsspezifische Investition, *siehe* Investition, transaktionsspezifische
Umwelt einer Organisation, 47
  generelle, 49
  spezifische, 48
Unsicherheit, 133
  Dynamik, 134
  exogene, 133, 143
  Komplexität, 133
  strategische, 151
Vertrag
  expliziter, 21
  impliziter, 21
Wertmaximierungsprinzip, 84

Wertschöpfung
  Determinanten, **46**
  Effizienz im Wertschöpfungsprozeß, **86**
  realisierte, **38**
Wertschöpfungskette, **52**
Wertschöpfungsprozeß, **52**
Wissen, 127
Wortbruch, **154**

Zielbildung, 105
Ziele
  individuelle, *siehe* Präferenzen
  offizielle, **99**
  operative, **103**
  organisatorische, 98
  strategische, **101**

Peter-J. Jost
Strategisches Konfliktmanagement in Organisationen
Eine spieltheoretische Einführung
2. Auflage, 1999, X, 398 Seiten,
Broschur, DM 68,–
ISBN 3-409-22256-1

Peter-J. Jost
Organisation und Koordination
Eine Einführung in die ökonomische Analyse von Organisationen
1999, X, 454 Seiten,
Broschur, DM 68,–
ISBN 3-409-12260-5

Die Analyse von Konflikten ist originärer Gegenstand der Spieltheorie. Dieses Buch kann daher auch als eine Einführung in die Anwendung der Spieltheorie benutzt werden. Anhand von Beispielen unternehmensinterner Konflikte soll der Leser in die Lage versetzt werden, Konfliktsituationen, mit denen er konfrontiert wird, strategisch zu beurteilen und zu handeln.

Das Buch gliedert sich in drei Teile:
- Typologie von Organisationskonflikten
- Analyse von Konflikten und Prinzipien strategischen Handelns
- Management von Konflikten: Verhaltenssteuerung und Gestaltung organisatorischer Rahmenbedingungen

Das Lehrbuch wendet sich an Studierende der Betriebswirtschaftslehre mit den Schwerpunkten Organisationstheorie und Human-Resource-Management. Praktikern liefert es wertvolle Hilfestellungen bei der Lösung strategischer Konfliktsituationen.

Nach einer allgemeinen Diskussion ökonomischer Organisationen und dem Organisationsproblem entwickelt Peter-J. Jost einen ökonomischen Analyserahmen, der eine einheitliche Untersuchung verschiedener Organisationsformen erlaubt. Damit gelingt es, unternehmensinterne und unternehmensübergreifende organisatorische Fragestellungen systematisch zu beantworten. Zur Veranschaulichung dienen Fallbeispiele aus der Praxis.

Aus dem Inhalt
- Ökonomische Organisationen und die Bedeutung der Koordination
- Die Effizienz von Märkten
- Zwischenbetriebliche Koordinationsformen
- Hierarchische Koordination

Das Lehrbuch wendet sich an Studierende der Wirtschafts- und Sozialwissenschaften insbesondere mit den Schwerpunkten Organisation und Personal, sowie an Praktiker in Organisation und Management.

Betriebswirtschaftlicher Verlag Dr. Th. Gabler GmbH, Abraham-Lincoln-Str. 46, 65189 Wiesbaden

If you have any concerns about our products,
you can contact us on
ProductSafety@springernature.com

In case Publisher is established outside the EU,
the EU authorized representative is:
**Springer Nature Customer Service Center GmbH
Europaplatz 3, 69115 Heidelberg, Germany**

Printed by Libri Plureos GmbH
in Hamburg, Germany